# 교차

5

# 물질의 삶

**교차 2**
**물질의 삶**

| | |
|---|---|
| 발행일 | 2022년 4월 21일 초판 1쇄 |
| 지은이 | 신광복·문규민·김지은·안연희·조태구·심효원 |
| | 유상운·전현우·서보경·권용란·최치원·배세진 |
| 기획위원 | 김영욱·박동수·박민아·최화선 |
| 진행 | 김현우 |
| 편집 | 남수빈 |
| 교정·교열 | 김준섭·이돈성·이해임·최은지 |
| 디자인 | 6699press |
| 사진 | Studio DOSI |
| 제작 | 영신사 |
| 홍보 | 김수진 |

| | |
|---|---|
| 펴낸곳 | 잇다 |
| 등록 | 제300-2015-43호. 2015년 3월 11일 |
| 주소 | (04035) 서울시 마포구 양화로11길 64 401호 |
| 전화 | 02-6494-2001 |
| 팩스 | 0303-3442-0305 |
| 홈페이지 | itta.co.kr |
| 이메일 | contact@itta.co.kr |

ISBN 979-11-89433-52-9 (04080)
ISBN 979-11-89433-41-3 (세트)

책값은 뒤표지에 있습니다.
잘못된 책은 구입하신 서점에서 바꿔드립니다.

동아시아

일러두기

+ 서평 도서의 인용은 내주로, 그 외 문헌의 인용은 각주로 표기했다.
+ 책·간행물·신문은 《 》로, 신문 기사는 " "로, 논문·영화·미술 작품은 〈 〉로 묶었다.
+ 외국 인명과 지명 표기는 국립국어원 외래어 표기법을 따랐으며,
  관례로 굳어진 것은 예외로 했다.

## 서문
### 물질이 들려주는 이야기

《교차》두 번째 호의 주제는 '물질의 삶'이다. 이 주제를 보고 연상되는 것은 사람마다 다양할 것 같다. 누군가는 물질의 탄생부터 소멸에 이르기까지의 우주적 과정을 떠올리고, 누군가는 물건의 생산, 소비, 폐기에 이르는 물건의 인생과 그에 연결되는 물질주의, 환경 문제를 떠올릴 것이다. 능동적인 행위자로서의 물질을 떠올리기도 하고, 활력을 지닌 물질을 생각하기도 할 것이다. 누군가는 신유물론과 연결지어 반가워하거나 혹은 식상해할 수도 있을 것 같다. 왜 《교차》 2호는 이 주제를 선택했는가? 자고로 서평지라고 하면 방금 나온 따끈따끈한 책이나 시의적절한 주제를 선택하는 게 대부분인데, 물질의 삶이라는 주제는 지금 우리가 사는 세상과 어떤 관계가 있는 것일까?

코로나19 팬데믹이라는 상황과 물질이라는 이번 호의 주제는 무관하지 않다. 바이러스라는, 생물과 무생물 사이 중간계의 물질이 인간계를 얼마나 많이 흔들어놓고 있는가 같은 거대한 이야기를 하려는 게 아니다. 팬데믹이 불러온 비대면 상황 속에서 사람들은 대면에 목말라했다. 물론, 줌zoom 같은 비대면 기술이 대면보다도 더 가까이 서로의 얼굴을 마주하게 하고, 메타버스 기술이 좁은 공간 속 물리적 거리감까지 구현해 내면서 우리는 다양한 방식으로 같은 공간을 공유할 수 있게 되었다. 하지만 시공간을 초월하는 이 사이버 공간 속 만남의 끝에는 2%의 부족함에서 오는 아쉬움이 남는다. 다음번에는 오프라인에서 만나자는 말이 예의상의 인사가 아니라 아쉬움이 가득 묻어나는 진심으로 전해진다. 여러 번의 사이버 학회와 수십 번의 사이버 수업을 하면서 나는 깨달았다. 소통이라는 것은 물리적 장소의 공유나 물리적 접촉과 같은 물질의 공유를 통해서도 이루어지고 있다는 점을, 물질적 공간은 그 자체로 중요한 무엇인가를 전달하고 있다는 점을.

물질적 공간에서 시작한 나의 관심은 기획 회의를 통해 물질이라는 더 일반적인 주제로 확대 발전되었다. 기획위원 중 한 분은 영성과 정신적 세계를 추구하는 종교에서도 사람들은 교회나 성당과 같은 물질적 장소를 더욱 갈구하는 모습을 보이고, 성상이나 성물에 대한 기독교의 물질 숭배 혹은 물질 종교에 대한 다양한 분석들이 이루어지고 있다는 점을 지적했다. 고전적인 유물론과 최근 유행하는 신유물론과의 교차점 및 그것들과 갈라지는 지점들까지, 다양한 논의를 거쳐 교차의 두 번째 주제는 '물질'로 정해졌다.

주제 선정 과정을 장황하게 설명한 것은 '물질의 삶'이라는 뜬금없어 보이는 주제가 사실은 꽤 시의적절하다는 것을 보이고 싶은 마음에서다. 다른 한편으로는, 물질이라는 개념이 지니는 추상성을 완화해 보려는 의도도 있다. 내가 팬데믹 속 비대면 접촉이라는 구체적 경험에서 물질이라는 주제로 나아간 것처럼, 《교차》 2호를 같이 읽는 사람들도 여기 실린 물질에 대한 다양한 층위의 논의들을 일상의 경험과 교차해 가면서 추상성과 구체성, 보편성과 특수성을 연결해 나가기를, 그렇게 해서 여기에 소개된 책과 서평들이 지적 만족에서 끝나지 않고 실제적이고 실천적인 힘으로 이어지기를 바란다.

추상적인 물질을 구체적으로 다루는 방법 중 하나는 사물이나 물건을 가지고 사물의 궤적과 영향을 따져보는 것이다. 《교차》 2호에는 이를 살펴볼 수 있는 좋은 책들이 소개되어 있다. 우선 물이라는 물질이 $H_2O$로 합의되는 과정을 통해 그 화학적 실재에 대한 과학자들의 합의와 능동적 실재주의를 다룬 장하석의 《물은 $H_2O$인가?》, 성체와 성유물, 성상과 같은 다양한 성물이 향유되고 해석되는 방식을 통해 평범한 사람들의 삶에까지 퍼진 중세 시대 물질의 행위성을 보여준 캐럴라인 바이넘의 《그리스도교의 물질성》을 들 수 있다. 또한 《미국 기술의 사회사》나 《죽음기, 영화, 타자기》가 보여주듯 벽난로나 주철 스토브, 타자기 같은 일상적인 물건을 중심에 두면 "기술과 사회의 변화를 보다 견고한 경험적 사실 위에서 재구성" 할 수 있는 가능성이 열리고(유상운, 〈기술로 사회 다시 보기〉), 기술의 역사가 사회 정치사, 환경사, 노동사, 문화사와 하나로 엮이면서 한 시대를 살아간 사람들의 삶을 온전히 이해할 수 있게 된다. 《탄소 민주주의》와 같이 이런 기술을 움직이는 화석연료에 주목하여 오늘날 정치와 경제의 움직임을 살펴볼 수도 있다.

사물들이 펼쳐내는 물질의 구체성은 《생동하는 물질》, 《물질에 관한 현상학》,《몸 페미니즘을 향해》에서처럼 다시 물질(질료)의 존재론과 능동적 행위성에 대한 보편적이고 추상적인 논의들로 연결된다. 사물들의 이야기가 물질의 존재론적 논의들을 이해하고 그 잠재력을 가늠하도록 돕는 든든한 버팀목이 되어주기를 기대한다.

훌륭한 서평으로 당장 책을 펼쳐 보고 싶게 만들어주신 서평자들께, 또 때로는 깊이 있는 서평으로 책을 안 읽었는데도 다 읽은 것처럼 착각하게 만들어주신 서평자들께 깊은 감사의 인사를 전한다. 나를 비롯한 글빚쟁이들을 무한한 인내심으로 기다리면서 책과 서평, 독자 간의 건강한 교차점을 만들어주는 편집진에도 감사의 인사를 전한다.


기획위원을 대표하여
박민아

주제 조요

# 신광복

# 물질, 합의, 다원주의, 그리고 실재주의

장하석, 《물은 H₂O인가?: 증거, 실재론,
다원주의》, 전대호 옮김 (김영사, 2021)
Hasok Chang, *Is Water H₂O?: Evidence, Realism
and Pluralism* (Springer, 2012)

HASOK
CHANG

# 물은 H₂O인가?

증거, 실재론, 다원주의

장하석
전대호 옮김

IS WATER
H₂O?
EVIDENCE,
REALISM,
AND
PLURALISM

Springer

김영사

물은 물질의 원자론적 조성을 둘러싼 논쟁이 벌어지는
상징적인 장소의 구실을 했다.(290쪽)

장하석의 《물은 $H_2O$인가?: 증거, 실재론, 다원주의》는 매우 여러 층위
에서 읽힐 수 있다. 우선, 물의 전기화학을 둘러싼 18, 19세기의 논쟁적
대장정을 치밀하게 파헤친 성실한 과학사 서적의 훌륭한 모범 사례로
읽을 수도 있고, 유명 과학철학자들의 과학적 방법론들로 이 역사를 고
찰해 볼 때 어떤 방법론의 어느 부분이 성공적이고 어느 부분이 어떻게
실패하는가를 생생하게 들여다볼 수 있는 과학 방법론 비판서로 읽을
수도 있다. 또한 과학철학과 과학사가 융합된 '과사철'이라는 학문의 눈
으로 화학의 한 시대를 다루며 과학 에피소드들을 연구하는 새로운 방
향을 제시하는 놀라운 책으로 읽을 수도 있다. 그리고 책의 후반부에 무
게를 둔다면 새로운 실재론과 새로운 다원주의의 제안서로 읽을 수도
있다. 그러나 이번 《교차》 2호에 수록된 서평들이 '물질'이라는 주제로
엮이는 만큼, 이 글에서는 이 책을 거시적 물질의 미시적 구조 연구에
관한 책으로, 그리고 그간의 통념을 깨고 원자화학 연구사를 새롭게 조
명한 역사서인 동시에 발전적인 연구 방향을 제안하는 철학서로 간주
하기로 한다.

### 1. 왜 하필 "물은 $H_2O$인가?"라고 묻는가

물은 인간의 삶에서 가장 친숙한 물질 중 하나이고, "물이 $H_2O$"라는 사
실은 물이라는 물질에 관한 가장 기초적인 과학 지식 중 하나다. 너무
기초적이어서, 이에 대해서는 별다른 질문을 제기할 필요조차 느끼지
못할 정도이다. 하지만 한번 생각해 보자. 우리는 물이 $H_2O$라는 것을
어떻게 알까? 아마도 각종 과학 교재들을 이용한 교육의 결과로 알게
되었을 것이다. 그럼 그 과학 교재들에 적힌 내용은 어디서 왔을까? 과
학자들이 알려준 것이라는 대답이 돌아올 것이다. 좋다. 마지막으로 한
번만 더 묻자. 그럼 과학자들은 물이 $H_2O$라는 것을 어떻게 알았을까?
이 마지막 질문이 바로 이 책을 관통하는 물음이다.

"과학자들은 ㅇㅇ이 ××라는 것을 어떻게 알았을까?"라는 질문은 모
든 분야의 모든 지식에 관해 제기할 수 있다. 그런데 왜 하필 가장 친숙

한 물질에 관한 가장 기본적인 지식에다 이런 새삼스러운 질문을 던지는 것일까? 저자는 "나의 목표는, 아무리 단순하고 당연시되는 과학 지식이라 하더라도 그 지식의 형성에 수반되기 마련인 어려움들을 우리 모두가 깨닫게 만드는 것"(21쪽)이라고 대답한다. 그리고 "그런 깨달음이 없다면 우리는 과학의 성취들에 대한 참된 인정에도 도달할 수 없고 과학의 주장들에 대한 적절한 비판적 태도에도 도달할 수 없"(21쪽)다고 그렇게 목표를 설정한 이유를 설명한다.

저자의 취지에는 적극 동의한다 해도, 어느 정도의 의아함은 여전히 남을 것이다. 물이 $H_2O$라는 것을 알아내는 데 어려움이 있어봤자 도대체 얼마나 있었다고 그것을 주제로 이렇게 두꺼운(이 번역서의 본문은 625쪽에서 끝난다) 책을 썼단 말인가? 물은 쿼크 같은 것과는 달리 직접 볼 수도, 만질 수도, 냄새 맡을 수도, 소리를 들을 수도 있는 물질, 그래서 실재함을 너무도 쉽게 인지할 수 있는 물질인데? 그리고 물이 수소 원자 두 개와 산소 원자 하나가 결합하여 만들어진 물질이라는 '사실'은 아보가드로Amedeo Avogadro가 '발견'한 후 과학에서 계속 '진리'로 인정된 것 아닌가? 대부분의 사람들은 이렇게 생각할 것이며, '들어가는 말'을 열자마자 보이는 저자의 선언에서 적잖은 충격을 받을 것이다.

"이 책에서 내가 보여주려 하는 바는, 물은 하나의 '원소'라는 전통적 견해로부터 물은 화학식이 $H_2O$인 화합물이라는 '합의'로 사람들을 이끈 일련의 '결정'들이 얼마나 '상황 의존적contingent'이었는가 하는 것이다".(21쪽, 강조는 서평자) 이 선언을 "과학자들은 물이 $H_2O$라는 것을 어떻게 알았을까?"라는 질문에 대한 답이 될 수 있도록, 그리고 예비 독자들이 좀 더 구체적인 충격을 받을 수 있도록 (약간의 역사적 사항들을 더하여) 재구성한다면 아래와 같이 쓸 수 있을 것이다.

과학자들은 전통적으로 물이 하나의 원소이며 플로지스톤이 실재하는 물질이라고 생각하고 있었다. 그러다가 오랜 논쟁을 거쳐 (라부아지에Antoine-Laurent de Lavoisier의 화학 혁명이 일어나고 물의 전기 분해까지 성공하고 나서도 훨씬 후에야) 비로소 플로지스톤이 실재하지 않으며 물이 원소가 아닌 화합물이라 결론지었으며, 특히 수소 원자 둘과 산소 원자 하나가 결합한 화합물이라고 합의했다. 그리고 이에 이르기까지 많은 논쟁과 여러 차례의 합의가 있었으며, 그 합의는 유일한 진리에 의해 주장의 참/거짓이 명하게 갈리는 식이 아니라 그때그때 상황에 의존하는 식으로 이루어졌다.

선언을 자세히 풀어 쓰면 쓸수록 예비 독자들의 심기는 더욱더 불편해질 것이며, 전술한 정도로 풀어 쓴 것만으로도 불만을 품은 수많은 질문이 쏟아질 것이다. 예상되는 질문들을 한번 생각해 보고 적당히 묶어 저항 1, 저항 2 등으로 명명하기로 하자. 고등 교육 과정의 화학을 배우고 그 이면을 숙고해 볼 줄 아는 사람이라면 거의 누구나 아래와 같은 다섯 가지 저항에 사로잡힌 자신을 발견할 것이며, 과학철학을 약간 배웠거나 쿤Thomas Kuhn, 포퍼Karl Popper, 러커토시Lakatos Imre 등의 방법론 및 실재론 등에 관해 아는 바가 좀 있는 사람일수록 저항(특히 네 번째와 다섯 번째)은 한층 더 격렬해질 것이다.

저항 1　라부아지에의 연구 결과로 플로지스톤의 존재는 부정된 것 아닌가? 또한 물의 전기 '분해'가 성공했다면 그것 자체가 물이 화합물이라는 명백한 증거 아닌가? 왜, 그리고 어떻게 그 후에도 과학자들이 플로지스톤이 실재하는 물질이며 물이 원소라고 계속 주장할 수 있었는가? 그런 주장들이 정당화될 수나 있었는가?

저항 2　물이 $H_2O$라는 것에 '합의'하다니? 그것이 어떻게 합의의 대상일 수 있는가? 그것은 그냥 물이라는 물질의 구조를 관찰하여 나온, 설사 직접 관찰이 아니더라도 정확한 과학적 계산을 통해 얻어진, 그래서 참이 될 수밖에 없는 결과 아닌가?

저항 3　물이 $H_2O$라는 것에 '합의'했다면, 물이 $H_2O$가 아닌 다른 조성으로 이루어져 있다는 주장(들)이 $H_2O$라는 주장과 공존한 시기가 있었단 말인가? 과학에서 어떻게 그런 일이 벌어질 수 있는가?

저항 4　설령 합의들이 있었다손 치더라도, 그 합의가 어떻게 상황 의존적일 수 있는가? 과학에서의 이론 선택 또는 합의는 객관적인 기준에 의해 이루어져야 하는 것이 아닌가? 상황 의존적 합의에 의해 과학의 역사가 계속된다면, 그리고 애초에 상황 의존적 합의에 의존해야 할 만큼 여러 주장들이 참/거짓이 명확히 가려지지 않은 채 공존하는 상태가 오랜 기간 존재한다면, 과학은 도대체 어떻게 진보할 수 있는가?

저항 5 앞의 네 가지 저항에서 오는 질문들을 다 구체적으로 해결한다 해도 그 과정이 결코 순탄치 않을 텐데, 그 길고도 험한 과정을 거치며 저자와 독자가 얻는 것은 무엇인가?

"물은 H$_2$O인가?"라는 물음 하나에서 파생되는 질문은 얼른 꼽아보기에도 이렇게나 많으며, 또 복잡하다. 따라서 이쯤 되면 이 책의 제목이 그냥 화학에 무지한 사람의 천진무구한 질문이 아니라, 어마어마한 내용과 논쟁들이 휘몰아치는 격전장 안으로 뛰어들어 갔다가 성과를 얻어 돌아오겠다고 다짐하는 실로 무시무시한 출사표임을 눈치챌 수 있을 것이다. 그렇다면 저자는 과연 이 도전에 성공했는가? 저자 자신은 "물의 초기 역사에 관한 이 연구 프로젝트가" 맡은 바의 "기여를 넉넉히 해냈다"(625쪽)라고 자평하고 있으며, 나 또한 이 책이 내가 전술한 다섯 가지의 저항을 적절하게 풀어주고 독자들로 하여금 어느새 저자의 주장들에 동조하게 만드는 데 성공했다고 본다. 이 마법 같은 일은 모두 다섯 개 장을 거쳐 진행된다.

## 2. 저항들을 풀어 새로운 원동력으로 바꾸는 여정

저항 1을 푸는 데는 장 두 개가 소요된다. 1장에서는 18세기 후반 화학 혁명을 다루는데, 물을 화합물로 보는 라부아지에의 산소 시스템[1]이 물을 원소로 보는 플로지스톤 시스템에 비해 당대에는 뚜렷하게 우월한

---

1

여기서 '시스템'이란 평가의 무대 위에 오르는 과학 활동의 단위로, '인식 활동들로 이루어진 과학적 실천 시스템'이라는, 장하석이 제안한 개념을 줄여 말한 것이다. 장하석은 자신의 실천 시스템은 쿤의 '패러다임' 개념 중 '전문 분야 매트릭스disciplinary matrix'와 비슷하지만 그것보다는 좀 더 명확하고 질서 정연한 개념이라고 말한다.(71쪽) 실천 시스템은 러커토시의 '연구 프로그램'과도 유사한데, 러커토시 연구 프로그램의 중핵에는 핵심 법칙들이 들어있지만 장하석의 실천 시스템은 그 중앙에 측정, 예측, 가설 검증 등의 인식 활동이 자리 잡고 있다는 차이점이 있다.

점이 없었음을 보여주며, 플로지스톤 이론이 너무 일찍 살해되었다가 현대에 결국 다른 이름으로 사실상 재도입되었다고 주장한다. 2장에서는 볼타Alessandro Volta의 전지 덕분에 가능해진 물의 전기 분해를 다룬다. 전기 분해 시 수소 기체와 산소 기체가 거시적 거리를 두고 떨어져 있는 각기 다른 전극에서 발생하는데, 만일 전기 분해가 정말로 화합물인 물이 원소인 수소와 산소로 분해되는 것이라면, 어떻게 이 거시적 거리를 설명할 수 있는지를 묻고, 이 '거리 문제'가 해결되지 않는 한 물의 전기 분해는 라부아지에 이론의 반박 사례가 될 수 있음을 주장한다. 그리고 빌헬름 리터Johann Wilhelm Ritter를 비롯하여 물의 전기 분해가 분해가 아니라 합성임을 설득력 있게 설명한 과학자들도 있었으며, 반反플로지스톤주의자들은 리터의 견해를 효과적으로 반박한 것이 아니라 19세기 말까지 그저 배척해 버렸을 뿐임을 보여준다. 그리고 당시에 이루어졌던 정당화는 어디까지나 각 실천 시스템 안에서의 정당화임을 주장한다.

저항 2는 3장과 4장 일부에서 풀린다. 3장에서는 플로지스톤 시스템이 소멸한 후, 물이 $H_2O$라는 것에 과학자들이 합의하기까지 논쟁이 펼쳐진다. 물이 수소와 산소의 화합물이라는 데는 과학자들이 동의했으나, 그 상대적 비율에 관해서는 의견이 갈렸다. 분자식을 알려면 원자량 비율을 알아야 하고, 원자량 비율을 알려면 분자식을 알아야 했는데, 당시 이 연구를 시작한 과학자들은 둘 중 어느 것에 대해서도 알 수 없었기 때문이었다. 돌턴John Dalton은 물을 HO로 보는 시스템 안에서 연구를 개진했고, 아보가드로는 $H_2O$라 보는 시스템을 제안했으나 그의 아이디어는 화학자 대다수에게 거부당했고 반세기가 지나서야 일반적으로 채택되었다는 과학사적 사실이 제시되며, 그 반세기 동안 최소한 다섯 가지의 원자-분자 화학 실천 시스템이 있었으며, 그 시스템들이 복잡하게 전개되고 얽히면서 물은 $H_2O$라는 합의에 도달했음을 놀라운 설득력으로 보여준다. 이렇게 함으로써 저항 3도 해결된다.

4장에서는 1, 2, 3장에서 다루었던 각각의 에피소드 안에서 경쟁했던 시스템들 중 독점적 지배의 자격을 지녔던 시스템은 없음을 주장하고, 단일 시스템이 한 연구 영역을 지배하지 않는다고 해도 과학의 진보는 이루어질 수 있음을 보여주며 저항 4를 잠재운다. 그리고 이런 판단이 과학의 진리 추구에 대한 전통적 견해와 관련하여 지니게 되는 의미를 차근차근 짚어가며 저자의 독창적인 '능동적 과학적 실재주의'를 피력한다.

저항 5의 질문들은 5장에서 답해진다. 저자는 자신의 능동적 실재주의는 '특정 존재자는 실재하는가', '특정 법칙은 진리(적어도 근사적 참)인가', '과학의 성공은 과학 이론의 근사적 참을 보증 또는 설명하는가' 등에 집중하는 전통적 실재론과는 달리, 되도록 많은 측면에서 실재와 접촉하겠다는 '결심'이라고 말하며, 자신의 실재주의는 최대한 많은 이론을 증식시키는 능동적이고 규범적이고 인식적인 다원주의에 의해서만 실천될 수 있음을 설명한다. 다원성은 경쟁하는 실천 시스템들 간 관용과 상호 작용을 가능하게 함으로써 과학에 여러 가지 혜택을 주며, 과학사와 과학철학에 새로운 목적과 접근법을 제공할 뿐 아니라, 그 목적과 접근법은 현재 저자가 수행 중인 상보적 과학(전작 《온도계의 철학》의 표현을 빌리면 '상보적 과사철')을 이룰 수 있게 해준다고 말하며 저자가 얻는 수확을 설명한다.

그렇다면 독자가 얻는 이득은 무엇일까? 사실 독자들은 이 책의 1장부터 엄청나게 많은 것을 배울 수 있다. 과학철학에 익숙하지 않은 독자들은 체계적으로 집요하게 질문하는 법부터 배워가면서 지금까지 잘 알려지지 않았던 18-19세기 화학사의 다양한 면면을 손쉽게 들여다보게 된다. 그리고 혼자 공부하기 쉽지 않았던 전통적 실재론에 관한 이해를 얻게 되며, 저자의 '상보적 과학'을 통해 과학사와 과학철학이 유기적으로 융합되는 모범 사례를 접하게 될 것이다. 물론 전술한 다섯 가지 저항을 꼬리에 꼬리를 물고 생각해 내고, 책을 통해 그것들을 풀어나가게 되는 것 자체가 좀처럼 믿기 힘든 소득이기도 하다. 그런가 하면 과학철학을 조금이라도 공부해 본 사람들은 방대한 참고 문헌의 획득과 더불어 대표적인 과학 방법론들이 18-19세기 화학사에 어떻게 적용될 수 있고 또 어떻게 수정되어야 하는가를, 그리고 그 방법론들의 유용한 일부가 능동적인 다원주의 안으로 포섭되어 새로운 탐구의 방식과 분야가 열리는 현장을 생생하게 목도하는 흔치 않은 경험을 하게 될 것이다. 그리고 이는 유연하고 창조적인 사고의 원동력이 되어줄 것이다.

## 3. 물질의 존재와 부재는 어떻게 탐구되고 합의되는가: 화학 혁명과 19세기 전반기 원자화학의 두 격전장으로의 초대

### 3.1. 화학 혁명과 플로지스톤주의의 소멸을 둘러싼 통념

통상적인 화학 교육 과정에서 플로지스톤은 전근대적 화학의 마지막 찌꺼기인 것처럼, 그리고 끝까지 플로지스톤 이론을 옹호했던 사람들은 존재하지도 않는 그 가상의 물질에 교조적으로 집착했던 것처럼 묘사된다. 승자의 시각으로 역사를 정리하는 참고서들뿐 아니라 20세기 후반의 과학철학자들도 종종 개진했던 이런 해석은 상당 부분 토머스 쿤의 시각에서 비롯되었다. 가장 유명한 20세기 과학철학자 중 한 명인 쿤은 혁명 전의 패러다임과 혁명 후의 새 패러다임은 공약(통약) 불가능incommensurable하다고 주장한다.[2] 쿤은 《과학혁명의 구조》에서 화학 혁명을 자신이 말하는 패러다임 교체, 즉 '과학 혁명'의 전형적인 사례로 꼽으며, 플로지스톤주의자들이 "라부아지에가 보았던 것을 보기 위해서는 패러다임을 대폭 수정해야" 했으며, 이야말로 프리스틀리Joseph Priestley가 "그 긴 생애의 종말까지도 어째서 그것을 볼 수 없었는지를 설명하는 주된 이유임에 틀림없다"고 말한다.[3]

사실 쿤의 관점은 플로지스톤 패러다임에 끝까지 매달렸던 사람에게도 과학자로서 그럴 만한 이유가 충분히 있었음을 말해주는 너그러운 시각이라 볼 수 있다. 플로지스톤 시스템의 존재 가치를 깡그리 무시하는 듯한 묘사를 한 사람들에 비하면 말이다. 과거에는 대학 교재 또는 부교재로 사용되었던 서양 과학사 서적에서도 그런 매몰찬 기술이 이루어졌다. 예컨대, 송상용은 《서양과학의 흐름》에서 1775년 산소 기체의 생산에 관한 첫 논문을 쓴 프리스틀리와 카를 빌헬름 셸레Carl Wil-

---

2

장하석은 incommensurability를 '비정합성'으로 번역하길 원했고(그의 모국어는 한국어다) 따라서 번역서에도 그렇게 표기되어 있지만, 이 글에서는 한국 과학철학계에서 거의 공식적으로 쓰이고 있는 '공약 불가능성'이나 '통약 불가능성'이라 쓰기로 한다. '비정합성'이라고 표현하면 'incommensurability'보다는 'incoherence'라고 이해되기 쉽기 때문이다.

3

토머스 쿤, 《과학혁명의 구조》, 김명자·홍성욱 옮김(까치, 2013), 136.

helm Scheele[4] 등을 가리켜 "답답한 보수주의자들"이라 일컬으며, 그들이 "그토록 중요한 발견을 하고도 플로지스톤설에 매달린 나머지 엉뚱한 해석을 했기 때문에 화학을 근대화할 절호의 기회를 놓치고 말았다"라고까지 혹평한다. 그리고 라부아지에가 그 중요한 발견을 "재빨리 포착, 흡수해서 정확한 해석을 내렸고 그 결과 화학 혁명의 영광을 독차지"했다고 기술한다.[5]

## 3.2. 플로지스톤 시스템은 라부아지에에 의해 소멸된 것이 아니다

이미 많은 연구자들이 지적하고 있듯이 라부아지에 시스템은 1770년에서 1785년 사이에 꽤 성공을 거두었다. 저자도 이에는 동의하고 있지만, 라부아지에의 연구가 성공을 거둔 후 화학자 대다수가 신속하게 라부아지에 시스템으로 전향했고, 플로지스톤 이론은 곧 사망했다는 통념[6]에는 강경하게 반대한다. 저자에 따르면 1790년 이후에도 플로지스톤 이론을 고수한 화학자는 많았으며, 플로지스톤 이론에 적극 찬동하지는 않아도 라부아지에 진영으로 넘어가지도 않은 채 형세를 전망한 이도 많았고, 심지어 1800년 전후에는 라부아지에 시스템이 금세 수명이 다할 것이라 본 사람들도 있었다.(98-107쪽)

이런 과학자들이 존재했던 것은, 통념상 산소주의 시스템은 잘 설명하지만 플로지스톤 시스템으로는 설명할 수 없다고 여겨졌던 실험 결과들, 즉 물 생성 실험, 금속이 녹슬 때의 무게 증가, 물의 전기 분해 등을 사실은 플로지스톤 이론도 매우 잘 설명했기 때문이라고 저자는

---

4
프리스틀리보다 더 일찍 산소 생산에 성공했으나 출판은 더 늦게 했던 인물이다.

5
송상용, 《서양과학의 흐름》(강원대학교 출판부, 1990), 191-201.

6
이런 시각을 피력한 대표적인 연구자로는 코넌트James Bryant Conant, 파팅턴James Riddick Partington, 키처Philip Kitcher가 있다. 이들의 견해는 최성호, 〈인간의 얼굴을 한 과학: 토마스 쿤이 해리 프랑크푸르트를 만날 때〉,《철학사상》70호(2018)에서 재인용했다. 쿤 또한 라부아지에가 기체에 대한 연구를 할 때쯤인 1770년대 초부터 플로지스톤 이론으로 설명할 수 없는 문제들이 너무 많아져서 플로지스톤 패러다임은 '위기crisis'를 맞고 있었다고 말한다.(토머스 쿤,《과학혁명의 구조》, 154-155)

주장한다. 꼼꼼하고도 방대한 일차 문헌 조사를 통한 저자의 설명을 일독하고 나면, 그런 설명들이 가능했음에도 플로지스톤 시스템을 일찍 버렸던 사람들의 머릿속이 오히려 더 궁금해질 지경이다. 현대 과학 교육으로 형성된 통념이 제공하는 대답, 즉 '플로지스톤은 실재하지 않는데 그런 질량도 없고 관찰할 수도 없는 것을 실재하는 물질로 상정했기 때문'이라는 설명은 적어도 세 가지 이유에서 유효하지 않다.

첫 번째와 두 번째 이유는 화학사를 조금이라도 공부한 사람이라면 바로 떠올릴 수 있다. 플로지스톤주의자들이 말했던 그대로의 플로지스톤은 실재하지 않음을 알아낸 것은 훨씬 후대의 일이었을 뿐, 당시 과학자들은 플로지스톤이 실재하지 않음을 알 방법이 없었다. 오히려 당시의 연구 수준에서 플로지스톤은 연소 시 불꽃으로 그 존재를 확인시켜 주는 물질, 즉 간접적으로나마 존재 여부가 감각되는 물질이었다. 그리고, 질량이 없는 물질을 시스템의 중요 요소로 포함시킨 것은 라부아지에도 마찬가지였다. 그가 질량이 없는 물질인 칼로릭(열소)을 자신의 화학 원소 표(55쪽) 맨 위에 올려놓았다는 것은 익히 알려진 사실이다.

세 번째 이유는 저자의 작업주의적 주장에서 도출되는 것으로, 당시 화학자들은 녹슨 금속을 금속으로 환원하려면 얼마나 많은 플로지스톤이 필요한지 정확하게 계량할 수 있었다는 것, 즉 당시 화학자들에게 플로지스톤은 조작할 수 있는 물질이었다는 것이다.(48-49쪽) 전술한 두 이유와 함께 플로지스톤의 이러한 조작 가능성은, 당시 사람들에게 플로지스톤이 실재하는 물질임을 믿게 하기에 충분했을 것이다.

이처럼 플로지스톤 시스템 안에서는 내부적 정당화가 잘 일어났고 18세기에는 플로지스톤주의를 때려눕힐 '결정적 한 방' 같은 실험도 없었다면, (반反플로지스톤주의에 반대한 과학자들이 여전히 꽤 많이 있었다 해도) 많은 과학자가 플로지스톤 시스템을 떠난 것은 왜일까? 이때 얼른 생각나는 가장 익숙한 이름은 또다시 쿤일 것이다. 쿤은 상이한 패러다임은 패러다임을 지배하는 형이상학적 모형도 다르고 단어의 의미 및 문제 영역과 해결 방법도 다르므로, 즉 공약(통약) 불가능하므로 한 패러다임의 용어들을 다른 패러다임의 용어들로 1:1로 번역할 수 없지만, 단순성, 정확성, 일관성(정합성), 적용 범위, 다산성 등의 가치value에 관해서는 서로 다른 패러다임에 소속된 사람들도 대체로 공통된 의견을 지니므로 이 가치들에 의해 패러다임을 선택하는 과학자들의 합리성을 어느 정도 구제할 수 있다고 말했다. 그렇다면 쿤의 설명을 수용하여, 플로지스톤 시스템에서 라부아지에 시스템으로 넘어간 사람들은 시스템 외부의 평가 기준인 '가치'를 따져보고 플로지스톤 시스템이 그 가치들을 라부아지에 시스템만큼 충족시키지 못했다고 판단했던 것일까?

저자는 이런 질문을 예상하고, 두 시스템이 중요시했던 가치가 서로 달랐다고 말한다. 플로지스톤 시스템은 좀 더 많은 것들을 설명해야 한다는 '완전성'을 중요하게 여긴 반면, 라부아지에 시스템은 이론이 좀 더 단순해야 한다는 '단순성'에 더 가중치를 주었다는 것이다.(80-82쪽) 저자는 경험적 정합성, 설명력, 검증 가능성, 우아함 등, 쿤 외의 철학자들이 꼽았던 다른 가치들에 따른 대차 대조표까지 꼼꼼하게 작성하여, 당시에는 플로지스톤 시스템과 라부아지에 시스템의 우열을 가릴 수 없었음을 보여주고, "현대적 관점에서 보면 두 이론은 동등하게 틀렸"다고 평가한다.(54쪽)

이처럼 이론 선택이 참/거짓 또는 정확한 해석/엉뚱한 해석, 가치를 잘 따름/잘못 따름의 문제를 벗어날 때, 과학자들의 이론 선택을 재구성하려는 연구자들은 그래도 어떻게든 과학자들의 합리성을 구제하려는 부류와 비합리적 요인(즉 사회적 요인)들에 훨씬 더 무겁게 기대어 설명하려는 부류, 그리고 합리적 요인과 비합리적 요인이 거의 동등하게 작용한다는 부류로 나뉜다. 이는 비단 화학 혁명 연구에서만 나타나는 독특한 현상은 아니다. 판 구조론의 맹아를 포함하고 있었던 베게너의 이론이 제안 당시뿐 아니라 수십 년간 폭넓게 무시된 이유에 관해서도 이런 세 가지 부류의 설명이 존재한다.[7]

이 책에서 저자는 플로지스톤 이론의 소멸에는 사회적 요인과 합리적 요인이 뒤얽혀 있다고 말한다. 사회적 요인으로는 라부아지에 시

---

[7]
실제로 베게너 이론의 폭넓은 배척을 설명함에 있어 레이철 라우던Rachel Laudan과 헨리 프랭클Henry Frankel, 폴 세이가드Paul Thagard는 합리적 요인들에 더 중점을 두었으며, 존 스튜어트 John Stewart는 사회적 요인들을 강조했고, 르 그랑Homer Eugene Le Grand은 과학 변동에 대한 어떠한 설명이라도 두 요소를 반드시 함께 고려해야 한다고 주장했다. 이들의 주장에 관한 정리는 신광복, 〈20세기 지질학 혁명의 철학적 재고찰〉(석사 학위 논문, 서울대학교, 2001)에 수록되어 있다.

스템은 라부아지에를 구심점으로 하여 같은 목소리를 내는 공격적인 캠페인을 통해 지지자들을 포섭하고 목소리를 높였지만 플로지스톤 시스템에서는 그런 독단적 구심점 없이 개별 과학자들이 자유롭게 여러 문제에 대한 여러 버전의 플로지스톤 이론을 내놓았기 때문에 효과적으로 지지자들을 '결집'시킬 수 없었다는 점을 들 수 있으나, 그것에 너무 매몰되지는 말라는 충고 또한 저자는 잊지 않는다.(155-156, 287쪽) 그리고 합리적 요인으로는, 라부아지에 사후에 화학 연구의 대세가 되었던 '합성주의 화학'에서 그 실마리를 찾는다. 반플로지스톤주의 시스템을 괴롭혔던 전기 분해의 거리 문제는 18세기 말 스반테 아레니우스 Svante Arrhenius의 자유 전자 해리dissociation 이론에 의해 플로지스톤에 의존하지 않고도 설명되었다. 그리고 그즈음 원소는 원자라는 입자로 존재하며 원자들이 서로 결합하여 다양한 화합물을 만든다는 합성주의 시스템이 힘을 얻으면서 플로지스톤과 같은 '요소' 물질이 원소들에 어떤 특성을 준다는, 요소와 원소 간의 비대칭성에 의거한 요소주의 시스템을 약화시켰다. 그러면서 플로지스톤 이론은 역사의 뒤안길로 사라지게 되었다는 것이다.

### 3.3. 물의 화학식 연구에 대한 통념:
### 원자화학의 역사에서 지워진 반세기

이제 저자가 안내하는 두 번째 격전장으로 들어가기 전에, 우리의 과학교육에서 이 반세기가 어느 정도로 지워져있는지부터 살펴보자. 물의 화학식이 $H_2O$라는 것을 과학자들이 어떻게 알게 되었는가에 관해, 대부분의 중등 과학 교과서들은 돌턴, 게이뤼삭Joseph Louis Gay-Lussac, 아보가드로의 아이디어들을 간략하게 소개하며 그림 1[8] 정도로만 기술한다. 그림 1은 아보가드로의 화학식이 그의 사후에야 인정받았다는 내용까지 담고 있긴 하지만, 이 내용이 빠진 교과서들도 있다.[9] 그림 1을 다시

---

8

그림은 이하에 재수록된 것을 사용하였다. 백성혜·김준예, 〈귀추법 관점에서 중학교 과학 교과서에 제시된 아보가드로의 가설에 대한 내용 분석〉, 《과학철학》 12권(2009).

9

백성혜·김준예, 〈귀추법 관점에서 중학교 과학 교과서에 제시된 아보가드로의 가설에 대

게이뤼삭은 기체에 관한 실험 결과를 다음과 같이 정리하였다. '온도와 압력이 같으면 반응하는 기체와 생성되는 기체의 부피사이에는 간단한 정수비가 성립한다.' 이것을 기체반응의 법칙이라고 한다.

수소 2부피     산소 1부피     수증기 2부피

게이뤼삭은 1:1의 비율로 결합하는 기체 원소는 같은 온도와 압력에서는 같은 부피를 차지할 것이라는 생각을 하였으나 그림 3-19에 나타낸 것과 같이 돌턴의 원자 모형으로는 원자가 깨어지는 모순이 생겨 설명할 수가 없게 되었다.

수소    수소     산소     수증기    수증기

기체 반응의 법칙을 설명하기 위해 아보가드로는 다음과 같은 가설을 제안하였다. '온도와 압력이 같으면 모든 기체는 같은 부피 속에 같은 수의 입자를 포함한다.' 또 그림에 나타낸 것과 같이 수소와 산소는 각각 2개의 원자가 모여 1개의 새로운 입자를 이루며, 수증기는 수소 원자 2개와 산소 원자 1개가 모여 1개의 새로운 입자를 이룬다고 설명하였으며, 몇 개의 원자가 결합하여 생성된 새로운 기본 입자를 분자라고 하였다. 이 제안으로 기체반응의 법칙을 그림 3-20과 같이 설명할 수 있게 되었다. 아보가드로의 가설은 그가 죽은 후에야 아보가드로의 법칙으로 인정받게 되었다.

수소 2부피     산소 1부피     수증기 2부피

그림 1. 강만식 외,《중학교 과학 3》(교학사, 2002)에 실린
기체 반응 법칙과 아보가드로의 가설에 관한 설명

보자. "아보가드로는 [⋯] 수증기는 수소 원자 2개와 산소 원자 1개가 모여 새로운 입자를 이룬다고 설명하였으며"와 "아보가드로의 가설은 그가 죽은 후에야 [⋯] 인정받게 되었다" 사이에 도대체 어떤 일들이 있었기에 생전에는 그의 가설이 인정받지 못했는지, 그 기간은 얼마나 되는지, 사후에는 또 어떻게 인정받게 되었는지 전혀 언급이 없다. 중등 교육 학습 교재뿐 아니라, EBS에서 방송된 〈CLASS e〉의 강의를 엄선하여 출판한 책인 《화학 연대기: 세상을 바꾼 작고도 거대한 역사》[10]에도 이 내용은 없으며, 김영식과 임경순의 《과학사신론》[11]에서도 이 시기에 관한 논의는 찾아볼 수 없다.

이 반세기에 원자화학에서는 어떤 일이 있었는지, 즉 보이지 않을 만큼 작은 입자를 두고 그 입자를 구성하는 더 작은 물질의 수를 세는 일이 어떤 식으로 진행되었는지를 생생하게 지켜볼 수 있는 것만으로도 이 책을 읽을 가치는 충분하다. 첫 번째 격전장을 살펴봄으로써 저항 1과 저항 4의 일부에서는 자유로워졌겠지만 나머지 저항들은 여전히 남아 독자의 두뇌를 짓누르고 있을 텐데, 두 번째 격전장을 둘러보고 그 진가를 음미하고 나면 좀 더 가벼운 머리로 유연한 사고를 할 수 있게 될 것이다.

### 3.4. 물은 HO? $H_2O$? $H_4O_2$?

요소주의 시스템이 18세기와 함께 막을 내리면서, 물을 화합물로 보는 견해가 포함된 합성주의 시스템의 시대가 시작되었다. 그렇다면 이제 수소 입자 몇 개와 산소 입자 몇 개가 결합하여 물 분자 하나를 만드는가만 알아내기만 하면 되니까, 일은 간단히 풀리지 않을까? 그렇지 않았다. 일단 19세기 원자화학의 시대를 이끌었다고 평가되는 돌턴(1808)부터가 물을 $H_2O$라고 보지 않았다. 요즘은 이 점을 명시한 대중 교양서

---

한 내용 분석〉, 157에 재수록된 김정률 외, 《중학교 과학 3》(블랙박스, 2002)에 실린 기체 반응 법칙과 아보가드로의 가설에 대한 설명과 그림을 보라.

10
정홍재, 《화학 연대기: 세상을 바꾼 작고도 거대한 역사》(EBS BOOKS, 2021).

11
김영식·임경순, 《과학사신론》(다산출판사, 2007).

도 꽤 발견할 수 있지만,[12] 여전히 원자화학이 시작된 이래(돌턴 이래) 물의 화학식이 처음부터 $H_2O$로 알려진 것처럼 읽히도록 서술된 교양서도 있다. 예를 들어, 정인경의 《동서양을 넘나드는 보스포루스 과학사》는 "돌턴이 주목했던 원자의 핵심적 특징은 질량이었다. 같은 원소의 원자들은 동일한 질량을 지녔지만 다른 원소인 경우에는 다른 질량의 원자를 갖는다는 것이다. 예컨대 수소 원자 두 개와 산소 원자 한 개는 결합해서 물이라는 화합물 $H_2O$를 만드는데 이때 수소 원자와 산소 원자의 질량은 각각 다르다"라고 기술했다.[13]

19세기 전반기에 제안된 물의 화학식은 실로 다양하다. 아보가드로(1811)는 잘 알려진 것처럼 $H_2O$라는 분자식을 제안했다. 그러나 돌턴은 물을 HO라 보았다. HO는 돌턴이 뭔가를 '단순히 잘못 측정해서' 나온 돌턴만의 화학식이 아니었다. 저자의 조사에 의하면, 그멜린Leopold Gmelin, 리비히Justus von Liebig, 토머스 톰슨Thomas Thomson, 울러스턴William Hyde Wollaston도 물을 HO라 보았고, 심지어는 $H_4O_2$라는 식을 내놓은 화학자도 있었다. 물론 아보가드로 외에도 $H_2O$를 주장한 화학자가 있었으나, 아보가드로의 개념은 정말로 철저하게 무시되었다(다양한 과학자들이 내놓은 다양한 화학식은 305쪽 표를 볼 것). 아보가드로의 가설이 무시된 것을 비합리적인 요인으로 설명하려는 현대 과학사가들도 있긴 하지만, 저자는 "대다수의 과학자들이 아보가드로의 미시물리학적 가설들을 알았고, 토론했고, 충분히 정당한 이유로 배척했음"(313쪽)을 생생하게 보여준다.

### 3.5. 물 분자는 관찰 가능한가

이쯤에서 이 글의 맨 앞에서 이 책을 관통하는 질문이라고 말했던 그 의문문으로 다시 돌아가 보자. 과학자들은 물이 $H_2O$라는 것을 어떻게 알았을까? 여기서 "안다"라는 것을 전통적 인식론에서 말하는 "정당화된

---

12

에컨대 다음을 보라. 옌스 죈트겐, 《교양인을 위한 화학사 강의: 연금술부터 독가스, DNA 복제까지 바꾼 화학의 역사》, 송소민·강영욱 옮김(반니, 2018), 173-177.

13

정인경, 《동서양을 넘나드는 보스포루스 과학사》(다산북스, 2014), 215.

참인 믿음을 가진다"로 치환하고, '참'을 전통적 실재론에서 말하는 '진리'에 입각한 것으로 본다면, 답은 "그들도 몰랐다"가 될 것이다. 적어도 19세기 첫 반세기까지, 즉 물의 분자식(화학식)이 $H_2O$라고 '합의'될 때까지는 말이다.

  이것이 이상하게 들린다면, 그것은 아마도 우리가 받아온 승자 중심, 성과 중심의 교육 때문일 것이다. 따지고 보면 원자화학의 입자들은 지금도 관찰할 수 없다. 주사 투과 전자 현미경STEM 같은 첨단 장비를 이용하면 분자의 확대된 입체 구조를 '볼' 수 있지 않느냐고 반문할 수도 있다. 그러나 이런 전자 현미경의 원리는 광학 현미경과는 완전히 다르다. 전자 현미경들은 전자선을 시료에 쏘아 시료에서 나오는 반사 전자 등을 전류로 바꾼 후, 그것을 전기 신호에 동조시켜 모니터에 상을 만들어주는 장치다. 따라서 관찰 가능성 개념을 아무리 확장시킨다 해도, 전자 현미경을 이용한 관찰은 간접적인 상image 만들기일 뿐 인간의 감각으로 관찰한 것이라 볼 수 없고, 따라서 원자화학의 입자 같은 것들은 자연의 관찰 불가능한 부분을 연구하기 위해 과학자들이 창의적으로 숙고하여 만들어낸 일종의 모형(모델)일 수밖에 없게 된다. 그런데도 과학 교육에 관한 백성혜의 논문에서 지적하듯[14], "입자 개념을 마치 관찰 가능한 자연 세계인 것처럼 과학 교과서에서 묘사함으로써 학생들이 과학에서 다루는 모델과 자연 현상을 구분하지 못하게"[15] 되었고,

---

14

  관찰 가능성 개념에 관해서는 여러 철학자들의 논의가 있었으나, 여기서 나는 바스 판 프라선Bas van Fraassen이 1980년 저서 《과학적 이미지The Scientific Image》에서 기술한 관찰 가능성 분류를 이용했다. 판 프라선에 의하면, 어떤 물질 X는, 그것이 우리 앞에 놓일 경우 (관찰 기구의 도움 없이) 우리가 그것을 관찰하는 상황이 존재한다면, 관찰 가능하며, 이때 관찰은 우리의 감각으로 이루어지는 것을 뜻한다. 따라서 목성의 위성과 쥐라기의 공룡은 비록 지금, 그리고 지구에서는 (전자는 너무 멀리 있어서, 그리고 후자는 멸종되어서) 관찰할 수 없지만, 만약에 그것들이 우리 앞에 놓이게 된다면 우리는 그것을 우리 감각으로 관찰할 수 있게 되므로 관찰 가능하다. 그러나 미시적 입자들은 그것들이 우리 눈앞에 있어도 관찰 기구의 도움이 있어야 하므로 관찰 불가능하다. 판 프라선의 '관찰 가능성'이 너무 인간의 선천적 감각(특히 시각)에 특권을 주고 있다는 반대 의견도 있지만, 인간의 선천적 감각 기관은 아주 오랜 기간을 걸쳐 신뢰할 만하게 잘 시험된 것으로 볼 수 있으므로, 선천적 감각에 인식적 신뢰도(인식론적 우월성)를 부여할 수 있다는 그의 항변은 임의성의 문제를 피할 수 있을 것으로 본다.

15

  백성혜, 〈과학교육에서 과학사의 응용: 입자개념의 발달에 대한 과학사적 고찰이 과학교

또 그로 인해 과학자들이 물의 분자식을 서로 다르게 제안했다는 역사적 사실이 이토록 낯설게 들리게 된 것이다.

### 3.6. 관찰 불가능한 물질을 어떻게 세고 잴까: 순환의 중간에서 시작하기

물 입자 하나하나를 확대해 들여다보는 것이 불가능한 상황에서 19세기의 과학자들이 할 수 있었던 일은 수소와 산소가 반응하여 물이 생성될 때 각 물질의 무게나 부피를 정교하게 측정하여 물의 조성을 추측하는 것뿐이다. 그런데 여기서 문제가 생긴다. 분자식을 알려면 수소 원자와 산소 원자의 원자량 비율을 알아야 하고, 원자량 비율을 알려면 분자식을 알아야 했는데, 당시 이 연구를 시작한 과학자들은 둘 중 어느 것도 알 수 없었고, 이 둘 중 어느 하나도 관찰만으로는 알아낼 수 없었기 때문이었다. 분자식을 정당화하려면 참인(절대적 참은 아니더라도 당시 거의 모든 과학자가 기본적 지식으로 인정하는) 원자량 비율이 있어야 하고, 특정 원자량 비율이 참이며 기본적 지식의 자격이 있음이 정당화되려면 그 정당화의 기준이 될 분자식이 있어야 하는 상황, 즉 서로가 서로를 정당화하는 순환이 과학자들의 발목을 잡았던 것이다.

경험 과학에서는 이런 순환성에 종종 맞닥뜨리게 된다. 나의 경험에 비추어보면, 원자화학보다 훨씬 거시적인 물체를 다루는 지질학 연구에서도 순환은 발생한다. 예를 들어, 외견상 성인成因을 짐작하기 힘든 특정 화성암이 어떤 환경에서 생성되었는가를 화학 조성을 통해 알기 위해서는, '외형상 특별한 점은 없지만 전형적으로 몇몇 환경에서 생성된 것으로 판단되는' 화성암들의 화학 조성을 일종의 기준으로 놓고 생성 환경을 알고 싶어 하는 암석의 화학 조성을 비교해야 한다. 그렇다면 기준이 되는 화학 조성의 암석이 전형적으로 그 환경에서 생성되었다고 보는 판단은 어떻게 이루어진 것일까? 그 판단 역시 선배 화성암석학자들이 사용한 그 전의 기준에 비추어보아 판단한 것이다. 대부분의 화성암석학자는 선결 문제를 해결할 것을 요구하는 대신, 쟁쟁한 선배들이 남긴 기준에 별 의문을 품지 않고, 설사 품었다 해도 입 밖으로

육에 주는 함의〉, 《한국과학사학회지》 35권 3호(2013): 518.

내지 않고, 묵묵히 자신의 연구를 하며 데이터를 덧붙인다.

다시 원자화학으로 돌아가자. 순환이 존재하는 상황에서 정당화의 확실한 기준을 일단 확보한 후에 안전하게 탐구를 시작하려고 한다면, (신이 나타나 둘 중 하나에 관한 진리를 속삭여주지 않는 이상) 연구는 단 한 발짝도 진행될 수 없다. 이럴 때 가장 좋은 방법은 오랜 금언 '인 메디아스 레스in medias res'를 기억하고 실천하는 것, 즉, '중간 어디쯤에서 시작하여 몇 바퀴 빙빙 돌며 탐구하는 것'[16]이다. 사실 인간이 자연(실재론자라면 '실재'라고 말해도 좋겠다)을 연구하는 많은 경우, '시작점에서부터 산뜻하게 출발하여 직선적으로 깔끔하게' 탐구할 수 있는 행운은 거의 주어지지 않는다. 그래서 경험 과학에도 형이상학적 가정이 들어갈 수밖에 없고, 과학자들은 형이상학에 조금이라도 빚을 덜 지는 연구 방법을 개발하고자 그토록 노력하는 것일 테다.

### 3.7. 관찰 불가능한 물질을 어떻게 세고 쟀을까: 실제로 순환의 중간에서 시작하다

그렇다면 돌턴이 시작한 '중간 지점'은 어디였을까? 은유를 버리고 이 책에서 답해질 수 있는 형식으로 다시 질문해 보자. 돌턴은 어떤 형이상학적 가정을 하며 물의 분자식 연구를 시작했을까? 저자에 의하면, 돌턴이 도입한 형이상학적 가정은 '최대 단순성의 규칙'이었다. 단순성을 고려하여 일단 분자식을 확정하고, 그 분자식을 기초로 하여 원자량을 결정하고자 했던 것이다. 최대 단순성의 규칙에 따른다면 두 가지 원소로 이루어진 화합물의 가장 단순한 조성은 두 원소가 1:1로 결합하는 것일 테고, 그다음은 1:2와 2:1, 또 그다음은 1:3과 3:1 등일 것이다. 당시 수소

---

16

이 표현(원문은 "begin somewhere in the middle and go around several times")은 인간 마음의 진화를 연구하는 대니얼 데닛Daniel Dennett의 2017년 책 《박테리아에서 바흐로 그리고 뒤로 From Bacteria to Bach and Back》의 10쪽에서 빌려왔다. 장하석도 직선적이지 않은 연구에 관해 말하는데, 이를 표현하는 그의 용어는 '인식 과정의 반복epistemic iteration'이다. 그는 인식 과정의 반복이 과학 발전에서 흔히 나타나는 패턴(326쪽)이라 말한다. 그는 이 용어를 수학적 반복mathmatical iteration과 대비되는 의미에서 사용했으며, 인식적 반복은 "앎knowing의 연속 단계들로, 각각 앞선 단계에 의존하면서 어떤 인식 목표의 성취를 높이고자 창출되는 과정"(장하석, 《온도계의 철학: 측정 그리고 과학의 진보》, 오철우 옮김(동아시아, 2013), 101-102)이고, 그것에 의해 과학이 진보한다(장하석, 《온도계의 철학》, 100)고 주장한다.

와 산소의 화합물이라고 알려진 물질은 물이 유일했으니, 돌턴으로서는 물을 HO라고 보는 것이 (자신의 실천 시스템 안에서는) 지극히 합리적인 결정이었다. 돌턴은 여기서 출발하여 수소와 산소 같은 단순한 물질들의 상대적 무게를 알아내는 것을 화학 연구의 중요 목표라고 생각했다.(300-301쪽)

돌턴과 다른 지점에서 다른 형이상학적 가정을 하며 연구를 시작하면 돌턴과는 다른 원자량과 분자식을 주장하게 될 것이며, 실제로 당시에는 많은 시스템이 저마다의 형이상학적 가정을 안고 화합물들의 분자식을 연구했다. 저자는 그중 주요 시스템으로 (1) 무게 유일 시스템(돌턴에서 비롯된 것), (2) 전기화학적 이원주의 시스템, (3) 물리적 부피-무게 시스템(아보가드로가 처음 구성한 것), (4) 치환-유형 시스템, (5) 기하학적-구조적 시스템이라는 다섯 가지를 꼽는다.(323-324쪽)

### 3.8. 혁명인가 합의인가

어떤 형이상학적 가정에서 시작하고 또 어떤 점을 중요하게 여기는가에 따라 물질의 분자식을 알아내는 실천 시스템이 달라지고, 동일한 물질이라 해도 어떤 실천 시스템을 받아들이느냐에 따라 다른 화학식으로 주장될 수 있음이 이제는 분명할 것이다. 이는 쿤의 방법론에 비추어 보아도 잘 설명된다. 특정 분자식을 수용한다는 것은 원자량과 분자식에 관한 주장뿐 아니라 순환을 깬 중간 지점 및 그 지점에서 도입된 형이상학까지를 포함한 패러다임 하나를 통째로 받아들이고 그 패러다임 안에서 연구함을 뜻하니까 말이다. 그런데 쿤의 견해로 이 시기를 설명하기는 다소 껄끄럽다. 여러 가지 패러다임이 난립하는 이 시기를 정상과학의 시기라고 말하기는 힘들고, 그렇다고 과학 혁명의 시기라고 보기도 그 끝이 독점적 패러다임의 승리가 아니어서 어렵기 때문이다. 또한 경쟁하는 패러다임 간에는 공약 불가능성이 성립해야 하는데, 쿤의 후기 저작에서 보이는 너그러워진 공약 불가능성 개념을 따른다 해도, 경쟁하는 패러다임은 많은 것을 공유했고 또 다른 패러다임의 것들을 가져다 쓰기도 했다.

저자는 이 지점에서 쿤과 갈라져, 합의에 이르는 과정이 쿤의 정상과학/과학 혁명의 과정과는 다름을 보여준다. 물의 분자식이 제안되기 시작한 이래 화합물의 분자식을 연구하는 독점적 실천 시스템은 없었고, 매우 다양한 시스템이 서로 경쟁했고 또 상호 작용하며 발전했다고 주장하는 것이다. 전술했던 다섯 시스템은 각각이 도입했던 형이상학적 가정 및 중요 활동 목표로 삼았던 것이 저마다 달랐으므로 장점도 서로 달랐고 단점도 서로 달랐다. 그에 따른 당연한 귀결로, 특히 잘 다룰수 있는 영역도 문제도 달랐다. 그리고 그 어느 시스템도 완벽하지는 않았지만, 이들은 다른 시스템들은 잘하지 못하지만 자신들은 잘할 수 있는 것들을 해냄으로써 화학 지식의 진보에 기여했다.

저자의 조사에 의하면, 시스템들은 서로 생산적으로 경쟁했을 뿐아니라, 한 시스템이 다른 시스템의 "경험적 결과, 이론적 아이디어, 수학적 기법, 장비, 재료 등을 들여와"(587쪽) 썼고, 이런 일은 약 50년간계속되었으며, 그 결과 상기한 시스템들이, 정확하게 말하자면 상대적으로 오래 지속되었던 (3), (4), (5)의 시스템들이 융합되면서 과학자들은 물의 화학식이 $H_2O$라는 '합의'에 도달했다. 지배적 패러다임 하나가극심한 위기를 맞아 타도되고 다른 지배적 패러다임이 그 자리를 차지하는 '혁명'이 일어난다는 쿤의 예측과는 전혀 다른 일이 벌어진 것이다. 저자와 함께 이 길고 복잡하고 어쩌면 지저분하기까지 한 반세기의 대장정을 한 걸음 한 걸음 걸어서 마치고 나면 어느새 저항 2와 저항 3, 그리고 저항 4의 앞부분에서 풀려나 자유로워진 자신을 발견하게 된다.

## 4. 합의와 실재론, 실용주의와 작업주의

저자는 '합의'라는 단어를 자주 쓴다. 아예 '$H_2O$ 합의'라는 용어도 쓸정도다.(374쪽) 이 "합의"라는 단어에서, 그리고 "이 합의가 단순하고 행복한 종결이 아니었으며, 심지어 어떤 유형의 명확한 종결도 아니었"(374쪽)다는 표현에서 많은 사람은 반실재론의 냄새를 강하게 맡을 것이다. 물의 구조가 '정말로', '실재적으로' $H_2O$라면, 과학자들은 자연이 숨겨두던 이면을 오랜 연구를 통해 들추어봄으로써 물의 실재적 구조를 '발견'한 것이지 '물의 구조가 그러하다고 보자'고 '합의'한 것이 아닐뿐더러, 마침내 그 실재적 구조를 찾은 사건은 물 구조 탐구라는 길고어려웠던 과정의 행복한 종결이라고 여겨질 수 있기 때문이다. 그렇다면 다음의 두 가지 질문이 자연스럽게 떠오를 것이다. (1) 당시의 화학자들은 모두 반실재론자였을까? (2) 아니면 그들은 실재론자였으나 저자가 강경한 반실재론자여서 당시의 역사를 그렇게 표현한 것일까?

책을 다 읽고 나면, 앞의 두 질문 모두에 '아니요.'라고 답하게 될 것이다. 일단 (1)에 대한 "아니요"의 의미부터 살펴보자. 사실 이는 주변 과학자들만 둘러보더라도, 아니면 과학을 전공한 독자의 경우 연구를 하거나 수업을 들을 때의 자신의 마음을 되짚어 보기만 해도 쉽게 답할 수 있을 것이다. 과학철학에 특별히 관심을 두지 않는 한, 자기가 실재론자인지 반실재론자인지 고민하면서 수업을 받거나 연구를 하는 사람은 흔하지 않다. 자연과학으로 석사 학위를 받은 나도, 과학을 배우고 연구할 때를 돌이켜 보면(앞서 말했던 순환성에 불만을 지니고 있었던 것을 빼면) 적당히 실재론자였던 동시에 또 적당히 반실재론자였다. 과학자의 길을 접고 과학철학을 전공할 때는 과학 연구를 계속하는 이들에게 이에 대해 물어본 적도 있다. 결과는 다소 실망스러웠으나 놀랍지는 않았다. 강경 실재론자인 포퍼의 입장을 설명해 줄 때면 그들은 실재론자가 되었고, 반실재론자인 판 프라선의 주장을 설명해 주면 그들은 입장을 바꾸어 반실재론자가 되었다. 또 두 주장을 다 이해한 후의 숙고의 결과를 들어보아도, 실재론/반실재론을 받아들이는 '정도'가 사람마다 달랐다.

19세기에도 사정은 이와 크게 다르지 않았을 것이다. 저자는 19세기 초 원자화학의 다섯 가지 실천 시스템만을 놓고 보아도, "실재론과 관련해서는 그 분야는 산산이 쪼개져있었다"(417쪽)라고 말한다. 저자에 의하면, 돌턴과 아보가드로는 원자에 관한 한 강한 실재론자였으나 그들 각각에서 비롯한 무게 유일 시스템과 물리적 부피-무게 시스템의 연구자들은 원자의 속성들 중 자신들이 필요로 하는 만큼만 믿고 그 외의 의미로는 원자가 실재한다고 굳게 믿지는 않았으며, 전기화학적 이원주의 시스템은 조금 더 강한 실재론을 상정했지만, 치환-유형 시스템에서는 원자의 실재성에 대해 회의적이었다. 심지어 기하학적-구조적 시스템조차 원자들 사이의 위상수학적, 공간적 관계의 실재성은 인정했으나, 그것이 그들이 이루는 3차원적 모양을 실제로 완전히 결정하는 것은 아니라고 믿었다.(418-419쪽)

그렇다면 이들의 태도에서 발견되는 철학적 공통점을 정리할 길은 없을까? 저자는 19세기 전반기와 중반의 원자화학자 다수가 공유한 태도를 다소 느슨하게 묶어 표현하는 것으로 만족하며, "실험적 작업과 직접 연결될 수 있는 이론적 생각을 가장 진지하게 취급했으며, 그런 연결을 점점 더 많이 발견하고 발명하고 확보하려 애썼음"이 바로 그 태도라고 말한다.(320쪽) 그리고 그러한 태도는 "자신의 한계를 인정하면서 적극적으로 지식을 추구하는 겸허함"에서 유래한 "실용주의에 뿌리를 두고 있다"고 분석한다.(321쪽)

저자는 당시 원자화학자들의 실용주의는 작업주의와 깊게 연결되어 있다고 본다. 이론적 생각을 실험적 작업과 직접 연결될 수 있게 하는 활동을 저자는 "작업 가능하게 만들기(작업화operationalization)"라 부르며(290쪽), 가능한 한 많고 다양한 작업화를 통해 이론적 생각과 실험적 작업의 접점을 최대한 많이 만들겠다는 결심이 바로 저자가 생각하는 작업주의 철학이다. 저자는 "원자화학자들이 이뤄낸 성공의 열쇠"는 "원자 개념의 작업화"였으므로(422쪽) "19세기 원자화학의 성공이야말로 작업주의의 승리"(404쪽)였다고 말한다.

### 4.2. 실용주의와 실재주의

이제 4.1절 도입부의 두 번째 "아니요"로 넘어가자. 실용주의 철학자들의 입장은 확실히 여러 가지여서 하나로 특징지을 수 없다. 예를 들면 찰스 샌더스 퍼스Charles Sanders Peirce는 탐구의 길들이 진리로 수렴될 것이라는 실재론의 입장을 지니는 반면, 윌리엄 제임스William James는 반실재론적 입장을 취한다. 그렇다면 실재론에 있어 저자는 어떤 입장일까?

저자는 자신이 실재론자이지만 정확히는 "과학에 대한 능동적 실재주의자"[17]라고 불려야 한다고 말한다. 저자가 이해하는 실재론적 입장은 "외적 실재가 존재한다는 것에 대한 인정일 뿐 아니라 외적 실재를 다루겠다는 결심"(468쪽)이기도 하기 때문이다. 이러한 능동적 실재

---

17

이때 '과학적 실재론'과 '과학적 실재주의'는 영어로는 똑같이 'scientific realism'이다. 그러나 저자는 "제대로 된 '-이즘ism'은 (넓은 의미의) 이데올로기, 곧 우리의 행위를 지배하는 교설이어야 마땅"(456쪽)하고, "적어도 한국말로 이야기할 때는 '론'과 '주의'는 틀림없이 다르므로"(장하석,《장하석의 과학, 철학을 만나다》(지식채널, 2014), 172) "'realism'을 탁상공론으로 오해받기 십상인 '실재론'이라는 말 대신에 '실재주의'로 칭하고자 한다"(23쪽)라고 밝힌다. 저자의 의도에 꼭 맞아 떨어지는 '실재주의'라는 분명한 용어가 사용된 책을 읽을 수 있다는 것은 한국어를 사용하는 독자들의 특권인 셈이다.

주의는 여러모로 독특하며, 그 성격상 작업주의와 연결될 수밖에 없다.

저자는 자아와 세계를 근본적으로 구별하고 나서 "우리 자신의 의지에 종속되지 않는 모든 것을 외적 실재로 간주"한다는, 실재에 대한 작업적 정의를 끌어낸다.(464-465쪽) 그렇다면 그 외적 실재는 어떻게 탐구할 것인가? 19세기 원자화학의 성공을 작업주의의 승리라고 보았던 저자의 시각에서, 그리고 실재론적 입장을 일종의 '결심'으로 본다는 점에서, 저자가 생각하는 외적 실재 탐구 방법이 선명하게 드러날 것이다.

저자의 깔끔한 요약처럼, "표준적 실재론의 표어가 진리라면, 능동적 실재주의의 표어는 진보"(470쪽)이다. 그리고 그 진보란 성공에 의존하긴 하지만, 그 성공은 절대적 진리를 얻거나 그것에 최대한 다가가는 것이 아니라 진리를 많이 얻는 것이다. 이때 저자의 진리 개념은 전통적 실재론의 진리 개념과는 달라서, "한 실천 시스템 안에서 한 명제가 그 시스템 안에서 작동하는 옳음correctness 검사를 '상황 의존적'으로 통과하면"(512쪽) 그 명제를 진리true로 인정한다.

이제 요약하자. 저자가 생각하는 진리를 많이 얻으려면 실재에 관해 많이 배워야 하고, 그러려면 실재와의 접점이 많아야 한다. 그리고 실재와의 접점을 만드는 것은 실재라고 여겨지는 것의 개념을 작업화하는 것이므로, 전술한 것과 같이 저자의 능동적 실재주의는 작업주의와 떼려야 뗄 수 없는 관계에 있게 된다.

### 4.3. 작업주의자이면서 실재주의자일 수 있을까

과학철학을 조금 알고 있는 사람이라면 여기서 한 가지 의문이 고개를 들 것이다. 작업주의는 경험주의와 직결되는 것이 아닌가? 그리고 전통적 경험주의는 실재론에 반하는 것 아닌가? 저자는 이런 질문에 대한 답도 미리 준비해 놓았다. 일반적으로 경험주의는 "관찰 가능한observable 것을 지식의 토대로" 삼지만 작업주의는 "실행 가능한doable 것을 지식의 토대로" 삼음(407쪽)을 강조한 것이다. 측정은 실행 가능한 작업이며 또 그 작업이 이루어짐이 감각으로 입증되어야 하지만, 그렇다고 해서 측정 대상이 관찰 가능하게 되는 것은 아니다. 물론 측정 작업 자체도 관찰 가능하게 되지 않는다. 이를테면, 기체들의 치환 반응을 실행하고 흡수된 기체와 방출된 기체의 미세한 부피를 측정함으로써 그 반응에 참여한 각 기체 원자의 상대적 개수를 측정했다면, 그 '원자 세기'는 아주 잘 확립된 실천이지만, 그로 인해 그 원자들이 관찰 가능해지는 것은 아니다. 따라서 원자 자체는 관찰 불가능한 상태에 있다 해도 원자화학은 번창할 수 있었으며, 이것이 바로 관찰 불가능한 것을 세는 방법의 핵심이다.(407-408쪽)

그리고 이 지점에 이르면 3.5절의 질문에 대한, 전통적 인식론과 전통적 실재론을 상정했을 때 내가 내놓은 임시적 대답 '그들도 몰랐다'를 완전히 뒤집을 수 있을 것이다. 19세기 과학자들은 관찰 불가능한 것을 '세는 방법', 즉 '작업화하는 방법'을 알았고, 그 작업화를 '실행'할 줄 알았으며, 실행 과정에서 생산되는 결과들을 '계량'할 수 있었다. 그러므로 그들은 자신이 속한 연구 시스템의 실행 가능한 작업화를 통해 물의 분자식을 '알 수 있었고', 여러 시스템이 상호 작용하고 융합함에 따라 융합된 연구 방법을 사용해, 작업화를 실행하고 결과를 계량한 후, 그 결과에 합의함으로써 물이 $H_2O$임을 알게 되었던 것이다.[18]

여기까지 이르는 여정을 소화했다면 저항 4에서 남아 있던 부분까지 풀리며 머리가 다소 가벼워질 것이다. 이제 저자가 왜 이 두 격전장으로 독자를 데려갔는지 그 진짜 속내를 알아보자.

## 5. 실재주의와 다원주의가 공존할 수 있는가

이 책은 저자의 전작 《온도계의 철학》(2004년 원서 출간)에 이은 '상보적 과학' 프로젝트의 두 번째 결과물이다. 전작에서 저자는 '상보적 과학' 또는 '상보적 과사철'이란 어떤 학문인가에 방점을 찍고 있으며, 이 책에서는 조금 더 나아가, 그러한 학문 활동을 가능케 하는 그의 독자적 다원주의를 계속 강조하고 있다. 이 책은 각 장 본문이 시작되기 전에 저자가 직접 쓴, 더없이 훌륭한 한 쪽짜리 요약문을 제공하고 있는데, 책을 일독하고 나서 다시 요약들을 읽어보면 모든 요약문의 끝부분

---

18
이와 매우 잘 어울리게, 저자는 전통적 인식론과는 다르게 '앎'을 정의한다. 전통적 인식론에서는 3.5절에서 기술한 것처럼 '지식'을 '정당화된 참된 믿음'으로 본다. 그러나 저자는 '앎'을 '믿음'이 아닌 '능력'과 결부시킨다.(452쪽) 여기서의 '능력'을 '작업화하고 실행하고 계량하는 능력'이라고 놓으면 나의 최종 대답은 저자의 인식론과도 완벽하게 맞아떨어진다.

에 '다원주의' 또는 '다원성'이 언급되어 있음이 눈에 들어올 것이다. 그리고 19세기 전반기 다섯 시스템의 경쟁적 발전을 논하는 부분에서도 다원주의에 대한 분명한 옹호가 잘 드러난다.

### 5.1. 다원주의로만 실천되는 능동적 실재주의

전통적 실재론은 다원주의와 쉽사리 연결될 수 없어 보인다. 전통적 실재론을 받아들이면, 한 연구 영역에서 성공한 시스템(연구 프로그램 또는 패러다임이라 해도 좋겠다)은 한정된 기간만이라도 독점적 진리를 보유한다는 권위를 얻으며, 그 시스템과는 다른 주장을 하는 시스템은 진리를 보유할 수 없다는 생각으로 자연스럽게 연결되기 때문이다.

그러나 저자의 능동적 실재주의는 다원주의 없이는 개진될 수 없는 것처럼 보인다. 저자가 생각하는 과학의 성공이란 독점적 진리를 얻는 것이 아니라, '많은 진리'를 얻는 것이다. 여기서 '많은 진리를 얻으라'는 말은 되도록 많은 실재[19]에서 진리를 얻으라는 요구이기도 하지만, 하나의 실재에서도 될수록 많은 진리를 얻으라는 말이기도 하다고 나는 생각한다. 후자가 저자의 요구임에 틀림없다는 것은, 보이지 않는 상황에서 코끼리를 만지는 사람들로 우리를 비유하는 대목에서 확실해진다. 저자는 이 비유를 언급하며 "우리 자신의 특수한 경험을 너무 많이 일반화하지 않는 법을 배워야 할 뿐 아니라, 더 많은 협력자들을 모아서 코끼리의 다양한 부분들에 도달하려 노력해야 한다"(532쪽)라고 말한다. 이는 전술한 것처럼 하나의 실재에 대해서도 최대한 많은 각도에서, 많은 접점에서 그 실재와 만나야 함을 요구하는 것이며, 그러려면 동일한 과제를 서로 다른 작업 방식으로 연구하는 시스템들이 많으면 많을수록 좋다. 따라서 저자의 능동적 실재주의는 다원주의를 옹호해야만 실천할 수 있다는 결론이 나온다.

---

19

여기서 '많은 실재'란 하나의 세계 안에 존재하는 많은 실재라는 뜻이지, 여러 가능 세계들이나 다중 우주를 필요로 하는 개념이 아니다. 저자는 "존재론적 다원주의는 존재론적 일원주의와 마찬가지로 검증 불가능한 견해"(612쪽)이고, 자신의 다원주의는 어디까지나 인식적 다원주의이지, "존재론적 다원주의를 토대로 삼지 않는다"라고 못 박으며, 자신은 이즈리얼 셰플러Israel Scheffler의 '다원 실재론pluralism'을 수용한다고 말한다.

## 5.2. Anything goes? Many things go!

다원주의라는 말에서 가장 먼저 생각나는 이름은 아마도 파울 파이어 아벤트Paul Feyerabend일 것이다. 그는 쿤과 같은 시기에 관찰의 이론 적재 성을 받아들였고, 쿤과는 독자적으로 공약 불가능성 개념을 개진한 인물이다. 강한 공약 불가능성 개념에서 후퇴하며 가치들을 통해 패러다임 선택에서의 합리성을 어느 정도 구제하고 그로 인해 과학 활동이 다른 활동과 구별된다고 말했던 쿤과 달리, 파이어아벤트는 공약 불가능성 개념을 끝까지 밀어붙여, 경쟁하는 패러다임을 객관적으로 평가할 기준은 존재하지 않는다고 선언했다. 이 선언은 가능한 한 많은 이론이 존재하는 것만이, 즉, 다양한 이론들이 무차별적으로 증식하는 것만이 과학이 진보할 유일한 길이라는 '이론 다원주의'로 귀결된다.

그렇다면 어떻게 이론을 무차별적으로 증식시킬 것인가? 파이어아벤트는 잘 확립된 '사실'들과 어울리지 않을 것 같은 이론을 만들어내고, 또 잘 확립된 '이론'들에 반하는 가설들을 제안하고 추구하라는 '반규칙'을 내놓는다. 그리고 그 반규칙들을 실천할 때의 유일한 지침은 "무엇이든 좋다Anything goes"[20]밖에 없다고 말한다. 이 '무엇이든'에서의 '무엇'은 형이상학은 물론이고 마술이나 신화, 종교 같은 것까지 포괄한다. 파이어아벤트에 따르면 어차피 과학에서 이론 선택은 합리적으로 이루어질 수 없으므로 과학이 인간의 다른 활동보다 특별히 우월한 지위를 누릴 이유도 없기 때문이다.

저자의 다원주의는 이론의 무차별적 증식을 옹호한다는 점에서는 파이어아벤트의 다원주의와 맥을 같이하지만, 두 가지 점에서 차이가 있다. 첫 번째로, 파이어아벤트는 마술이나 진화 같은 것들을 무차별적으로 선택의 무대에 올려야 한다고 말하지만, 저자가 생각하는 '증식해야 할 것'에는 '(과학적) 실천 시스템'만이 포함되는 것으로 보인다.[21] 두

---

20

파울 파이어아벤트,《방법에 반대한다》, 정병훈 옮김(그린비, 2019), 61.

21

그러나 저자가 말하는 '실천 시스템'은 현재의 많은 과학철학자가 생각하고 있는 것보다는 범위가 좀 넓다. 그 대표적 측면이 소위 '창조과학'도 실천 시스템으로 인정해 주는 것이다. 수많은 과학철학자들, 특히 생물철학자들이 창조과학은 과학이 아니며 학교에서 가르쳐서는 안 된다고 주장하는 데 반해, 저자는 창조과학에서도 배울 것이 있으며 "창조론은 논쟁할 가치

번째로, 저자는 "Anything goes"가 아니라 "Many things go"(545쪽)가 자신의 다원주의 구호라고 말한다. 이 구호를 일상적 표현으로 옮기자면 "많을수록 좋다"나 "다다익선"쯤 될 것이다.

저자의 이런 욕심은, 그가 생각하는 다원주의의 혜택을 고려하면 당연한 것이라 할 수 있다. 저자는 다원주의가 주는 혜택을 크게 관용의 혜택과 상호 작용의 혜택으로 나눈다. 전자는 다수의 시스템이 동시에 허용됨으로써 생기는 혜택으로, 예측 불가능한 위험에 대비하는 일이 수월해지며, 영역이 분담되어 시스템 각각에 걸리는 부하가 줄어들고, 다양한 분야들의 성취뿐 아니라 다중 성취도 가능해짐을 일컫는다. 그리고 후자는 다수 시스템의 동시 허용을 넘어서서 그 시스템들 간의 활발한 상호 작용이 발생함으로써 얻는 혜택으로, 여러 시스템을 임시방편적으로 융합함으로써 시스템들을 단순히 더했을 때보다 더 나은 성취가 이루어지고, 융합이 일어나지 않는다 해도 각 시스템이 상이한 시스템의 아이디어와 기법, 장비, 재료, 성과 등을 '들여와 씀'으로써 각 시스템이 발전하게 되며, 융합도 들여와 쓰기도 없는 상황이라 해도 경쟁을 통해 서로의 행동에서 영향을 받음으로써 유용한 연구 결과나 좋은 아이디어를 창출하고, 그런 성과들을 통해 과학 발전에 해방적이고 고무적인 효과를 줄 수 있다는 것이다.(564-594쪽)

### 5.3. 백 송이 꽃을 모두 피우고 타가 수정하게 하려면

저자는 2장과 3장에서 살펴본 전기화학과 원자화학이 다수 시스템의 공존과 상호 작용 덕분에 바로 그러한 혜택을 얻었음을 이미 보여주었다. 그렇다면 이제 남은 것은 그런 혜택을 얻기 위해 우리가 정말로 해야 할 일이 무엇인지를 살펴보는 것이다. 이와 관련해 저자가 펼쳐 보이는 슬로건은 "백 송이 꽃이 모두 피게 하고 더 나아가 타가 수정하게 하라"(564쪽)이다. 그리고 저자는 슬로건을 그저 펼쳐놓기만 하는 안락의자 다원주의에 만족하지 않고 그 슬로건을 실천할 방법까지 설파하는 능동적 다원주의를 택한다. 그것은 직업적 과학자의 몫이라기보다

조차 없다고 말하는 것은 오만"(550쪽)이라고 말한다. 그리고 창조론을 완전히 무시하는 것보다는 "창조론자들 사이에서 다원주의적 논쟁이 일어나도록 부추기면 어떻겠는가?"(550-551쪽)라는 제안까지 한다.

는 대부분 과학사학자와 과학철학자들의 몫이며(596쪽), 과학사학자들의 일차적 임무는 과거 과학에 실제로 존재했던 다원성을 드러내는 것이고, 과학철학자들의 일차적 임무는 통상적 과학관의 바탕에 깔린 우리의 일원주의적 집착을 들춰내는 것이다.(601쪽) 그리고 부분적이긴 하지만 과학자들에게 주어진 능동적 임무는 두말할 필요도 없이, 과학적 실천 시스템들을 증식하여 현재의 정통 시스템을 보완하는 일이다.(605쪽)

조금 더 자세히 살펴본다면, 과학사학자들은 승리주의적 역사 서술에 매달리는 대신 과거 과학적 논쟁의 패배자들에게 특별한 관심을 기울이고, 그들을 불운하게 배제된 합리적 대안으로 해석할 수 있을 가능성을 최선을 다해 살펴보아야 하고, 종결에 대한 설명, 즉 되돌아보며 깔끔하게 정리하는 경향에서 벗어나야 한다. 그리고 다원성을 과학의 정상적인 특징으로 부각시켜야 한다.(598-599쪽) 한편, 과학철학자들은 진행 중인 경쟁 대신 깔끔한 승리의 순간들에 특권을 부여하지 말고, 가장 좋은 하나의 선택지로 귀착하는 일원주의적 추론에 연연하는 태도를 버려야 한다.(602-604쪽) 그리고 끝으로 모두가 할 일은, 가치 있으나 소멸의 위기에 처한 지식 시스템들을 보호하고, 충분히 정당화되지 못한 채 살해당한 지식 시스템을 되살리는 것, 그리고 보호하고 되살린 것을 더 발전시키는 일이다. 이러한 실천을 통해 과학 지식에 기여하는 활동이 바로 '상보적 과학'이며, 상보적 과학을 함으로써 과학은 향상된다.(606-607쪽)

6. 나오며: 상보적 과학의 두 번째 프로젝트는 잘 성취되었는가
저자는 과학사와 과학철학자, 그리고 과학자들이 '해야 하는 바'까지 친절하게 제시하며 자신의 '인식적 규범적 능동적' 다원주의가 무엇인지를 이해시킨다. 그렇다면 직접 실험할 능력이 있고 과학사와 과학철학 연구를 함께 하고 있는 저자는 이 책에서 과학자와 과학사학자와 과학철학자가 해야 한다고 했던 것을 모두 실천했을까?

우선, 과학사학자로서 저자는 18-19세기 화학의 역사를 '깔끔하게 정리'하는 대신, 방대한 일차 문헌 조사를 통해 그때의 진흙탕 같았던 복잡한 상황들을 꼼꼼하고 집요하게 보여준다. 그리고 플로지스톤 시스템이라는 패배자에게 특별한 관심을 기울이며, 그것이 때 이르게 살

해된 합리적 대안이었음을 설득력 있게 설명한다. 또한 라부아지에 시스템이 선출되고co-optation 플로지스톤 시스템이 절멸된 것annihilation[22]이 어떤 승리와 결말이 아님도 역설한다. 그리고 과학철학자로서 저자는 19세기 원자화학에서 활동하던 많은 지식 시스템들의 작업화 유형과 그 철학적 함의를 하나하나 보여주고, 그것들이 어떻게 관용되고 경쟁하며 서로의 빈틈을 메꾸고 긍정적 영향을 주고받았는지도 '지겹도록' 생생하게 서술하고, 그런 다원주의적 연구 경향에 의해 과학자들이 $H_2O$라는 물의 분자식에 어떻게 합의했는지도 보여준다. 그러나 그 합의가 유일한 선택지는 아니었고, 그 난립의 시기에 이론은 비록 미합의 상태였을지언정 실험은 안정적이었으며, 당시의 이론적 상황도 "완전한 카오스가 아니라 조율된 다양화"(246쪽)였다고 주장한다. 그리고 저자는 이에 그치지 않고 과학자의 역할도 해낸다. 새로운 시스템의 후보들을 만들어내고, 저자의 독창적인 실험 결과들도 공개한 것이다. 1절 끝부분에서 인용했던 저자의 말처럼, 저자는 스스로가 말했던 상보적 과학을 이 책에서 훌륭하게 실행해 냈다고 보아도 무방할 것이다. +

---

22

《과학철학》에 실린 저자의 논문 〈Pluralism as a New Framework for Integrated HPS〉에는 과학의 여러 가지 발전 패턴들이 도식과 함께 설명되어 있다. 그중 라부아지에 시스템과 플로지스톤 시스템의 경우는 "co-optation (followed by annihilation)"으로 묘사되어 있다. 장하석, 〈Pluralism as a New Framework for Integrated HPS〉, 《과학철학》 17권 2호(2014): 165-166.

김영식·임경순.《과학사신론》. 다산출판사, 2007.

백성혜·김준예.〈귀추법 관점에서 중학교 과학 교과서에 제시된 아보가드로의 가설에 대한 내용 분석〉.《과학철학》12권(2009): 155-178.

백성혜.〈과학교육에서 과학사의 응용: 입자개념의 발달에 대한 과학사적 고찰이 과학교육에 주는 함의〉.《한국과학사학회지》35권 3호(2013): 499-519.

송상용.《서양과학의 흐름》. 강원대학교 출판부, 1990.

신광복.〈20세기 지질학 혁명의 철학적 재고찰〉. 석사 학위 논문, 서울대학교, 2001.

장하석.《온도계의 철학: 측정 그리고 과학의 진보》. 오철우 옮김. 동아시아, 2013.

_____.〈Pluralism as a New Framework for Integrated HPS〉.《과학철학》17권 2호(2014): 153-173.

_____.《장하석의 과학, 철학을 만나다》. 이비에스미디어(주) 지식플러스, 2014.

정인경.《동서양을 넘나드는 보스포루스 과학사》. 다산북스, 2014.

장홍재.《화학 연대기: 세상을 바꾼 작고도 거대한 화학의 역사》. EBS BOOKS, 2021.

최성호.〈인간의 얼굴을 한 과학: 토마스 쿤이 해리 프랑크푸르트를 만날 때〉.《철학사상》70호 (2018): 123-158.

Dennett, Daniel. *From Bacteria to Bach and Back*. W. W. Norton & Company, 2017.

파이어아벤트, 파울.《방법에 반대한다》. 정병훈 옮김. 그린비, 2019.

쵠트겐, 옌스.《교양인을 위한 화학사 강의: 연금술부터 독가스, DNA 복제까지 바꾼 화학의 역사》. 송소민·강영욱 옮김. 반니, 2018.

쿤, 토머스.《과학혁명의 구조》. 김명자·홍성욱 옮김. 까치, 2013.

라카토슈, 임레.《과학적 연구 프로그램의 방법론》. 신중섭 옮김. 아카넷, 2002.

Van Fraassen, Bas. *The Scientific Image*. Clarendon Press, 1980.

신광복

연세대학교 지질학과에서 학사와 석사 학위를 받고 서울대학교 과학사 및 과학철학 협동과정에서 박사 과정을 수료했다. 도서출판 성우 편집장 및 객원 주간, 동아사이언스 출판팀장 등을 지내며 다양한 과학 책을 기획했으며,《줄기세포》,《생명공학의 위대한 도전》(공저),《광물과 암석》,《과학적 생각》,《수학과 과학의 만남》,《우주와 별》,《과학이란 무엇인가》(공저) 등을 쓰고,《박테리아에서 바흐까지, 그리고 다시 박테리아로》(근간)을 번역했다.

# 문규민

# 물질의 행위생태학:
# 물物의 약동

제인 베넷,《생동하는 물질: 사물에 대한
정치생태학》, 문성재 옮김(현실문화, 2020)
Jane Bennett, *Vibrant Matter: A Political
Ecology of Things* (Duke University Press Books,
2010)

제인 베넷 지음
문성재 옮김

컨템포러리 총서

# 생동하는 물질

## 단돈 7만 5천 원에 이 모든 위대함을!

작가 빌 브라이슨Bill Bryson은 중학교 시절 생물학 선생님으로부터 5달러쯤 들고 철물점에 가면 인간을 만들 수 있는 화학 물질을 모두 살 수 있다는 이야기를 들은 적이 있다고 한다.[1] 1960년대의 1달러는 지금의 1만 5천 원 정도로 추정되므로, 5달러는 7만 5천 원에 해당하는 액수다. 한 인간의 '재료값'이 8만 원도 안 되는 셈이다. 하지만 7만 5천 원짜리 재료로 구성된 인간의 몸, 그 몸의 경험, 행위, 삶의 가치는 감히 돈으로 셈할 수 없다. 셈할 수 있다 해도 최소한 7만 5천 원보다는 더 나갈 것이다. 그런데 어떻게 7만 5천 원짜리 잡다한 화학물질로부터 돈으로 살 수 없는 것들이 나오는 것일까? 둘의 간극을 뛰어넘는 창조성을 어떻게 이해해야 할까? 인간의 경험과 행위가 하늘에서 떨어지거나 땅에서 솟은 것이 아니라면, 그들은 어쨌든 그 7만 5천 원짜리 화학 물질들이 얽히고 설켜서 나온 것일 수밖에 없다. 이쯤 되면 인간의 경험, 인간의 행위, 인간의 삶보다 오히려 그 모든 것을 생성하고 변화시키는 물질의 힘, 물질의 작용, 물질의 변화에 더 감탄하게 된다. 인간이 그토록 위대하다면, 그 모든 것을 만들어내고 좌지우지할 수 있는 물질은 대체 얼마나 더 위대하다는 말인가? 하지만 이토록 위대한 물질의 힘은 이상하게도 거의 인식되지 않고 있다. 오히려 물질은 대개 고유한 힘도 능력도 없는 것, '맥이 풀린' 또는 '김이 샌' 것으로 생각된다. 이런 생각은 '한낱 물질', '물질 부스러기', '죽은 물질dead matter(무기물)'이라는 말에서 노골적으로 드러난다. 맥이 풀리고 김이 새버린 물질은 인간 활동의 재료나 수단에 머무르면서 실용적으로 조작되거나 도구적으로 활용될 뿐이다. 자체적인 힘을 갖지도, 능동적으로 행위하지도 못한 채 호구 취급을 받고 있는 것이다.

제인 베넷은 《생동하는 물질: 사물에 대한 정치생태학》에서 수동적이고 무력한 재료로서의 물질이라는 생각을 어떻게 뒤집을 수 있는지, 그리고 그러한 전복이 어떤 귀결로 이어지는지를 보여주려고 한다. 베넷의 이러한 노력은 생기론적 유물론vitalist materialism으로 알려져 있다. 생기론적 유물론은 이중의 기획이다. 그것은 우선 철학적 기획으로

---

1
빌 브라이슨, 《바디: 우리 몸 안내서》, 이한음 옮김 (까치, 2020), 9.

서, "근대인의 이성을 통해 빠르게 번진 한 생각, 즉 물질을 수동적인 재료, 다시 말해 날것 그대로의 활기 없는 또는 무력한 것으로 여기는 생각에 대해 역으로 천천히 숙고"(7쪽)하려는 것이다. 이를 통해 베넷은 주변의 일상적 사물들을 포함한 다양한 물질이 죽어있기는커녕 언제나 산 물질living matter이었다는 사실을 보여주려고 한다. 물질은 능동적으로 행위하는 능력, 즉 행위성agency을 가진 존재라는 것이다. 그는 세계를 "활력 없는 물질(그것, 사물)과 생동하는 생명(우리, 존재자)으로 나누어 분석하는"(7쪽) 경향을 자크 랑시에르Jacque Rancière가 말한 감각적인 것의 나눔le partage du sensible의 일종으로 간주하면서 그것을 교란하고 해체하려 한다. 그런 나눔이 흐트러진 자리에서 발견되는 것은 생기적 물질성 또는 물질적 생기material viatality이다. 생기론적 유물론은 또한 정치적 기획이기도 하다. 베넷은 물질의 행위성이나 생기, 활력을 드러내는 것이 "생동하는 물질 및 활기 넘치는 사물과 더 지적이고 지속 가능한 관계를 맺도록 장려"(8쪽)하며, "정치적인 사건을 분석하는 방식"(9쪽)을 변화시킬 수 있다고 믿는다. 이러한 이중 기획을 위해 필요한 작업은 다음과 같다.

> (1) 행위성, 행위, 그리고 자유 같은 일반 개념을 때때로 한계까지 몰아붙이는 존재론을 그려내기. (2) 인간의 몸에 물질적 활력에 대한 미적-정동적 개방성을 끌어들이기 위해 여러 논증과 여타 수사학적 수단을 이용하여 생명/물질, 인간/동물, 의지/결정, 그리고 유기적/무기적이라는 존재신학적 대립항들을 소멸시키기. (3) 비인간 행위소의 기여를 더 잘 설명할 수 있는 정치적 분석 형태를 소묘하기.(15쪽)

곧바로 여러 질문이 떠오른다. 물질적 생기는 무엇이며 어떻게 작용하는가? 생기론적 유물론과 과거의 생기론 사이의 공통점과 차이는 무엇인가? 생기론적 유물론의 내용과 의의는 이 질문들에 차례로 답하면서 자연스럽게 드러날 것이다. 또한 생기론적 유물론은 몇 가지 문제들을 남기는데, 이들은 생기론적 유물론과 다른 동시대 이론들과의 흥미로운 접점들을 시사한다.

물질적 생기란 무엇일까? 베넷은 자신이 말하는 생기를 명시적으로 정의하고 있다. "나는 생기란 말을 인간의 의지와 설계를 흩뜨리거나 차단할 뿐 아니라 자신만의 궤적, 성향, 경향을 지닌 유사 행위자나 힘으로서 작용할 수 있는, 먹을 수 있는 것, 상품, 폭풍, 금속 같은 사물들의 역량이라는 의미로 사용한다."(9쪽) 물질적 생기는 "인간의 의지와 설계를 흩뜨리거나 차단"할 수 있다는 점에서 인간과 독립적으로 실재하는 힘이다. 이런 독립성은 생기가 "자신만의 궤적, 성향, 경향을 지닌 유사 행위자나 힘"으로 작용한다는 점에서 다시 한번 확인된다. 결국 물질적 생기란 물질에 내재적으로 실재하는 힘, 능력, 역량이라고 할 수 있다. 물질의 작용action은 곧 물질의 행위action이고, 물질적 생기는 그렇게 행위할 수 있는 능력, 즉 행위성인 것이다. 작용하고 행위하는 물질이 있다면, 물질적 생기도 있다.

베넷에 따르면, 더할 나위 없이 비유기적이고 고정적인 것처럼 보이는 금속조차도 모종의 생기를 띠고 있다. 베넷은 4장 '금속의 생명'에서 "생리학적이고 유기적인 접근에 매여 있던 생명이라는 개념을 그러한 접근으로 얼마나 더 떨어뜨릴 수 있는지"(146쪽) 그래서 "무기적이고 금속적인 생명을 말할 수"(146쪽) 있는지를 확인하려 한다. 비유기적 생명을 묘사하기 위해 베넷은 현대의 다양한 존재론에 호소하는데, 그중 가장 중심적인 것은 질 들뢰즈Gilles Deleuze가 말년에 쓴 에세이인 〈내재성: 하나의 삶Immanence: A Life...〉이다.[2] 여기서 생명은 "어떤 특정한 신체와도 완전히 일치하지 않는 약동하는 활기 또는 파괴적이면서도 창조적인 힘-존재"로 묘사된다.(148-149쪽) 하나의 생명이 어떤 신체와도 일치하지 않는다는 것은 그것이 특정한 신체에 국한된 본질이 아니라 신체 일반이 가질 수 있는 힘이라는 뜻이다. 하나의 생명은 들뢰즈와 피에르펠릭스 과타리Pierre-Félix Guattari가 《천 개의 고원》에서 말한 '물질-움직임', '물질-에너지', 또는 끊임없이 다르게 배치되고 있는 물질로서, 실재적이기는 하지만 현실적이지는 않다. 즉 그것은 잠재적이다. "생명은 오직 잠재성만을 갖는다. 그것은 잠재성들로 이루어져 있

---

2

Gilles Deleuze, "Immanence: A Life...," *Theory, Culture, and Society* 14 no. 2 (1997): 3-7.

다."[3] 엄밀히 말해 '물질적 생기'는 두 가지를 지칭한다. 그것은 물질의 배치를 변화시키는 중인 잠재력을 말하지만, 동시에 그러한 잠재력에 의해 다르게 배치되는 중인 물질들을 말하기도 한다. 물질적 생기는 "공간 내 임의의 배열이 형성되는 시점 전후로 존속하는 생기의 발현, 강도의 독특한 '운동성', 그리고 "물질-에너지의 '지속적으로 창발하는' 특질"(155쪽)로서, 푸코Michel Foucault가 시뮬라크르simulacre에 대한 에피쿠로스의 사유를 참조하면서 묘사한 신체들의 "비신체적인incorporeal" 차원(155쪽)과 유사하다.[4] 시뮬라크르는 안개가 피어오르듯이 신체로부터 '방출'되는데, 푸코는 "물질의 밀도를 흩뜨리는" "이 유동적인 활동이 물질세계에 내재하며 비-신체성으로서 남아"(156쪽)있다는 이유로 그것을 비신체적이라 부른다. 이러한 존재론들은 비유기적 생명 또는 물질적 생기를 암시하고 있다.

금속의 비유기적 생명이란 그저 입심 좋은 몇몇 철학자들이 풀어내는 그럴듯한 '썰'일 뿐인가? 그렇지 않다. 베넷은 물질적 생기의 구체적 사례들도 제시한다. 그가 의지하는 것은 금속공학자이자 과학사학자인 시릴 스미스Cyril Smith의 다결정 금속에 대한 연구다. 스미스에 따르면, 철의 결정 배열은 균질적이지도, 고정적이지도 않다. 결정들의 규칙성이 관찰되는 것은 사실이지만, 각 결정 사이에는 "결함들imperfections/defects" 또는 "공백들"이 존재하며 이를 통해 원자들이 이동할 수 있다. 이런 결함들 덕분에 결정을 구성하는 원자들은 옴짝달싹 못하게 꽉 짜이지 않고 다소간 '덜그럭거릴' 수 있게 된다. 금속의 생명, 물질적 생기는 이러한 덜그럭거림 속에 존재한다. "금속의 생기, (비인격적인) 생명은 다결정 체계의 각 결정 사이의 가장자리에 있는 자유 원자들의 진동 속에서 발견될 수 있다."(160쪽)[5] 결함들을 따라 철 원자들을 덜그

---

3

Gilles Deleuze, "Immanence: A Life...," 5.

4

옮긴이는 'incorporeal'을 '비실체적인'으로 옮겼으나, 이 맥락에서는 고정된 신체와 대비되는 특성을 의미하는 것이므로 '비신체적'으로 옮기는 것이 낫다고 생각하여 수정했다.

5

옮긴이는 해당 원문을 "금속의 생기, (비인격적인) 생명은 다결정 체계의 각 결정 사이의 가장자리에 있는 자유 원자들의 진동들로 여겨질 수 있다"로 번역했는데, 이렇게 되면 생기가

럭거리게 만드는 것, 그것이 바로 쇳덩어리를 살아있게 만드는 힘이다. 베넷이 드는 또 다른 사례는 금속 결정에서 일어나는 균열 전파의 동역학에 대한 마누엘 데 란다Manuel De Landa의 연구다. 연성이나 전성 등 금속의 소성 변형plastic deformation은 금속의 결정 배열 내부에 균열들이 전파됨으로써 가능한데, 이때 균열이 전파되는 양상은 결정 배열에 존재하는 선 결함line defects, 즉 전위dislocations의 함수다. 각 결정과 그 주변부 사이에서 서로의 특발적인idiosyncratic 움직임에 즉각적으로 반응하는 피드백이 끊임없이 이루어지고, 이 때문에 결과적으로 균열이 전파되는 양상은 결정론적일 수 없다. 비결정론적이고 창발적인 균열의 전파는 들뢰즈와 과타리가 말한 물질의 '유목주의nomadism'가 드러나는 사례라 할 수 있다. 물질의 유목주의는 금속의 원자만이 아니라 더 미시적인 전자에서도 발견된다. 들뢰즈는 금속이 전기를 전도할 때 그것이 "일련의 자기-변형을 통해 스스로를 인도한다(안내한다)"(161쪽)[6]라고 말하는데, 여기서 자기-변형이란 "하나의 고정된 점에서 다른 점으로 이동하는 순차적인 움직임이 아니라 모호한 경계를 갖는 연속적인 변화의 요동"(161쪽)으로 간주되어야 한다. 마치 지렁이도 밟으면 꿈틀거리는 것처럼, 쇳덩어리는 충격을 받으면 스스로 찌그러지고, 늘어나며, 펴지는 것이다. 그러므로 쇳덩어리가 살아있다는 것은 철학자들의 호들갑스러운 수사가 아니다. 금속공학은 어쩌면 금속의 '꿈틀거림'을 다루는 학문일지도 모르는 것이다.

물질적 생기는 일상적으로 접할 수 있는 사물들에서도 드러나는데, 그러한 생기를 베넷은 '사물-권력thing-power'이라고 부른다. 사물-권력은 "일반적인 인공 제품들이 대상으로서의 지위를 넘어서도록 하여 독립성이나 활기의 흔적을 드러내도록 하는 기묘한 능력으로서 우리 경험의 외부를 구성한다."(25쪽) 그것은 "이전까지는 대상으로서 받아

---

원자들의 진동과 동일한 것이 되어버린다. 그러나 원문에서 둘은 동격으로 진술되어 있지 않다. 개념적으로도 이 번역은 문제가 있는데, 생기는 잠재적인 힘인 반면 원자들의 진동은 현실적인 운동이므로 둘은 동일할 수 없기 때문이다. 의미를 살려 수정했다.

6
옮긴이는 해당 원문의 'conduct itself'를 "스스로를 전도한다(안내한다)"로 번역했는데, 스스로를 전도한다는 표현은 어색할 뿐만 아니라 뒤의 안내한다는 의미를 볼 때 '인도하다'가 더 알맞다고 생각한다.

들여졌던 사물의 물질성에 고유한 활기"(42쪽)이자, 사물에 "생기를 불어넣는, 어떠한 행위를 하는 극적이고 미묘한 효과를 생산해 내는, 활기 없는 사물들의 기이한 능력"(46쪽)이다. 인간 경험의 바깥을 구성한다는 점에서 그것은 '외-부out-side'라고 불리기도 한다. 사물-권력이 스피노자Benedictus de Spinoza가 말하는 코나투스conatus와 밀접하게 관련된다는 것은 분명하다. 헨리 데이비드 소로Henry David Thoreau 또한 사물-권력을 선취하는 듯한 야생성wildness이라는 개념을 제시한 바 있는데, 그것은 "인간만의 힘이 아니며, 인간과 다른 신체들을 혼란스럽게 하고 전환시키는 힘"이자 "다른 것으로 환원될 수 없는 물질의 기묘한 차원"(38쪽)이다. 비인간 사물이 발휘하는 적극적 행위성은 브뤼노 라투르Bruno Latour의 행위소actant 개념[7]을 통해서 적절하게 포착될 수 있다. "사물-권력이라는 개념은 행위소로서의 사물에 주목한다."(39쪽) 사물을 행위소로 만드는 힘, 그것이 사물-권력인 것이다.

베넷이 드는 사물-권력의 사례들은 매우 구체적이다. 베넷은 어느 날 볼티모어 콜드스프링레인의 한 배수관에 가득 쌓인 쓰레기로부터 문득 "일반적으로 무력하다고 여겨지는 각각의 사물들 내부에 있는 강력한 활기"(13쪽)를 엿보는 체험을 한다. 햇살을 받아 반짝거리는 검은색 비닐장갑, 지저분하게 엉겨 붙은 오크 나무의 꽃가루, 깨끗하게 말라 죽은 쥐의 시체, 널브러진 플라스틱 병마개 등의 객체들objects이 어느 순간 객체이기를 멈추고 사물로, 즉 "(인간) 주체가 그것들에 부여하는 맥락으로 온전히 환원될 수 없는, 그것들의 기호로 절대 완전히 고갈되지 않는 생생한 실체"(14쪽)로 드러났던 것이다. 용도 폐기된 객체들, 생명을 잃은 신체들 속에서도 물질적 생기는 소진되지 않는다. 그가 드는 다른 사례는 프란츠 카프카Franz Kafka의 단편 소설 〈가장의 근심〉에 나오는 기이한 존재, 오드라덱Odradek이다. 오드라덱은 원래 실을 감아 놓는 실패인데, 희한하게도 어린아이처럼 말하고, 웃고, 달린다! 그것은 도구라고 하기에는 너무 독립적이고 자율적이며, 주체라고 하기에는

---

[7]
행위자actor라는 표현은 언제나 인간 행위자를 우선적으로 떠올리게 만든다. 이를 피하면서 비인간의 행위성을 드러내기 위해 라투르는 행위소라는 개념을 제시한다. 행위소는 행위하는 요소를 의미하며, 인간과 비인간 모두에 쓰일 수 있는 개념이다.

너무 비유기적이고 객체적이다. 오드라덱이 보여주는 생기와 활력은 인공적이지도 않고 자연적이지도 않으며, 객체적이지도 않고 주체적이지도 않다. 그것은 다만 물질적일 따름이다. 사물-권력의 또 다른 사례는 화학 잔여물 추출 검사 장치다.(50-53쪽) 화학 잔여물 추출 검사 장치는 피부 세포, 접착제, 단어, 법, 금속 등으로 이루어진 하나의 배치인데, 그 배치는 법정에 제출됨으로써 자신의 증거력evidential force을 발휘하고 재판의 판도에 영향을 끼친다. 베넷은 인간의 권력 또한 "그 자체로 일종의 사물-권력이라 할 수 있다"(54쪽)고 말한다. 실제로 린 마굴리스Lynn Margulis와 도리언 세이건Dorion Sagan은 19세기 소련의 광물학자였던 블라디미르 베르나츠키Vladimir lvanovich Vernadsky의 사상을 다음과 같이 간결하게 요약한다. "우리는 걷고 말하는 무기질이다."(56쪽)

사물-권력을 어떻게 알 수 있을까? 여기서 베넷은 흥미롭게도 일종의 미학적 인식을 제안한다. 쓰레기의 사물-권력에 대한 체험을 말하면서 베넷은 그러한 체험이 "나의 내-부에 대한 특정한 예기적인 기민성"(43쪽)에 의해, 즉 "사물-권력의 드러남에 열려 있는 지각적 양식"(43쪽)에 의해 가능했다고 말한다. 그는 또한 "우리를 둘러싸고 우리에게 스며든 비인격적인 생명에 대한 감수성" 또는 "신체들 사이에서 불화하는 관계들의 복잡한 그물망에 대한 섬세한 인식"(41쪽)을 강조하는 것이다. 이 섬세한 인식이 일종의 미학이라는 사실은 베넷이 자신이 말하는 지각 능력을 테오도르 아도르노Theodor Adorno의 특수 유물론specific materialism과 비교하는 데서도 드러난다. 특수 유물론을 위해서는 개념과 동일하지 않은 것들, 즉 "비동일성을 감지하고 받아들이기 위한 일련의 실천적 기술"(61쪽) 또는 일종의 교육학이 필요한데, "이 교육학은 지적인 운동만이 아니라 미적인 운동까지 포함한다."(62쪽) 아도르노의 교육학에는 대상의 질적인 순간들에 미적인 주의를 기울이는 것, 개념을 벗어나 자유롭게 상상하는 것, 불확실하더라도 비동일성에 대해 거리낌 없이 말하는 것 등이 포함된다. 결정적으로, 베넷에 따르면 생기론적 유물론자들은 "대상에 매료되는fascinated 것을 깨닫는 그 순간에 더 오래 머무르려 하며, 그러한 순간들을 그들이 대상과 공유하는 물질의 생기에 대한 단서로서 간주한다."(68쪽) 객체에 매료되는 경험에 집중함으로써 그들의 사물-권력을 인식할 수 있다는 것이다.

사물-권력은 마치 사물들이 개별적으로 힘을 발휘한다는 인상을 주지만, 사실은 그렇지 않다. 오히려 사물들은 거의 항상 '떼를 지어 움직인다'. 그들은 이질적인 복수의 행위소들과 함께 하나의 배치로서 행위하는 것이다. 배수구의 쓰레기는 비닐장갑, 꽃가루, 쥐의 시체 등으로 구성된 하나의 배치다. 오드라덱 또한 여러 가지 실뭉치들, 나무틀 등 이질적인 요소들의 뒤섞인 배치이며, 화학 잔여물 추출 검사 장치 또한 피부 세포, 접착제, 금속, 유리병 등의 물질들이 결합된 배치다. 그렇다면 배치란 무엇인가? "배치는 여러 종류의 생동하는 물질들 그리고 다양한 요소들을 일시적으로 묶은 것"(82쪽)으로서, "내부에서 배치를 혼란스럽게 만드는 지속적인 에너지의 존재에도 불구하고 기능할 수 있는 살아있는 연합이자 진동하는 연합"(82쪽)이다. 중요한 사실은 배치의 행위성이 탈중심적이며 창발적이라는 점이다. 배치의 행위를 지배하거나 결정하는 단일한 또는 몇몇의 물질성은 없다. 그리고 "배치를 이루는 각각의 구성 요소 및 원시-구성 요소는 전부 특정한 생기적 힘을 갖고 있으나, 그러한 요소 간 묶음의 고유한 효과 역시 존재한다."(82-83쪽) 배치는 그것을 구성하는 개별 행위소들이 그대로 살아있기 때문에 안정적이고 유기적인 통합을 이루지는 못하며, 이 점에서 그것은 '통합할 수 없는 합'이라고 할 수 있다. 배치를 구성하는 데 인간-비인간의 경계는 아무런 장애가 되지 못한다. 오히려 "인간성과 비인간성은 언제나 서로 뒤얽히며 약동한다. 인간의 행위성은 언제나 인간성과 비인간성이 뒤얽힌 네트워크였다."(98쪽) 베넷은 인간 행위소와 비인간 행위소 들로 구성된 배치의 사례로 송전망을 든다. 송전망은 컴퓨터 프로그램, 이윤, 동기, 생활 양식, 핵연료, 플라스틱, 숙련 노동, 경제 이론, 전선과 같은 유무형의 인공물은 물론, 나무, 석탄, 바람, 습기, 불, 전자기장, 전자류, 열, 정전기와 같은 능동적이고 강력한 비인간 요소들을 포함한다. 이토록 다양한 비인간 행위소들이 개입하기 때문에 배치의 행위성은 언제나 다소간 예측 불가능성을 띠게 된다. 전기는 예측 가능한가? 그것은 "자신이 만나게 되는 다른 신체들에 그리고 그러한 신체들과 행위하고 상호 작용할 수 있는 놀라운 기회들에 즉각적으로 반응하며 나아갈 길을 스스로 선택한다".(91쪽) 여기서 금속 결정 배열에 전파되는 균열이 보여주었던 것과 동일한 비결정론적인 전개, 즉 물질의 유목주의를 다시 확인할 수 있다. 특정하게 배열된 물질들로부터 창발하는 생기, 그것이 배치의 행위성인 것이다.

배치의 행위성이 탈중심적이고 창발적이라는 사실은 행위와 주체, 정치적 책임과 관련하여 중요한 귀결을 가진다. 행위성은 배치를 구성하는 행위소들로 분산되며, 이에 따라 행위에 대한 책임 또한 분산되는 것이다. 책임의 분산은 행위에 대한 인간 주체의 책임을 경감시킨다. "분산된 행위성에 대한 이론은 주체를 그러한 효과를 야기하는 근본 원인으로 상정하지 않으며, 언제나 작동하는 한 무리의 생기성이 있다고 주장"하는데, 이러한 접근은 명백히 "효능과 도덕적 주체 사이에 있다고 여겨졌던 강한 관계를 완화하여, 반응을 수반하는 차이를 만들어내는 권력의 구상을 효능에 더 밀접히 연결짓는다".(99쪽) 베넷은 한 술 더 떠서 꽤 도발적인 주장을 한다. "내게 자율성과 강한 책임을 갈구하는 것은 불의로 점철되어 있다고 여겨진다. […] 생동하는 물질을 다루는 이론은 개인이 결과에 대한 전체 책임을 질 수 없는 존재라고 주장한다."(109쪽) 행위가 언제나 복수의 행위소에 의해 집단적으로 수행되기 때문에 책임도 공동으로 지는 게 맞다는 것이다. 이런 책임의 분산이 반드시 인간의 손쉬운 책임 회피로 이어질지는 분명하지 않다. 행위자의 확장은 책임의 분산으로 이어지지만, 분산된 책임이 반드시 무책임을 의미하지는 않는다. 책임의 분산이 일어나더라도 결과에 기여한 정도에 따라 인간이 질 책임의 경중을 여전히 따질 수 있기 때문이다. 그리고 몇몇 책임자를 특정해서 전체 책임을 지도록 몰아세우는 도덕주의적 방식으로는 원한과 보복의 굴레를 벗어나지 못한다. 더 나쁜 것은 도덕주의가 결과에 대한 다른 행위소들의 기여를 은폐한다는 것이다. 물질적 행위소들로 책임을 분산시키는 일은 행위에 대한 모든 원인을 최대한 세세하게 추적함으로써 문제시되는 행위에 더 정확하게 개입할 수 있게 해준다. "분산된 행위성의 세계에서 단일한 요소에 비난을 돌리는 것을 주저하는 태도는 사실상 하나의 덕목"(110쪽)이며, "도덕주의로부터 윤리를 분리시키고 생기적이고 종횡무진하는 힘의 세계에 적절한 행위가 무엇인지"(111쪽)에 집중하기를 요구한다.

물질적 생기에 대한 이러한 논의는 몇 가지 중요한 함축을 가진다. 다른 무엇보다도, 물질적 생기는 신유물론의 핵심이라고 할 수 있는 '새로운 물질성'의 핵심을 잘 드러내고 있다. 최근 유행하고 있는 '신유물론'이란 사실 여러 이질적인 이론들이 공유하는 몇몇 경향을 두루뭉술하게 묶어서 부르는 말에 불과하지만, 그럼에도 불구하고 신유물론으로 분류되는 이론들은 공통적으로 물질을 능동적이고, 생기 있으며, 창조적인 존재로 보고 있다. 존재론이 갱신되면서 행위성은 인간 바깥으로 새어나가 세계 속으로 얇게 퍼진다. 자연적으로 주어졌건 문화적으로 구성되었건 세계는 행위소들로 북적거리고, 행위성에 흠뻑 절여져 있다. 이렇게 생기론적 유물론 또는 신유물론은 다양한 행위소들의 존재 양식에 대한 생태학적 탐구, 즉 '행위생태학agential ecology'이 되는 것이다. 《생동하는 물질》의 각 장은 생기론적 유물론에 대한 입문이자 행위생태학에 관한 시론으로 읽힐 수 있다.

다음으로는 물질적 생기가 개념적으로 명료하고, 경험적으로 그럴듯하다는 것이다. 일견 '물질적 생기' 또는 '생기적 물질성'이라는 말은 형용 모순처럼 들린다. '물질'이라는 말 자체가 이미 살아있지 않음을, 즉 죽어있음을 함축하는 것 같은데, 어떻게 생기 있는 물질, 또는 물질의 활력 따위를 말할 수 있다는 말인가? 그러나 생명 개념과 결부된 그러한 '유기체 중심주의organocentrism'야말로 생기론적 유물론이 뒤집고자 하는 것이다. 물질적 생기는 그렇게 기이하거나 신비스러운 것이 아니다. 베넷의 정의와 해명을 차분하게 따라가다 보면 그것이 무엇인지 충분히 이해할 수 있다. 물질적 생기는 물리 과학이 제공하는 데이터와 이론에 의해 뒷받침되며 적어도 그들과 양립 가능하다. 얼핏 말도 안 되는 것처럼 들리지만, 일단 유기체 중심주의에서 벗어나 베넷이 제시하는 구체적인 사례들을 면밀하게 따라가다 보면, 물질적 생기를 부정하는 것이 오히려 더 어려움을 깨닫게 될 것이다. 생기론적 유물론은 개념적으로 명확하고 경험적으로 허술하지 않은, 물질에 대한 새로운 존재론이다.

생기론적 유물론의 명료함과 구체성을 이해하고 나면, 그에 대해 자주 제기되는 비판이 애당초 비판이 되지 못한다는 점을 알 수 있다. 예컨대 엘리자베스 그로스Elizabeth Grosz는 생기론적 유물론은 물질보다는 힘에 대한 것이고 따라서 신유물론으로 불리는 만큼 '신관념론new idealism'으로도 불려야 된다고 주장한다.[8] 그러나 이는 물질적 생기가 물

---

8

Elizabeth Grosz, *The Incorporeal: Ontology, Ethics, and the Limits of Materialism* (Columbia University Press, 2017), 309-319.

질과 따로 노는 관념적인 것일 때만 유효한 지적이다. 베넷은 마치 이런 오해를 예견하고 있었다는 듯이 이렇게 말한다. 물질적 생기는 "외부로부터 물질에 깃드는 정신적인 부가물 혹은 '생명력'이 아니다. 내가 말하는 것은 전통적인 의미의 생기론이 아니다. 나는 물리적 신체에 들어가 그것에 영혼을 불어넣는 별개의 힘을 상정하지 않는다. 다시 말해 내 목적은 생기를 물질성에 고유한 것으로서 이론화하는 것이고, 물질성을 수동적이고 기계론적인 실체 또는 신성이 주입된 실체와 같은 의미로부터 떼어내는 것이다".(18쪽) 물질적 생기는 외부로부터 물질 속으로 '불어넣어지거나' 또는 '부여되는' 신비스러운 힘이 아니다. 생기는 유기적인 의미로만 이해되어서는 안 되지만, 그렇다고 신화적인 의미로 과장되어서도 안 되는 것이다. 물질에 생기가 있다는 말은 '어떤 물질적 수준에서든 그것을 작용하게 하는 내재적인 능력이나 힘, 에너지 등을 발견할 수 있다'는 식으로 온건하게 이해되어야 한다. 여기에 '관념적인' 것이 어디 있는가?

또한 캐서린 헤일스N. Katherine Hayles는 생기론적 유물론이 "'힘'의 본성에 대해 지극히 불분명하며, 그러한 구별들이 다양한 과학 분야에서 광범위하게 탐구되어왔음에도 불구하고 여러 다른 종류의 힘들을 구분하지 못한다"고 주장한다.[9] 그런데 베넷이 드는 사례들 중 "지극히 불분명한" 것이 하나라도 있는가? 전자나 원자와 같이 미시적인 수준에서 드러나는 물질의 생기, 말하자면 지각 불가능한 생기imperceptible vitality는 과학적 탐구를 통해 탐지된다. 일상적 사물과 같이 거시적인 수준에서 드러나는 생기, 지각 가능한 생기perceptible vitality는 객체에 매료되는 경험에 집중하는 미학적인 방식으로 포착될 수 있을 것이다. 배치 또는 네트워크의 수준에서 드러나는 생기는 이론적으로, 가령 라투르의 행위자-연결망 이론actor-network theory, ANT을 통해서 알려질 수 있다. 헤일스의 생각과는 달리, 생기론적 유물론은 물질적 생기의 본성을 명확히 밝히고 있을 뿐만 아니라 다양한 생기들을 이미 수준별로 구분하고 있다. 헤일스가 베넷이 공들여 제시한 물질적 생기의 구체적 사례들에

---

N. Katherine Hayles, *Unthought: The Power of the Cognitive Nonconscious* (University of Chicago Press, 2017), 80.

는 집중하지 않은 것이 아니라 생기론적 유물론에 대한 몇몇 형이상학적 진술을 과잉 해석한 것은 아닌지 의심스럽다.

왜 생기론이며 생기론이 아닌가: 비판적 생기론과 생기론적 유물론
유기체와 생명을 떨어뜨림으로써 일원론적인 생명, 유기물과 무기물이 공유하는 '하나의 삶'을 드러내는 것이 생기론적 유물론의 핵심 과제다. 그럼에도 불구하고 생기론을 유물론과 결합하는 일은 쉽지 않아 보인다. 무엇보다 그 명칭에서 드러나는 생기론과의 연관이 미심쩍다. 생기론이 무엇인가? 기계론적 유물론mechanistic materialism에 대항하여 잠깐 유행한 적이 있지만, 곧 과학의 발전에 밀려서 역사의 뒤안길로 사라져 버린 낡은 사상일 뿐이지 않은가? 그런데 21세기에 생기론적 유물론이라니, 철학사, 과학사를 뒤로 돌리자는 것인가? 의문을 증폭시키는 것은 생기론적 유물론이 "애니미즘, 낭만주의자들의 자연 추구 그리고 생기론을 포함한 몇몇 비근대적인(그리고 종종 불신받는) 사유 양태와 유사점을 가진다"(27쪽)는 베넷의 진술이다. 생기론적 유물론과 이전의 생기론은 정확히 어떤 관계를 맺고 있는가? 다시 말해 왜 하필 생기론인가? 이런 의문에 답하는 것이 5장 '생기론도 아니고 기계론도 아니다'이다.

베넷이 검토하는 것은 1차 세계 대전 직전에 미국을 중심으로 유행한 바 있는 비판적 생기론critical vitalism이다. 그는 비판적 생기론으로 들어가기 앞서 그 원형으로《판단력비판》에서 전개된 칸트의 형성충동Bildungstrieb에 대한 논의를 검토한다. 형성충동은 칸트가 괴팅겐의 의학 교수였던 요한 프리드리히 블루멘바흐Johann Friedrich Blumenbach에게서 받아들인 개념으로, "물질에 기능적인 일관성과 유기적인 특질을 부여하는 비물질적이고 목적론적인 충동"(175쪽)을 뜻한다. 칸트는 형성충동을 통해 유기적인 성장과 같은 현상을 설명할 수 있다고 생각했는데, 왜냐하면 물질에는 그와 같은 현상을 일으킬 수 있는 능력이 없다고 보았기 때문이다. 그는 물질성이 "활기가 없는 기계적 물건이며 능동적으로 활동하기 위해서는 물질적인 것도 영혼도 아닌, 일종의 보충물을 필요로 한다"(181쪽)고 생각했다. 나아가 칸트는 인간을 형성충동에 구속된 존재로 만들지 않기 위해 인간의 자유와 형성충동이 구별된 채 공존한다고 주장했다. 비유기적인 것과 유기적인 것 사이는 물론 유기적

인 것과 인간 행위자 사이에도 넘을 수 없는 간극을 설정한 셈이다. 그럼에도 불구하고 베넷은 형성충동이 "인간을 추동하는 비인격적이고 비역사적인 행위성과 자극을 가리키고 있다는 점"(183쪽) 그리고 그것이 "인간이 특정 목적 아래 투입한 에너지로는 환원할 수 없는 행위적인 권력을 가진다"(183쪽)는 점에서 그것에 주목할 필요가 있다고 본다. 이후의 비판적 생기론에 대한 칸트의 영향은 양가적이다. 그는 형성충동을 통해 비판적 생기론자들의 생기 개념을 선취했지만, 동시에 선험적인 수준에서 무력하고 수동적인 물질이라는 이미지를 더욱 공고하게 만들었다.

베넷은 앙리 베르그손Henri Bergson와 한스 드리슈Hans Driesch를 대표적인 비판적 생기론자로 보는데, 그중에서도 상대적으로 덜 알려진 드리슈에게 집중한다. 드리슈는 "능동적이고 유기적인 물질이 되기 위해 그리고 미리 결정된 방식으로 온전히 따르지는 않는 구조화 능력을 갖추기 위해"(184쪽) 필요한 보충물로서의 '생명력', 즉 '엔텔레키entelechy'의 존재를 주장한다. 드리슈에 따르면 엔텔레키는 "씨앗이나 배아에 내재하는 특정한 소질에 의해 제한되고 형성"(184쪽)되는 생기적 원리다. 엔텔레키의 존재를 논증하기 위해, 훈련받은 발생학자였던 드리슈는 수정란의 발생 과정을 소재로 일종의 초월론적 논증transcendental argument을 펼친다. 수정란의 분화 과정을 볼 때 (1) 수정란이 공간적인 다양체라는 것은 부정할 수 없다. (2) 원래 수정란은 공간적인 단일체였다. 그런데 (3) 공간적인 단일체에서 공간적인 다양체가 나오는 것은 불가능하다. 따라서 (4) 공간적인 다양체가 있을 수 있기 위해서는 공간적이지 않은 종류의 다양체, 즉 비연장적인 다양체가 있어야만 한다. "그 자체로 공간 내의 다양체로 존재하지는 않지만 다양한 방식으로 행위하는 행위자"(186쪽)가 있어야 한다는 것이다. 드리슈는 성게 배아의 세포 분열에 대한 실험을 분석하면서 동일한 결론을 내린다. 성게 배아는 외부 환경을 고정해도 시간의 흐름에 따라 '저절로' 또는 '스스로 알아서' 세포 분열을 한다는 점에서 순전히 기계론적인 방식으로는 설명될 수 없다. 또 다른 결정적인 사례는 수정란의 형태 발생morphogenesis과 질병이나 훼손에 대한 유기체의 자가-복구self-repair다. "비유기적 체계 역시 변화할 수 있으나, 드리슈가 보기에 오직 생명만이 형태를 형성할 수 있다."(188쪽) 그는 엔텔레키를 "창발하는 유기체 내부에 있는 수많은 형성의 가능성 중 무엇을 현실화할 것인지를 결정"(190쪽)하는 지시 권력directing power으로 본다. 세포가 다른 무수한 가능성에도 불구하고 '하필' 어떤 방식으로 분열한다면, 그리고 훼손되어 망가질 수도 있는데 '굳이' 복구된다면, 이들을 관리 감독하는 모종의 힘이 있어야 할 것이다. 드리슈에 따르면, 엔텔레키가 바로 그런 힘이다.

드리슈의 입장은 섬세한데, 왜냐하면 그가 비물질적인 생기를 주장하면서도 관념론과 인간 중심주의를 우회하기 때문이다. 엔텔레키는 비물질적이고 비공간적이며 비기계론적이지만, 그럼에도 불구하고 정신적이지는 않다.(186-187쪽) 드리슈는 생기론자이지만 관념론자는 아닌 것이다. 그는 엔텔레키가 순전히 질적이라는 이유로 그것을 물리-화학적인 에너지와 동일시하기를 거부했지만, 동시에 엔텔레키와 물질적 작용 사이의 밀접한 상호 작용을 끊임없이 강조한다. 엔텔레키 자체는 물리-화학적이지 않지만, 오직 물리-화학적으로 마련된 가능성들 속에서만 작용할 수 있다는 것이다. 그리고 그가 유기적인 것과 비유기적인 물질을 날카롭게 나누긴 하지만, 칸트처럼 인간의 자유를 위해 인간과 유기체 일반을 나누지는 않는다. 이처럼 드리슈는 "생명-물질 관계를 매우 밀접한 것으로 다루어 (기계론적) 유물론으로 나아가지 않은 채 영혼의 형이상학에도 저항할 수"(197쪽) 있었으며, 엔텔레키를 인간을 포함한 모든 유기적인 과정이 공유하는 동질적인 것으로 봄으로써 인간 중심주의 또한 벗어날 수 있었다.(194쪽) 과학적이고 경험적인 자세를 끝까지 잃지 않은 채 생기론이 빠지기 쉬운 함정을 모두 피하고 있는 것이다.

베르그손은 어떨까? 엔텔레키에 대응하는 베르그손의 개념은 그 유명한 생의 약동élan vital이다. 베넷에 따르면 생명과 물질은 서로 반대되며 또한 그렇기 때문에 서로에 의존하는 성향들propensities로 본다. "생명은 '가능한 최대한'의 능동성에 대한 특정 성향" 즉 "유동적이고 변화하는 상태에 치우친 특정한 성향"(201쪽)인 반면, 물질은 "수동성에 치우친 성향으로서, 안정된 형태에 치우친 경향"(201쪽)이라는 것이다. 이런 생각은 드리슈와 유사할 뿐만 아니라 앨프리드 화이트헤드Alfred Whitehead를 선취하는 면이 있다. 베르그손에게 생명은 본질적으로 양화 불가능하며 기계론적으로 인식 불가능하다. 이를 보이기 위해 그는 살라만드라 마쿨라타Salamandra maculata 도마뱀이 홍채를 복구하는 과정을

分석한다. 베르그손은 홍채를 어떤 식으로 제거해도 그 기능이 어쨌든 유지되는 현상을 두고 "좋든 싫든 간에 이러한 결과들의 수렴을 보기 위해서는 어떤 내적 방향의 원리에 호소해야 할 것"(203쪽)이라고 결론짓는데, 이 "내적 방향의 원리"와 드리슈의 지시 권력의 유사성은 명백하다. 그는 다음과 같이 말한다. "생명의 근본에는 물리적 힘들의 필연성에 가능한 많은 양의 비결정성을 덧붙이려는 노력이 있다."(203쪽) 생의 약동의 과제는 "물질 속에 비결정성을 삽입하는 것이며, 그 결과 생명이 창조하는 형태들은 비결정적인, 즉 예측 불가능한 것이 된다".(205쪽) 생명이 창조하는 형태들은 미리 주어진 목적이 아니라 생명의 행위에 따라 사후적으로 창조된 것일 뿐이다. 따라서 생의 약동은 목적론적이지 않다. 그것은 어두운 곳에서 더듬거리면서 길을 찾아가는 것과 같다. 드리슈가 엔텔레키와 물질 작용의 긴밀한 접점을 강조했듯이, 베르그손 또한 생의 약동이 "자신이 의지할 수밖에 없었던 물질성에 좌우되고 있다"(206쪽)고 말한다. 드리슈가 그러했듯이 베르그손 또한 생의 약동을 에너지와 동일시하지 않으며, 오히려 생명에게 필수적인 수단이라고 생각한다.

　　현재로서는 비판적 생기론자들의 형이상학을 액면 그대로 받아들이기는 힘들다. 진화, 자가-복구, 형태 발생 등 비기계론적이고 비결정론적인 물질 현상에 주목하여 과학과의 긴밀한 관련 속에서 자신의 철학을 일구어나갔던 그들의 엄밀한 태도는 지금 봐도 본받을 만하다. 비판적 생기론자들은 과학의 '바깥'에서 변죽을 울리거나 과학의 '위'에서 메타적인 분석을 수행하지 않는다. 그들은 과학 '안'에서 과학의 가설과 데이터를 직접 다루며, 이 때문에 그냥 생기론자가 아니라 '비판적' 생기론자일 수 있었던 것이다. 그럼에도 불구하고, 현재 누구도 그들이 주목하는 사례들을 설명하기 위해 비물질적 생기가 필요하다고 생각하지는 않는다. 이 사례들은 현재 세포의 물리화학, 생태학, 그리고 복잡한 분자적 메커니즘을 통해 하나씩 설명되고 있다. 생명체에서 나타나는 비결정론적이고 비기계론적인 현상들을 설명하는 데 필요한 것은 비물질적인 생기가 아니라 분자들의 복잡한 소통과 행위성이었던 것이다. 물론 이런 분자적, 생태학적 행위성을 탐지하기에는 턱없이 모자랐던 당대 과학의 수준을 감안하면, 물질 속에서는 비결정성과 자발성의 근거를 찾을 수 없다는 비판적 생기론자들의 결론은 어느 정도 불가피한 것으로 보이기도 한다. 그러나 이들이 그러한 결론에 이르게 된 데는 과학의 미발달 외에도 그들이 무비판적으로 받아들이고 있던 물질의 존재론도 한몫했을 것이다. "물질이 무엇인지에 대한 질문에 대해 그들은 그들과 상대편 유물론의 입장에도, 서로의 입장에도 동의하고 있다. 바로 물질이 (일정한 변화의 상태에 놓여 있을 수 있다는 점에서 역동적이기는 하나) 궁극적으로는 자유롭지 않고 기계론적이며 결정론적이라는 점 말이다".(172쪽) 비판적 생기론자들은 "생명과 물질을 나누는 칸트의 강력한 이원론을 어느 정도 완화시키기는 했으나, 그들 모두 칸트가 말한 무력한 물질이라는 이미지를 완전히 버리지는 못했다".(174쪽) 물질을 그 자체로 능동적이고, 생기 있으며, 창조적이라고 생각할 수 있었다면, 그들은 물질의 바깥으로 눈을 돌리지 않고 그 안에서 세포의 발생학을, 종의 진화 과정을, 유기체의 자가-복구를 가능하게 하는 힘을 찾기 위한 노력을 계속했을지 모른다. 그리고 그만큼 과학의 발전은 앞당겨졌을지 모른다.

이것이 다 생기론적 유물론과 무슨 상관일까? 생기론적 유물론은 비판적 생기론에 대한 유물론적 비판이자 반복이라고 할 수 있다. 생기론적 유물론은 비판적 생기론의 엄밀한 자세를 한층 더 충실하게 계승함으로써 그것의 엇나간 결론을 피한다. 비판적 생기론은 기계론과 결정론으로는 설명이 어려운 현상들을 설명하기 위해 비물질적 생기를 끌어들이면서 유기적 생명과 비유기적 물질의 이분법을 고수하는 반면, 생기론적 유물론은 철학적으로 다양한 존재론을 끌어들이면서, 그리고 과학적으로는 물리 과학의 데이터를 더욱 깊게 파고들면서 비판적 생기론과는 반대 방향으로 나아간다. 비판적 생기론이 유목주의를 찾아 물질의 평면 바깥으로 나갔다면, 생기론적 유물론은 기어코 물질의 평면 안에서 유목주의를 찾아내는 것이다. 이 점에서 생기론적 유물론은 비판적 생기론보다 더 비판적이라고 할 수 있다. 비판적 생기론은 미성숙한 과학과 개념적 빈곤함 때문에 비판적 자세를 끝까지 유지하지 못한 채 비물질적인 것을 초월론적으로 요청하는 것으로 끝났지만, 생기론적 유물론은 더 근본적이고 철저한 비판, 비판에 대한 비판을 통해 물질의 존재론 자체를 갱신해 버리는 것이다. 이런 의미에서 생기론적 유물론을 비판적 생기론의 '반복'이라고 해도 좋을 것이다. 슬라보예 지젝Slavoj Žižek은 어딘가에서 레닌으로 '돌아가기'와 레닌을 '반복하기'

를 구별한 바 있는데, 그에 따르면 레닌으로 돌아가기는 그가 실제로 했던 것으로 돌아가는 일인 반면, 레닌을 반복하기는 그가 할 수도 있었지만 못 한 것, 즉 실패한 것들을 반복하는 일이다. 생기론적 유물론은 비판적 생기론이 실제로 주장한 것으로 되돌아가고자 하는 시대착오적 시도가 아니라, 그것이 포착할 수도 있었지만 하지 못했던 것을 명확하게 드러내고자 하는 현재적이고 미래적인 기획이다. 따라서 생기론적 유물론은 한편으로는 생기론이면서도 다른 한편으로는 생기론이 아닌 것이다. 그것은 왜 생기론인가? 물질의 비물질스러운 측면, 즉 물질의 살아있음에 주목하고 그 살아있음에 비판적으로 접근하기 때문이다. 그것은 왜 생기론이 아닌가? 이전의 생기론과는 완전히 다른 물질 개념으로 무장하여 정반대의 결론에 이르기 때문이다. 엔텔레키는 생명력 vital force이 아니라 물질력material force이어야 했다. 생의 약동은 물物의 약동인 것이다.

매혹과 주체: 생기론적 유물론과 동시대 이론들

《생동하는 물질》에서 베넷은 생기론적 유물론이 무엇인지, 그리고 그것이 어떤 주제에 대해 무슨 말을 할 수 있는지를 명료하고도 흥미롭게 보여주고 있다. 그러나 생기론적 유물론은 책 한 권으로 끝나는 완결된 체계가 아니라 현재 진행형의 기획이고, 따라서 잠정적으로 몇몇 문제와 한계를 가질 수 있을 것이다. 이런 문제들을 통해 생기론적 유물론이 동시대의 다른 이론들과 어떻게 대화할 수 있을지, 그리고 앞으로 어떻게 발전할 수 있을지를 생각해 볼 수 있을 것이다.

우선 질문해 볼 수 있는 것은 생기론적 유물론에 사물-권력에 대한 인식론이 있느냐는 것이다. 앞서 보았듯이 사물-권력은 일상적으로 지각되는 사물들이 가진 물질적 생기다. 원자나 전자처럼 미시적이고 지각 가능한 범위를 넘어서는 물질적 생기는 인식론적으로는 오히려 문제가 덜한데, 왜냐하면 이미 잘 정립된 물리 과학의 방식으로 접근이 가능하기 때문이다. 문제는 거시적이고 지각 가능한 사물들의 생기다. 앞서 설명했듯이, 베넷은 모종의 미학적 경험을 통해 사물-권력을 알 수 있다고 주장하는 것 같다. 객체에 매료되는 경험이 사물의 물질적 생기에 대한 단서가 된다는 것이다. 그런데 문제는 베넷이 그러한 경험이 어떻게 물질적 생기에 관한 것이 될 수 있는지에 대해서는 별다른 설명을 하지 않는다는 것이다. 적어도 《생동하는 물질》에서는 이에 대한 어떤 단서도 찾을 수 없다. 베넷은 단지 훈련이나 교육학을 말할 뿐 사물-권력에 대한 인식론을 제시하고 있지 않은 것이다. 하지만 그가 호소하는 미학을 인식론적으로 정당화하지 못한다면, 그가 배수구에 쌓인 물질 부스러기들을 보면서 또는 오드라덱의 생태를 보면서 느낀 것들은 전부 그만의 주관적 감상일 뿐 경험의 바깥에 실재하는 물질의 역량과는 아무 관련이 없다는 반론에 제대로 대응할 수 없을 것이다. 다시 말해, 객체에 사로잡히고 빠져드는 매료의 미학은 어떻게 주관적인 경험을 넘어서 사물-권력을 지향할 수 있는가? 이 질문에 제대로 답하지 못할 경우 사물-권력에 대한 생기론적 유물론의 모든 논의가 한낱 장황한 독단으로 치부될 수도 있다. 사물-권력의 인식론은 생기론적 유물론에 중대하고도 심각한 문제를 제기하고 있는 것이다.

서평자는 동시대 존재론인 객체지향존재론Object Oriented Ontology, OOO에서 이와 관련된 해결의 실마리를 찾을 수 있다고 생각한다. 왜냐하면 OOO는 특유의 존재론을 통해 매료 또는 '매혹allure'의 본성을 해명하기 때문이다. 주지하다시피 OOO의 핵심은 사방 객체quadruple object로 알려진 네 가지 존재론적 범주다. 실재 객체Real Object/RO, 실재 속성Real Qualities/RQ, 감각 객체Sensual Object/SO, 감각 속성Sensual Qualities/SQ이 그것인데, 흥미롭게도 그레이엄 하먼Graham Harman은 이들 사이의 연관이 깨지는 경우들을 검토한다. 이 중 객체에 매료되는 경험에 해당하는 것이 매혹이다. 매혹은 "사물의 통일성과 특정한 성질의 다수성 사이의 친밀한 결속이 다소 부분적으로 해체되는 특별하고 간헐적인 경험"이다.[10] 그것은 "그것의 속성들로부터의 객체의 분리" 즉 RO와 SQ 사이의 연결이 끊어지면서 느껴지는 기묘한 소외감이다.[11] 매혹의 경험에서 느껴지는 것은 "맹아적 형태로 무생물의 영역을 포함한 모든 실재 속에 존재"하는 모종의 힘인데, 그 힘은 자신이 가진 이러저러한 속성들

---

10

Graham Harman, *Guerrilla Metaphysics: Phenomenology and the Carpentry of Things* (Open Court, 2005), 143.

11

Graham Harman, *Guerrilla Metaphysics*, 153.

을 뛰어넘는 사물의 신비스러운 깊이를 '암시한다allude'.[12] 잡다하고 생생한 감각 속성들과는 동떨어진 객체의 '속사정'이 넌지시 느껴지는 경험, 뭔가를 뻔히 보고 있으면서도, 뻔히 듣고 있으면서도 단지 보이고 들리는 것과는 다른 그것의 내밀한 힘을 느끼게 되는 경험, 그것이 매혹인 것이다.

    이러한 OOO의 매혹 개념은 사물-권력의 체험에 대한 베넷의 서술과 정확히 일치한다.[13] 베넷이 배수구에 쌓인 물질 부스러기들과 조우했을 때, 그는 검은 비닐장갑, 꽃가루, 쥐의 시체, 병뚜껑 등이 발휘하는 신비로운 깊이를 느꼈던 것이다. 그때 분명히 베넷의 의식 속에는 쓰레기과 관련된 풍부한 감각 속성들이 주어지고 있었다. 그러나 그렇게 감각 속성들이 주어질수록, 오히려 베넷은 그들과는 동떨어진 실재로서의 물질 부스러기들이 가진 힘에 더 빠져들고 더 집중하게 되었던 것이다. OOO식으로 말하면, 베넷의 의식 속에는 쓰레기의 SQ들이 쏟아져 들어왔지만 쓰레기라는 RO는 그것의 SQ들과 해리되며 '물러났고with-draw', 이렇게 RO와 SQ가 해리됨에 따라 그는 매혹을 경험하면서 RO의 깊이에서 우러나오는 힘을 느끼게 되었다고 할 수 있다. 오드라덱의 경우도 마찬가지다. 오드라덱은 말하고, 달리고, 숨고, 웃으면서 수많은 SQ들을 제공하지만, 그럴수록 오드라덱이 실제로 무엇인지는, 즉 RO로서의 오드라덱의 정체는 SQ들과는 상관이 없어진다. 그렇게 SQ들로부터 RO가 떨어져 나가는 체험을 통해 느껴지는 것은 오드라덱이라는

---

12

Graham Harman, *Guerrilla Metaphysics*, 244.

13

베넷은 자신이 쓰레기의 사물-권력과 조우하게 된 경험을 다음과 같이 묘사하고 있다. "두 번째 순간에 그것들은 자신의 사물-권력을 드러냈다. 그것들은 심지어 내가 그들이 말하는 것을 완전히 이해하지 못했음에도 분명 내게 신호를 보내고 있었다. 적어도, 그것들은 나에게 정동을 촉발했다. 죽은 쥐(아니면 단지 자고 있었을 뿐인 쥐?)는 내게 혐오감을 불러일으켰고, 쓰레기는 나를 동요시켰으나, 나는 그 외의 다른 것도 느꼈다. 그 쥐, 그 꽃가루의 배열, 다른 경우에는 지극히 평범했을, 대량생산된 그 플라스틱 병마개의 있을 수 없는 독특성에 대한 형언할 수 없는 앎을 말이다. 나는 스티븐 제이 굴드가 "비인간 신체들의 견딜 수 없는 복잡성과 완고함"이라 말한 것에 사로잡혔으나, 곧이어 그러한 사로잡힘 속에서 나는 이러한 신체들의 역량이 수동적인 '완고함'에 제한되는 게 아니라 효과들을 만들어내고 무언가가 발생하도록 하는 능력까지 포함한다는 점을 깨달았다."(42쪽) 이것이 매혹이 아니라면 대체 무엇이 매혹이란 말인가?

비유기적 객체가 가진 기묘한 생명력이다. 사물-권력의 체험, 외-부와 조우하는 체험은 곧 매혹의 체험, RO-SQ 해리의 체험인 것이다.

OOO가 옳다는 가정하에, 이제 객체에 매료되는 경험이 어떻게 사물-권력, 외-부, 물질적 생기를 가리킬 수 있는지 알 수 있다. 객체에 매료되는 경험이 단지 주체의 주관적인 감상이나 독단이 아니라 객체에 대한 것이 될 수 있는 이유는, 그것이 실재하는 객체를 암시하기 때문이다. 생기론적 유물론의 용어로 말하면, 어떤 사물에 매혹되는 경험은 사물-권력 또는 사물의 물질적 생기를 암시하는 단서가 되는 것이다. 물질의 잔해를 마주했을 때 베넷이 느꼈던 매료의 경험은 단지 그만의 느낌이나 감상에 그치지 않는다. 그것은 생명이 끝난 신체들, 쓸모가 없어진 도구들 속에 도사리고 있는 비인격적이고 비유기적인 생기, 활력을 암시하고 있는 것이다. 따라서 매혹에 대한 섬세한 감수성을 개발하고 매혹에 열린 지각적 양식을 세련화하는 것은 그러한 실재에 대한 감각을 함양하는 일이 될 수 있는 것이다. 물론 이 모든 것은 OOO가 옳다는 전제하에서 가능하다. 실제로 하먼은 베넷을 OOO의 "동행자들fellow travellers" 중 한 명으로 꼽고 있고, 그렇다면 생기론적 유물론과 OOO의 접점을 모색해 보는 일은 완전히 자의적인 일은 아닐 것이다.[14] OOO를 통해 강화된 매료의 미학은 생기론적 유물론을 위한 인식론이 될 수 있는 것이다.

《생동하는 물질》의 또 다른 문제는 인간 주체성에 대한 이론적 해명 또는 실천적 제안이 거의 전무하다는 점이다. 베넷은 전략적으로 주체성에 대한 접근을 회피하는 것으로 보인다. 그는 서론에서부터 자신이 "인간에 대한 질문은 보류해 두고 주체성과 그것의 기원, 그것의 가능성의 조건, 그리고 그것의 경계들에 대한 풍부하고 다양한 문헌을 무시"(10쪽)할 것이며, "비주체로부터 비롯되는 능동적인 권력들을 더 잘 식별하기 위해, 그에 대한 용어와 문법을 개발하는 과제에 집중하기 위해, 주체성에 대한 중요한 주제들은 크게 다루지 않을 것"(11쪽)이라 선언한다. 베넷에게 주체성이란 인간 중심주의라는 독이 든 사과인 셈이

---

14

Graham Harman, *Object-Oriented Ontology: A New Theory of Everything* (Penguin Books, 2017), 16.

다. 물론 베넷이 인간을 아예 다루지 않는 것은 아니다. 그는 생기론적 유물론의 탈인간주의적이고 평등주의적인 함축을 잘 알고 있으며, 그래서 자신의 시도를 "일반적인 평면보다 다소 덜 수직적인 평면 위에 인간 행위소와 비인간 행위소를 함께 제시"(10쪽)하려는 것으로 묘사한다. 또한 베넷은 "인간과 다른 물질성들 사이의 관계를 보다 수평적으로 경험하는 것은, 보다 생태학적인 감수성을 향해 나아가는 것"(53쪽)이며, "물질을 능동적인 것으로서 간주하는 것은 인간 행위소의 지위를 재조정하는 작업을 요구"(54쪽)한다고 말한다. 그러나 그렇게 지위가 재조정된 인간 주체가 정확히 무엇인지, 어떻게 그런 주체가 될 것인지, 아니 애당초 과연 그런 주체가 될 수 있기는 한 것인지에 대해서는 별다른 설명이 없다. 3장 '먹을 수 있는 물질'과 8장 '생기와 자기이해'에서 물질이 인간을 변형시키는 다양하고 풍부한 사례들이 제시되지만, 거기서도 인간과 물질이 어떻게 관계 맺는지가 주로 다루어질 뿐 인간은 어떤 주체가 될 수 있으며 또는 되어야 하는지에 대한 분석이나 제안은 빈약하다. 베넷은 《생동하는 물질》 곳곳에서 인간 중심주의를 벗어나야 할 필요성을 강조하지만, 그렇게 인간 중심주의를 벗어난 인간, 물질적 생기로 평등해진 주체가 과연 무엇인지, 또는 무엇일 수 있을지에 대해서는 거의 모르쇠로 일관하고 있다. 《생동하는 물질》에 등장하는 인간 주체에게는 알아볼 수 있는 얼굴이 없는 것이다. 이렇게 인간 주체에 대한 이러한 무관심을 물고 늘어지다 보면, 생기론적 유물론에 대해 물질의 행위성을 말하면서도 정작 인간은 도외시하는 '탈인간적 물신주의posthuman fetishism'라는 혐의를 제기할 수도 있을 것이다.[15]

생기론적 유물론에 주체 이론이 부재한다면, 주체 이론을 만들어 주면 되지 않을까? 물질의 행위성을 긍정하면서 물질의 생기와 역량에 의해 재구성되는 인간의 주체성을 실험해 볼 수 있지 않을까? 데란다와 더불어 신유물론의 흐름을 시작하고 주도해 온 사상가, 로지 브라이도티Rosi Braidotti가 바로 그런 작업을 꾸준히 해오고 있다. 브라이도티는

---

15
신유물론에 대한 이글턴Terry Eagleton의 비판도 이런 맥락에서 이해할 수 있다. 테리 이글턴, 《유물론: 니체, 마르크스, 비트겐슈타인, 프로이트의 신체적 유물론》, 전대호 옮김(갈마바람, 2018), 21-25 참조.

아마도 신유물론자들 중에서 주체의 문제에 가장 적극적으로 개입하는 사상가 중 한 명일 것이다. 그는 인간 조건human condition의 급격하고 혼란스러운 변화 속에서도 주체성이 여전히 중요하다는 점을 다음과 같이 강조한다.

> 나는 왜 주체의 문제를 이토록 강조하는가? 그것은 유물론이며 관계적일 뿐 아니라 '자연-문화적'이며 자기조직적인 주체성 이론이 우리 시대의 복잡함과 모순에 적합한 비판 도구를 정교하게 발전시키는 데 결정적으로 중요하기 때문이다. 단순히 분석적인 포스트휴먼 사유로는 충분히 멀리까지 나갈 수 없다. 특히, 창조성과 상상력, 욕망, 희망과 열망을 고려할 수 있으려면 주체에 대한 진지한 관심이 필요하다. 그렇지 않으면 우리는 이 시대의 지구적 문화가 그것의 포스트휴먼적 함의를 이해하지 못할 것이다. 우리는 '현재에 가치 있는worthy of the present' 주체에 대한 전망이 필요하다.[16]

브라이도티는 자신의 포스트휴머니즘이 생기론적 유물론에 뿌리내리고 있다는 점을 명시적으로 밝힌다. "생기론적 유물론은 인간 중심주의를 극복하고자 하는 포스트휴먼 감수성의 핵심이다."[17] 그에 따르면, 생기적 물질성을 받아들이게 되면 무엇이 주어진 것이고 무엇이 구성된 것인지, 무엇이 자연이고 무엇이 문화인지 구분되지 않거나 둘을 구분하는 일 자체가 무의미해지는 경우들이 속출하게 된다. 많은 것이 '자연-문화 연속체nature-culture continuum'가 되는 것이다.[18] 브라이도티는

---

16
로지 브라이도티, 《포스트휴먼》, 이경란 옮김(아카넷, 2015), 70.

17
로지 브라이도티, 《포스트휴먼》, 76.

18
자연-문화 연속체에 대해 브라이도티는 다음과 같이 말한다. "자연-문화 연속체는 무엇인가? 그것은 그동안 폭넓은 동의를 받아온 사회구성주의적 접근에 거리를 두는 과학적 패러다임을 나타낸다. 사회구성주의적 접근 방식은 주어진(자연)과 구성된 것(문화)을 범주적으로 구별한다. [⋯] 나는 주어진 것과 구성된 것 사이의 이분법적 대립에 의존하던 접근이 이제 자연-문화 상호 작용을 비非이분법적으로 이해하는 방식으로 바뀌고 있다고 생각한다. 후자는 일원론적 철학과 관련되어 지지를 받는 듯하다. 일원론적 철학은 이원론을 특히 자연과 문화의

"인간이라는 개념은 현대의 과학적 진보와 지구적 경계 문제라는 이중의 압력으로 파열되고 있다"고 진단하면서 포스트휴먼 주체성이라는 새로운 주체성을 적극적으로 모색한다.[19]

그는 이러한 시도를 동물-되기becoming-animal로서의 포스트휴먼, 지구-되기becoming-earth로서의 포스트휴먼, 기계-되기becoming-machine로서의 포스트휴먼이라는 개념으로 포착한다.[20] 인간이 동물과 마찬가지로 자연-문화 연속체가 된 상황에서 주체성은 어떻게 (재)구성되어야 하며 (재)구성될 수 있는가? 이것이 동물-되기로서의 포스트휴먼이 제기하는 질문이다. 지구가 더 이상 순수한 자연이 아니라 인간의 영향에 따라 빚어지는 문화적 구성물처럼 변해간다고 할 때, 인간은 어떤 주체가 되어야 하며 될 수 있는가? 이것이 지구-되기로서의 포스트휴먼이 제기하는 질문이다. 인간의 신체가 생물학과 기술 과학이 뒤섞이는 사이보그cyborg라면, 그런 사이보그로서의 인간 주체는 어떻게 (재)구성되어야 하며 (재)구성될 수 있는가? 이것이 기계-되기로서의 포스트휴먼이 제기하는 질문이다. 브라이도티는 이런 질문들에 미리 정해진 답은 없으며, 주체성이 선험적인 모델을 확립하는 문제가 아니라 계속 실험되어야 할 문제라는 점을 강조한다. 베넷의 생기론적 유물론이 태생적으로 주체 이론을 회피하는 방식으로 구성되었다면, 그것은 이제 브라이도티의 포스트휴머니즘을 통해 자신이 이제껏 비워두었던 주체의 얼굴을 그려 볼 수 있을 것이다. '포스트휴먼 인류학posthuman anthropology'이라고 부를 수 있을 이런 작업이 적극적으로 이루어진다면, 그래서 '인간의 얼굴을 한 물질적 생기'를 구체적으로 스케치할 수 있다면, 생기론적 유물론은 인간 주체와 비인간 물질을 무분별하게 동일시하는 탈인간적 물신주의의 위험에서 벗어날 수 있을 것이다. 가령 생기론적

---

대립을 거부하고 생명 물질이 자기조직적(혹은 자기생성적auto-poietic) 힘을 가지고 있다고 강조한다. 자연적인 것과 문화적인 것 사이의 범주적 경계선은 과학과 기술의 발전으로 자리가 바뀌고 또 상당히 흐려지고 있다."(로지 브라이도티, 《포스트휴먼》, 9-10) 여기서 브라이도티가 말하는 "일원론적 철학"이 생기론적 유물론이라는 것은 말할 필요도 없다.

19
로지 브라이도티, 《포스트휴먼》, 8.

20
로지 브라이도티, 《포스트휴먼》, 2장 '탈-인간중심주의: 종 너머 생명' 참조.

유물론의 주체란 다음과 같이 말할 수 있는 존재가 아닐까?

> 나는 더 이상은 주체성의 지배적 범주들과 동일하지 않지만, 아직
> 은 정체성의 울타리 밖으로 완전히 나와 있지도 않다. 즉, 나는 차
> 이화를 지속하며 조에[21]를 편안해하는 탈-인간중심적 주체다. 이런
> 나의 반항적 요소들은 체현된 여성이 무엇을 의미하는가에 대한
> 페미니즘 의식과 관련되어 있다. 즉 나는 늑대 암컷she-wolf이다. 모
> 든 방향으로 세포들을 증식시키는 번식자다. 나는 생명 유지와 관
> 련된 바이러스와 치명적 바이러스들의 인큐베이터며 보유자다. 나
> 는 어머니-대지, 미래를 발생시키는 존재다. 동일성Sameness의 우월
> 성을 거짓된 보편적 양태로 단정하는 남근중심주의와 인간중심주
> 의적 휴머니즘의 정치경제 안에서, 나의 성은 '타자성' 쪽으로 떨
> 어지며, 경멸적인 차이로 혹은 보다-가치가-적은-존재로 이해된다.
> 포스트휴먼-되기가 나의 페미니즘적 자아에 호소력을 갖는 이유
> 는 나의 성이 역사적으로 한 번도 완전한 인간이 되어본 적이 없기
> 때문이다. 그 범주에 대한 나의 충성심은 결코 당연한 것이 아니다.
> 기껏해야 절충적이다.[22]

---

21

조에zoe는 브라이도티가 물질적 생기를 포착하기 위해 제안한 개념이다. 주지하다시
피 조에를 주요 개념으로 부각시킨 것은 조르조 아감벤Giorgio Agamben이다. 아감벤은 생명권력
biopower에 대한 푸코Michel Foucault의 분석을 전유하여 조에와 비오스bios를 구분하는데, 그에 따
르면 조에는 살아있다는 단순한 사실로서 모든 생명체가 공유하는 삶의 형태인 반면, 비오스는
한 개인이나 집단에 고유한 사회적, 정치적 삶의 형태를 의미한다. 조에는 종종 '벌거벗은 생명'
으로 불리는데, 이는 아감벤이 조에를 사회적, 정치적 삶의 형태를 박탈당한 것으로, 즉 부정적
이고 결핍된 것으로 생각하고 있음을 드러낸다. 바로 여기서 브라이도티의 조에는 아감벤의 조
에와 결별한다. 브라이도티에 있어서 조에는 긍정적이고 실질적인 물질적 생기 그 자체다. 아
마도 브라이도티라면 조에를 비오스의 박탈이나 부재로 보기보다는 오히려 비오스를 조에의
변이형이나 생성으로 볼 것이다. 이렇게 긍정적이고 일원론적으로 해석된 조에는 정치적 함의
를 가진다. 브라이도티에 따르면 인간의 조에, 비인간의 조에, 지구의 조에 사이의 관계는 위계
적이지 않다. 인간, 비인간, 지구의 조에는 모두 자연-문화 연속체라는 점에서는 동등하다. 브라
이도티는 이런 탈인간주의적이면서 평등주의적인 관점을 '조에-평등주의zoe-egalitarianism'라고 부
른다.

22

로지 브라이도티, 《포스트휴먼》, 107.

지면의 한계 때문에 7장 '정치생태학'에서 다루어진 생기론적 유물론의 윤리학과 정치학적 함축을 다루지 못한 것이 아쉽다. 누군가는 '존재론 없는 윤리학'을 말하기도 하지만, 새로운 존재론이 새로운 윤리학과 정치학으로 이어지는 것은 철학사에서 그리 드문 일이 아니다. 생기론적 유물론에서 형이상학, 생태학, 미학, 정치학, 윤리학은 엄밀히 말해 분리될 수 없다. 형이상학과 정치학, 문학을 종횡무진하면서 물질의 능동성과 생기, 행위성을 논증하는 베넷의 솜씨는 탁월하다. 하먼의 추천사처럼, 정치학자가 이렇게 폭과 깊이를 두루 갖춘 멋진 형이상학책을 쓴다는 것은 드문 일인데, 베넷은 그 일을 성공적으로 해내고 있다. 책이 다루는 내용은 방대하고 심오하지만, 그 심오함을 풀어내는 베넷의 문장은 유려하면서도 명료하다. 비록 몇몇 번역에 대해 언급하기는 했으나 책은 전반적으로 명확하고 읽기 쉽게 번역되었다. 만약 책이 읽기 어렵다면 그것은 내용이 심오해서이지 결코 저자나 역자의 잘못이 아니다.

　책이 가지는 선구적인 중요성과는 대조적으로《생동하는 물질》에 대한 국내 학계와 독서계의 반응은 조용한 편이다. 현재 신유물론을 구성하는 양대 축을 꼽는다면, 베넷이 그 대표자인 생기론적 유물론과 행위적 실재론agential realism으로 널리 알려진 캐런 바라드Karen Barad의 '수행적 신유물론performative new materialism'이 있을 것이다. 물질에 대한 새로운 존재론이라는 점만 제외하면 둘 사이에는 공통점보다는 차이점이 더 많다. 어쨌든《생동하는 물질》은 신유물론의 중요한 흐름인 생기론적 유물론의 '원전'이다. 상황이 이러하므로 신유물론이 무엇인지, 그리고 신유물론이 무엇에 대해 어디까지 말할 수 있는지를 알고 싶은 사람이라면 누구나 이 책을 한 줄 한 줄 의미를 새겨가며 읽어야 할 것이다. 하지만 국내에서는 신유물론이 다소 엉뚱하게도 베넷의 생기론적 유물론보다는 라투르의 ANT, 또는 OOO나 퀑탱 메이야수Quentin Meillassoux의 사변적 유물론speculative materialism과 엮여서 논의되는 경향이 강하다. 이런 혼란이 일어난 데는 저들 사이에 활발한 교류와 논쟁이 있었다는 점, 그래서 실제로 해외에서도 사변적 유물론이나 OOO가 종종 신유물론의 일종으로 분류되기도 했다는 점도 어느 정도 기여했을 것이다.[23] 그러나 혼란은 혼란일 뿐이다. 근래 신유물론에 대한 비평을 보면 '객체', '비인간', '네트워크', '실재론', '상관주의correlationism' 등의 말만 난무

할 뿐, 정작 물질이 능동적인 행위소라는 게 무슨 뜻인지, 그러한 주장의 구체적 근거는 무엇인지, 근거가 타당한지, 문제적인 귀결은 없는지에 대한 논의는 찾기 힘들다. 신유물론을 공부하고 있는 서평자로서는 나와야 할 이야기는 나오지 않고 형이상학적으로 엉뚱한 다리만 긁고 있다는 느낌을 받을 때가 한두 번이 아니다. 비평과 토론은 진보의 토양이지만, 정확하고 깊은 이해가 담보되지 않은 비평이란 없느니만 못하지 않겠는가.《생동하는 물질》을 정독하는 것은 그러한 정확하고 깊은 이해의 첫걸음이 될 것이다. 책을 읽으며 스스로에게 물어보길 바란다. 빅뱅은 생명 대폭발인가? 인간은 7만 5천 원짜리 걷고 말하는 무기질인가? +

---

23

가령 신유물론에 대한 입문으로 많이 읽히는 논문인 Christopher N. Gamble, Joshua S. Hanan, Thomas Nail, "What is New Materialism?" *Angelaki* 24 (2019): 111-133에서도 부정적 신유물론negative new materialism이라는 명칭으로 OOO와 사변적 유물론을 신유물론의 일종으로 분류하고 있다.

# 참고 문헌

브라이도티, 로지. 《포스트휴먼》. 이경란 옮김. 아카넷, 2015.

브라이슨, 빌. 《바디: 우리 몸 안내서》. 이한음 옮김. 까치, 2020.

Deleuze, Gilles. "Immanence: A Life...." *Theory, Culture, and Society* 14 no. 2 (1997): 3-7.

이글턴, 테리. 《유물론: 니체, 마르크스, 비트겐슈타인, 프로이트의 신체적 유물론》. 전대호 옮김. 갈마바람, 2018.

Gamble, Christopher N., Joshua S. Hanan, Thomas Nail. "What is New Materialism?" *Angelaki* 24 (2019): 111-133.

Grosz, Elizabeth. *The Incorporeal: Ontology, Ethics, and the Limits of Materialism.* Columbia University Press, 2017.

Harman, Graham. *Object-Oriented Ontology: A New Theory of Everything.* Penguin Books, 2017.

_____. *Guerrilla Metaphysics: Phenomenology and the Carpentry of Things.* Open Court, 2005.

Hayles, N. Katherine. *Unthought: The Power of the Cognitive Nonconscious.* University of Chicago Press, 2017.

문규민

중앙대학교 인문콘텐츠연구소 HK 연구교수. 경희대학교에서 동양철학을 전공하고 같은 대학교에서 인도불교학으로 석사 학위를, 서울대학교 철학과에서 의식에 대한 연구로 박사 학위를 받았다. 고려대학교와 서울시립대학교 등에서 강의하고 연구했다. 주로 분석철학 계통의 형이상학, 과학철학, 심리철학, 인식론의 주요 문제들을 연구한다. 전문 분야는 의식과학과 형이상학이며, 주요 논문으로는 〈통합정보로서의 의식 이해하기*Making Sense of Consciousness as Integrated Information*〉(2019), 〈배제와 미결정된 감각질*Exclusion and Underdetermined Qualia*〉(2019) 등이 있다. 의식과학을 연구하는 국내 유일의 연구 모임을 운영 중이며 최근에는 현대 인류학과 존재론의 새로운 흐름들, 임상심리학과 정신의학 등으로 연구 영역을 넓혀 가고 있다. 제대로 된 문제라면 반드시 답이 있다고 믿는다.

# 김지은

# 다시, 그러나
# 다른 '몸'을 상상하기

엘리자베스 그로스,《몸 페미니즘을 향해:
무한히 변화하는 몸》, 임옥희·채세진 옮김
(꿈꾼문고, 2019)
Elizabeth Grosz, *Volatile Bodies: Toward
a Corporeal Feminism* (Indiana University
Press, 1994)

엘리자베스 그로스 지음

임옥희·채세진 옮김

몸 페미니즘

: 무한히

Volatile Bodies: Toward a Corporeal Feminism

엘리자베스 그로스

몸 페미니즘을 향해: 무한히 변화하는 몸

꿈꾼문고

## 이상하게 꼬인 '몸'과 '말'의 관계

오늘은 기필코 서평을 완성하겠다고 단단히 마음먹고 자리에 앉았지만 몇 시간의 고군분투 끝에 이룬 것은 고작 몇 문단이다. 허공에 떠다니는 생각을 가다듬고 글로 풀어내고자 집중해 보지만 이내 들썩거리는 엉덩이와 주변의 작은 움직임마저 재빨리 포착하려고 애를 쓰는 눈동자는 이미 나의 통제를 벗어나 있는 듯하다. 목전으로 다가온 마감 기한 앞에 한없이 무거워진 마음을 외면이라도 하는 듯 속절없이 흐르는 시간 앞에서 할 수 있는 건 고작 "몸이 말을 듣지 않는다"고 자조적으로 되뇌는 것이다.

그러다 문득 "몸이 말을 듣지 않는다"라는 상투적 표현이 무척이나 낯설게 느껴진다. 습관적으로 내뱉는 이 문장에서 나의 정신을 대변하는 '말'은 정확히 계산된 일정에 맞춰 논리적으로 구성된 글을 계획하지만, 실제로 책을 쥐고 글을 써야 하는 두 팔이 달린 내 '몸'은 '말'에 내포된 이성의 명령을 따르지 않으면서 정신으로의 포섭을 거부한다. 분명 "몸이 말을 듣지 않는다"라는 문구가 풍기는 부정적 어조는 '몸'에 대한 '말'의 지배와 그 당위성을 인정하고 일조한다. 그러나 조용하지만 확실한 방식으로 내 '몸'은 '말'로부터 계속 미끄러지고 역으로 저항의 메시지를 보낸다. 바틀비가 "저는 하지 않는 편을 선호합니다I would prefer not to"라고 말하며 그를 고용한 변호사를 당혹시켰다면,[1] 내 '말'에 순응하지 않는 내 '몸'은 나를 곤혹스럽게 만든다. 도대체 내 '몸'과 내 '말'은 어떤 관계를 맺고 있단 말인가? 그리고 나는 이 관계를 어떻게 이해하고 있는가? 혹은 이 관계를 어떤 방식으로 지각하고자 애쓰는가?

## 금기의 영역에서 여성의 '몸' 구하기

의식적으로 애를 써보아도 도저히 합치되지 않는 '몸'과 '말'의 관계에 애석한 마음을 품어보지만, 다른 한편으로는 이 출구 없는 난감한 교착 지점이야말로 여성의 몸에 천착한 엘리자베스 그로스의 《몸 페미니즘을 향해: 무한히 변화하는 몸》에 대한 글을 시작하기에 가장 적절한 지점 중 하나가 아닌가 생각해 본다. 그로스의 입장을 면밀히 살펴보기에

---

1

Herman Melville, "Bartleby, the Scrivener: A Story of Wall Street" (1853).

앞서, 먼저 '몸'에 대한 이야기를 이어가 보려 한다. 사실 서구 문화에서 몸은 금기의 영역이었다. 종교적 관점에서 본다면, 인간의 몸은 신의 형상을 따라 자연적으로 빚어진 것이기 때문에 그 자체로 완전한 몸을 해체하고 분석하는 작업은 감히 상상할 수 없는 일이었다. 특히 개나 돼지의 사체가 아닌 인간의 몸을 해부한다는 것은 신에 대한 도전으로 간주되었다. 이러한 금기의 분위기는 16세기까지 이어졌지만, 벨기에 출신 의사 안드레아스 베살리우스Andreas Vesalius, 1514-1564가 인간의 몸을 해부하여 그 내면을 속속들이 기록한 총 7권의 책《인체 해부에 관하여De Humani Corporis Fabrica》(1543)를 출간한 것을 계기로 인간 몸에 대한 인식은 조금씩 변하기 시작했다. 생리학과 해부학, 생물학의 발전과 함께 이제 몸은 더 이상 감히 질문하거나 파헤쳐 볼 수 없는 종교적 금기의 영역이 아니라, 가시화된 명확한 외형과 구조를 지닌 '눈에 보이는 몸'으로 인식되었다.

눈에 보이는 몸은 자연스럽게 통제와 관리와 훈육의 대상이 되었다.[2] 사회가 '정상'이라고 규정한 범주에서 조금이라도 벗어난 몸은 장애, 질병, 오염, 비체abject 등의 이론과 맞물려 비정상적인 것으로 폄하되고, 종국에는 사회에서 보이지 않는 영역으로 추방당했다. 아픈 몸은 치료를 통해 교정되어야 했고, 오염된 몸은 정화되어야 했다. 또한 그와 동시에 '몸'에 대한 '말'의 지배가 체계화되기 시작했다. 대표적으로 푸코는 사회에 덜 위협적인 '유순한 몸'을 만들기 위해 사회 장치와 제도, 보다 정확히는 규율과 권력이 어떻게 몸에 각인되는지 설명했고, 프로이트는 시각에 기초한 남근 부재 인식을 바탕으로 여아의 남근 선망 이론을 설명한 바 있다. '몸'에 대한 푸코와 프로이트의 접근법은 명백히 다른 노선을 취하고 있다. 하지만 그로스, 뤼스 이리가레Luce Irigaray와 샌드라 리 바트키Sandra Lee Bartky 등 여러 페미니즘 이론가들이 지적하듯이, 이중 한 명은 남성의 몸과 여성의 몸이 지닌 차이를 진지하게 다루지 않았고, 다른 한 명은 그 차이를 부적절한 방식으로 활용했다는 점

---

2

예를 들어, 모이라 게이튼스Moira Gatens는 홉스의 '리바이어던'이 단일화된 정치적 몸the body politic을 표상하고 있으며, 그 단일화된 몸은 그것과 다른 몸, 다른 목소리, 다른 차이를 지닌 존재를 인정하지 않는다는 점을 보여준다고 설명한다. 모이라 게이튼스, 《상상적 신체: 윤리학, 권력, 신체성》, 조꽃씨 옮김(도서출판b, 2021), 61-74.

에서 페미니즘적 비판의 대상이 된 점은 자명하다.

이처럼 '몸'은 생물학적, 사회적, 정치적, 철학적, 문화적으로 중요한 주제로 부상했지만, 정작 '여성의 몸'은 적절한 방식으로 논의될 기회조차 얻지 못한 것처럼 보인다. 과장화의 위험을 감수하고 말하자면, 로지 브라이도티가 레오나르도 다빈치의 비트루비우스적 인간Vitruvian Man을 설명하며 "그 모든 척도에는 [대문자로서의] 그He가 있었다"[3]라고 지적한 것처럼 '여성의 몸'은 보편성을 가장한 '그의 몸'에 가려졌다. 또한 엘렌 식수Hélène Cixous가 정신분석학에서 여성은 '검은 대륙'으로 표상되어 왔지만 사실 그 대륙은 검지도 않고 탐험 불가능하지도 않다고 주장한 것처럼,[4] '여성의 몸'은 사실 여부를 떠나 진지하게 논의할 가치가 없는 부차적 대상으로 취급되어 왔다.

시몬 드 보부아르Simone de Beauvoir, 이리가레, 주디스 버틀러Judith Butler, 브라이도티, 식수, 줄리아 크리스테바Julia Kristeva와 이론적 공유지를 갖는 그로스 역시 더 이상 여성의 '몸'에 대한 서구 철학의 의도적 외면을 묵과할 수 없었다. 외면은 곧 남성중심주의에 대한 묵인이자 방관이었기 때문이다. 그로스의 말을 빌리자면 "하나의 몸(서구에서 백인이고 젊고 능력 있는 남성의 몸)이 그 밖의 모든 유형의 몸을 위한 유일한 모델이자 이상형이며 인간의 몸으로 기능하고 있지만 그와 같은 한 가지 몸 유형의 지배는 다른 종류의 몸과 주체성, 차이의 장 속에서 다수성의 반항적인 긍정을 통해 약화될 수 있다".(66-67쪽)

피와 살과 수많은 신경 세포로 이루어진 여성의 '몸'을 살아있는 물질이자 유기체로 다시 사유하는 것, 몸의 자취를 다시 따라가고, 지금과는 다른 방식으로 몸의 이미지를 상상하는 것, 나아가 몸에 대한 대안적 설명을 진전시키는 것은 지난한 작업이지만, 남성 중심의 권력 체계와 그에 맞게 직조된 지식 체제에 미세하지만 효과적인 균열을 만들기 위해 필수적인 작업이다. 그로스가 1980년대부터 착수해 1990년대에 꽃피운 이 험난한 작업은 약 30년이 흐른 오늘날에도 유효하다. 2001년

---

3

Rosi Braidotti, *The Posthuman* (Polity Press, 2013), 13.

4

엘렌 식수,《메두사의 웃음/출구》, 박혜영 옮김(동문선, 2004), 28.

국내에 처음 번역되어 국내 독자들에게 소개되었던 그로스의 책은 약 18년이 흘러 2019년에 한국 페미니즘에 새로운 자극과 파동을 일으키고자 기획된 꿈꾼문고의 'ff 시리즈' 중 하나로 다시 출간되었다.[5] 낙태 합법화를 두고 치열한 투쟁을 벌였던 2019년의 한국 여성들에게 다시 전해진 그로스의 작업은 과거에서 현재로 보내는 응원의 메시지이며, 그 메시지는 결코 물리적 시간에 갇히지 않는다. 여성으로부터 자연과 물질을 삭제하는 것이 아니라 세 항 간의 얽힘을 진지하게 탐구하며 금기에 도전하는 그로스의 작업에 동승해 보자.

### 섹스와 젠더의 순환적 논법을 빠져나오기

몸 페미니즘(혹은 육체 페미니즘corporeal feminism)의 지평을 열었다고 평가받는 그로스는 위의 저술에서 '말'[6]과 '몸'이 각기 상징하는 몸과 정신의 이원론을 극복하고 사회 구성적 요소와 생물적 요소의 이항 대립을 빠져나오면서 살아 있는 유기체로서의 '몸'을 강조한다. 그로스에게 '몸'은 죽어 있는 대상, 정신에 복종하는 부차적 물질 혹은 사회 규범과 제도와 이데올로기가 각인되는 텅 빈 서판이 아니다. 그가 "살, 신경, 골격 구조로 조직된 구체적이고 물질적이며 활기 찬 유기체"[7]로서의 여성의 '몸'에 주목하는 것은 1990년대 당시 용어조차 낯설었던 몸 페미니즘 영역을 개척하기 위해 그가 대면해야만 했던 두 가지 과제를 함축한다.

---

5

이 책은 2001년《뫼비우스 띠로서 몸》(임옥희 옮김, 여성문화이론연구소)이라는 제목으로 국문 번역되어 출간되었는데, 2019년 원서 내용이 내포하는 의미를 부각하여《몸 페미니즘을 향해: 무한히 변화하는 몸》(임옥희·채세진 옮김, 꿈꾼문고)으로 다시 출간되었다. 꿈꾼문고의 'ff 시리즈'는 'fine books × feminism'의 약자로 "인류 역사에서 가장 낡은 부조리인 성차별과 그에 단단한 뿌리를 둔 남성 중심적 가부장제의 폭력과 위선을 파헤치고 고발하고 비판하고 대안을 제시하는 선언, 연설, 이론, 문학들을 소개"하기 위해 기획되었다. 여성의 '몸'을 조금 더 탐구하고 싶다면, 'ff 시리즈'로 출간된 이리가레의《반사경Speculum》과 브라이도티의《변신Metamorphoses》을 함께 읽는 것을 추천한다.

6

'몸'에 대한 그로스의 해석을 이어받는 이 글에서 '말'은 문맥에 따라 다음 두 가지 의미로 해석된다. 몸-정신 이원론을 비판할 때 '말'은 정신(이성)을 의미하고, 사회 구성적 요소와 생물학적 요소의 대립을 함의할 때는 언어(담론)를 의미한다.

7

Elizabeth Grosz, *Space, Time and Perversion: The Politics of Bodies* (Routledge, 1995), 104.

첫 번째 과제는 서구 철학과 서구 문명의 굳건한 토대가 된 위계적 이원론을 비판함으로써 부재 혹은 결핍으로 간주된 '여성의 몸'을 진지하게 사유하는 것이고, 두 번째 과제는 20세기의 '언어적 전회' 이후 견고해진 (탈)구조주의와 구성주의의 풍토 속에서 일정 부분 소거된 유기체적 몸의 물질성과 행위성을 복권하는 것이다.

그로스에게 두 과제는 어느 하나가 선차성을 띠거나 독보적 중요성을 선보이는 것이 아니라 언제나 이미 얽혀있는 것으로 함께 논구되고 해결되어야 하는 문제였다. 그는 페미니즘이 여성의 '몸'이 지닌 생물학적 차이와 여성의 '몸'에 각인된 이데올로기가 상호 작용하는 양상에 균형 있게 주목해야 한다고 주장했다. 그러나 잘 알려져 있듯이, 보부아르가 1949년《제2의 성 *Le deuxième sexe*》에서 '여성은 여성으로 태어나는 것이 아니라 여성으로 만들어진다'라는 날카로운 통찰을 제시한 이후 페미니즘 진영은 생물학적 본질주의와 사회 구성주의를 앞세운 양분된 구도로 분화했다. 다시 말해 섹스와 젠더의 순환적 논법에 빠진 것이다.[8]

구체적으로 그로스는 1987년에 발표한〈육체 페미니즘을 향한 노트 Notes toward a Corporeal Feminism〉에서부터 '몸'을 다루는 이론은 생물학적 요소와 사회 구성적 요소 양자를 포괄해야 한다고 목소리를 높였고,[9] 이후 이 입장을 더 밀고 나가 1994년에 출간한《몸 페미니즘을 향해》에서 이리가레의 성차 sexuate difference 개념에 착안한 '성차화된 몸 sexed body' 개념을 보다 정교화한다. 하지만 불과 3-4년의 간격을 두고 출간된 주디스 버틀러의《젠더 트러블 *Gender Trouble*》(1990)은 섹스조차 젠더의 구성적 결과이자 효과에 불과하다고 설파하면서 섹스에 기초하는 성차를 거부하는 강경한 입장을 취한다. 당시 시간 강사였던 버틀러를 세계적 학자 반열에 등단시킨《젠더 트러블》은 담론 이전에 존재하는 물질, 담

---

8

이론과 실천 영역에서의 모든 페미니즘이 섹스-젠더론에 함몰되었다고 해석하는 것은 명백한 오독이지만, 페미니즘 내 섹스-젠더론의 지배적 입지를 부각하기 위해 상기와 같이 서술하였다는 점을 밝힌다.

9

Elizabeth Grosz, "Notes toward a Corporeal Feminism," *Australian Feminist Studies* 5 (1987): 6-8.

론 바깥에 위치하는 물질, 담론의 수행적 효과에서 벗어난 물질을 인정하지 않으면서 몸의 물질성을 대거 휘발시키는 이론을 관철한다. 페미니즘 진영에 문자 그대로 거대한 '트러블'을 야기한 버틀러의 저작은 퀴어 이론과 겹쳐져 전 세계적으로 큰 반향을 일으켰고, 그 결과 '몸'에 토대를 둔 섹스와 성차가 '말'을 분석하는 젠더에 밀리는 경향이 짙어졌다.

반면 그로스가 이론적으로 의지한 이리가레는 '말'과 담론, 규범과 문화로 환원되지 않는 생명과 성적 에너지, 점액(성), 성차에 주목하면서 매우 대범하게도 성차야말로 "우리를 구원할 우리 시대의 철학적 문제"[10]라고 주장한다. 이리가레에게 성차는 생물학적 차원의 섹스도 아니고 사회구성적 차원의 젠더도 아니다. 성차는 몸을 통해 세계를 지각하는 방식 간의 차이로 존재론적 차원에서 일어나는 성적 주체화 과정을 포함한다. 그리고 이 과정은 섹슈얼리티라는 좁은 영역을 뛰어넘어서 성적 존재로 나아가는 관계적이고 심리적이며 육체적이고 문화적인 측면을 모두 포괄한다.[11] 자연적으로 (최소) 두 성 간의 환원할 수 없는 거리인 성차는 생명의 근원적 에너지로 발현되지만, 서구 문명은 성차를 생명 에너지로서 키워내는 데cultivate 실패하고 도리어 '하나의 성'으로 가려왔다는 것이 이리가레의 핵심 주장이다.[12] 즉, 서구 철학에서 자

---

10
Luce Irigaray, *An Ethics of Sexual Difference*, Carolyn Burke and Gillian Gill (trans.) (Cornell University Press, 1993), 5.

11
이리가레는 섹스-젠더의 이분법을 해체하기 위해 '성적'이라는 뜻의 프랑스어 신조어 'sexuate'를 창안하고 이를 바탕으로 '성적 되기sexual becoming'로서의 성차sexual difference를 주장한다. 이리가레에게 성차는 한 성으로 환원되거나 흡수될 수 없는 최소 두 가지의 성 사이의 비대칭적 차이이자 거리다. 성차는 기본적으로 최소 두 성이 몸을 통해 세계를 지각하는 방식 간의 차이이지만 단순히 생물학적 차원으로서의 섹스만을 담지하지는 않는다. 루스 이리가레·마이클 마더, 《식물의 사유: 식물 존재에 관한 두 철학자의 대화》, 이명호·김지은 옮김(알렙, 2020), 6 참조.

12
이리가레는 성차가 발현되는 과정인 성차화가 우리 존재와의 관계에서 부차적인 것이 아니라 우리 존재에 구체적 형태와 개별성을 부여하는 매우 근원적인 것이라 설명한다. 그가 감각적 초월sensible transcendence로 설명하는 세계에 대한 체화된 지각은 무엇보다 서로 다르게 성차화된 두 신체 사이에서 일어나기 때문에, 감각적 초월이 가능하기 위해서는 물질적 신체가 필수적이다. 이 지점에서 이리가레는 성차화된 몸 그리고 이 몸이 경험하는 체화된 지각을 논의의 중심에 둔다. 이에 대해서는 루스 이리가레·마이클 마더, 《식물의 사유》, 93-96 참조.

연과 문화는 서로 단절되었고 그로 인해 성차가 담지하는 몸의 생동성
역시 소거되었다. 이리가레의 성차 개념을 상당 부분 계승하는 그로스
의 몸 페미니즘은 버틀러의 젠더론 이후 더욱 공고해진 담론 구성주의
로부터 빠져나와, 그 속에서 삭제되었던 유기체적 '몸'이 지닌 생명(성),
그리고 그것이 견지하는 물질성과 능동성과 행위성을 복권하는 작업으
로 볼 수 있다. 이런 점에서 그로스의 작업은 자연, 물질, 몸, 섹스, 성차
와 의도적으로 단절하고자 한 페미니즘을 전략적으로 다시, 그러나 다
른 방식으로 연결하는 작업이라 하겠다.

　　종종 이리가레의 성차 개념과 그로스의 몸 페미니즘이 생물학적
본질주의로의 회귀로, 버틀러의 젠더론이 담론 구성주의의 철옹성으
로 보이기도 한다. 하지만 엄밀히 살펴보자면 두 이론은 철저히 대립적
이거나 배타적이라기보다는 몸의 물질성과 몸에 각인되는 담론의 효과
중 무엇에 주안점을 둘 것이냐의 무게 차이로 보는 것이 적확하다.[13] 버
틀러를 필두로 한 담론 구성주의자들이 '말'에 담긴 수행성과 반복성에
방점을 찍는다면, 그로스의 작업은 '말'로 환원되지 않고 계속 미끄러지
는 '몸'의 물질성을 강조하는 것이다. 이 지점에서 그로스는 자신이 비
환원론자이자 비이원론자이며 동시에 비물리적인 물질주의자임을 인
정한다.(9쪽)

　　궁극적으로 그로스의 문제 제기는 성차를 둘러싼 '몸'과 '말'의 관
계에 대한 것이다. 이때 성차는 그 자체로 "유동적이고 사실상 불안정한
volatile 개념"(11쪽)이지만 분명 "몸은 성차의 동맹군"(12쪽)이다. 따라
서 그의 목표는 "몸이 말을 듣지 않는다"는 상투적 표현이 함의하는 몸-
정신 이원론을 기계적으로 전복하여 '말' 위에 단순히 '몸'을 위치시키
는 것이 아니다. 또한 '말'로 작동하는 사회 규범과 이데올로기를 철저
히 거부하고 오직 '몸'의 물질성만을 역설하는 것도 아니다. '성차화된
몸'과 '말', 하나가 다른 하나로부터 완전히 분리되거나 종속되지 않은
채 이상하게 꼬인 방식으로 얽힌 관계를 철학적으로 그리고 계보학적
으로 찬찬히 추적하고 면밀히 살피는 것이 그의 목표이다. 그리고 그 얽

13
　　여성의 '몸'에 대한 버틀러와 그로스의 입장을 비교 고찰한 국내 연구로는 전혜은, 《섹스
화된 몸》(새물결출판사, 2010)이 대표적이다.

헌 실타래를 탐구하기 위해 그로스가 도입하는 모델이 바로 앞면과 뒷면이 한 번 꼬여 연결된 뫼비우스 띠 모델이다. 이 글은 뫼비우스 띠 모델을 통해 다시, 그러나 다른 방식으로 여성의 '몸'을 상상하고 사유하는 그로스의 문제의식을 따라가면서, 그의 도발적 시도가 지금 여기의 우리에게 던지는 메시지를 발굴해 보려는 소박한 시도이다. '말'을 듣지 않는 '몸'을 탐구하기 위해 '몸'을 이끌며 글을 써 내려간다.

### 안과 밖을 함께 사유하기

《몸 페미니즘을 향해》에서 흥미로운 점은 그로스가 '금기'의 영역이었던 여성의 '몸'을 탐구하기 위해 남성 철학자들과 그 이론들을 경유하는 방식이다. 그는 남성 철학자들이 여성의 '몸'을 외면한 것처럼 그들이 사유하는 (남성의 혹은 중성을 가장한) '몸' 이론을 기피하지 않고 오히려 적극적으로 차용하되, 동시에 그 안에서 부재하는 '여성의 몸'을 부각하는 방식으로 글을 구성하고 자신의 이론을 밀고 나간다. 이 점에서 이 책은 내용뿐 아니라 구성 면에서도 자연과 문화, 몸과 정신, 여성과 남성, 야만과 문명이라는 이분법적 구도에 심취한 서구 철학과 일부 남성 철학자들을 한번 비꼬아서 비판하는, 무겁지만 나름 경쾌한 책이라 볼 수 있다. 실제로 《몸 페미니즘을 향해》는 전체 4부 8장으로 구성되어 있다. 이 중 페미니즘적 관점에서 '몸'에 대한 전반적 문제를 제기하는 1부 1장 '몸들을 재형상화하기'와 그로스 자신의 몸 페미니즘을 개념화하는 4부 8장 '성차화된 몸들'을 제외하면, 2부 2장부터 3부 7장까지는 수많은 남성 비평가들의 몸 이론을 검토하고 그 안에서 부재하는 여성의 몸과 그 함의를 논평하는 데 대다수 지면을 할애하고 있다.

분명 서구 주류 철학 사상[14]과 현대 페미니즘에서 '몸'은 여전히 개념적 맹점으로 남아 있다. 그로스는 이러한 금기의 영역에서 여성의 '몸'

---

14

그 기원은 플라톤까지 거슬러 올라가는데, 플라톤은 질료를 이데아가 훼손되어 부분적으로 복제된 것으로 간주했고, 아리스토텔레스는 어머니가 제공하는 무정형적 질료와 아버지가 제공하는 형상 및 특수한 성질에 착안하여 형상-질료 논의에서의 성별 간 이원화를 심화시켰다. 이후 데카르트는 '코기토cogito'를 통해 사고(인식)하는 실체와 연장(실존)된 실체를 명확히 분리하는 이원론을, 스피노자는 주체성과 정신과 몸을 완전히 분리되거나 자명한 것으로 인식하지 않는 일원론을 전개했다. (35-53쪽)

을 구하는 페미니스트들의 이론적 접근이 지녀야 하는 판단 기준과 목표를 1부 1장 '몸들을 재형상화하기'에서 분명히 밝힌다. 첫째, 체현된 주체성과 정신적인 육체성에 대한 해석을 발전시켜야 한다. 즉, 데카르트의 몸-마음 이원론을 거부하면서도 스피노자의 일원론이 함의하는 전체성과 통일성을 확신하지 않는 자세가 필요하다. 둘째, 육체성은 하나의 성(혹은 인종)으로 연상되어서는 안 된다. 셋째, 몸에 대한 단일한 모델을 거부해야 한다. 넷째, 이원론을 피하되 몸에 대한 생물학적, 본질주의적 설명으로 귀결되어서는 안 된다. 다섯째, 정신적 재현 과정을 구성하는 몸의 제스처와, 주체의 체험된 몸을 정신적으로 재현하는 것도 포함해야 한다. 여섯째, 몸은 이분법적(생물-사회) 쌍의 중추적 지점에서 '문지방'이자 '경계선' 개념으로 간주되어야 한다.(71-76쪽) 그로스는 넓은 의미에서 페미니즘 이론이 취해야 할 여섯 가지 기준과 목표를 제시하는 듯하지만, 사실 이것은 성차를 기반으로 안(정신)과 바깥(몸)의 꼬인 연결을 사유하는 그로스 자신의 뫼비우스 띠 모델 그 자체이기도 하다.

　　이어지는 2부 '안에서 바깥으로'는 프로이트와 자크 라캉Jacques Lacan의 정신분석학(2장), 파울 실더Paul Schilder의 심리학(3장), 모리스 메를로퐁티Maurice Merleau-Ponty와 이리가레의 현상학(4장)을 경유하여 바깥에 위치한 육체적 외부가 정신적으로 재현되며 체험되는 방식을 조명한다. 반면 3부 '바깥에서 안으로'는 프리드리히 니체Friedrich Nietzsche(5장), 푸코와 알폰소 링기스Alphonso Lingis(6장), 들뢰즈와 과타리(7장)의 논의를 바탕으로 육체가 어떻게 주체의 사회적 생산 공간이 되는지 파악한다. 때에 따라 몸은 권력 의지가 나타나고 훈육이 가해질 때 저항하는 공간이면서, 잠재성으로서의 역량과 힘을 지닌 생성의 공간이자 변형의 공간이기도 하다. 생성과 변형에 주목한다면, 그로스가 자신의 개념을 피력하는 마지막 장인 '성차화된 몸들' 바로 앞 장에 들뢰즈와 과타리의 논의를 배치한 것은 다분히 의도적이다. 그로스는 들뢰즈와 과타리의 주요 개념(예를 들어 리좀, 기계, 욕망, 다수성, 되기, 기관 없는 몸, 에너지, 흐름, 운동, 층위, 강도)에 전적으로 동의하는 것은 아니지만, 그럼에도 이들의 개념은 여성의 육체성과 성적인 특수성 그리고 성차화된 주체성을 논의하는 데 있어 상당히 유의미한 초점 변동을 가져다준다고 밝힌다. 들뢰즈와 과타리는 '몸'을 논의할 때 주축이 되었던 정신분석학적이고 기호학적인 관점에서 '표면'으로의 전환을 꾀한 이론가이기 때문에, "그들의 틀은 […] 지식으로부터 들어가는 입구이자 지식으로부터 나오는 출구의 가능한 양식을 탐구하는 출발점"이된다.(426쪽) 그러나 이와 동시에 그로스는 들뢰즈와 과타리의 '기관 없는 신체'와 '여성 되기'가 구체적으로 어떻게 작용하는지, 나아가 여성의 몸과 남성의 몸 위에서의 '되기'는 어떤 차이를 보이는지 설명할 수 없다고 한계를 지적하며 아쉬움을 표명한다.

　　그로스는 여성의 '몸'에 대한 페미니즘적 갈증을 해소하기 위해 프로이트, 라캉, 실더, 쿠르트 골트슈타인Kurt Goldstein, 메를로퐁티, 니체, 푸코, 링기스, 들뢰즈와 과타리의 이론을 종횡무진하지만, 엄밀히 말하자면 그 갈증은 끝내 충족되지 못한다. 다만 2부와 3부에서 이들의 이론을 경유한 뒤, 인간의 '몸'이 완전한 안(정신)에 속하거나 완전한 밖(몸)에 속하는 것이 아닌, 안과 밖을 매개하고 이어주는 '문지방'이자 '경계선'임을 밝히는 데서 그치고 만다. 물론 그로스의 시도는 몸-정신 일원론과 이원론 모두에서 벗어난다는 점에서 충분히 가치 있는 시도로 평가받는다. 주지하다시피 일원론과 이원론을 취하는 학자마다 해석이 분분하기는 하지만, 이들이 노정하는 이론적 갈래와 의구심은 공통분모를 갖는다. 이원론에 대한 의구심은 몸-정신의 이항 대립이 단순한 쌍이 아니라 다른 하나에 대한 하나의 지배에 기초한 위계적 이항 대립이라는 것이고, 일원론에 대한 의구심은 결국 통일성을 가장한 다른 하나의 흡수라는 점이다. 일원론과 이원론 모두 더 큰 하나에, 더 우세한 하나에 함몰되거나 흡수되지 않은 채 양자의 영역에서 서로에게 영향을 주는 상호적 관계를 설명하기에는 역부족이다.

　　그로스는 일원론과 이원론으로 충족되지 않는 몸의 외면과 내면의 상호 구성적 관계를 설명하기 위해 뫼비우스 띠 모델을 제시한다. 이때 그로스가 표면 위의 위태로운 문지방이자 경계선으로서 '몸'을 설명하는 것은 단순히 기술의 문제가 아니다. 문지방이나 경계선이 없다면 안과 밖은 구분되지 않는다. 그렇다고 해서 문지방과 경계선을 지나치게 강화하면 결국 안과 밖은 단절된다. 안과 밖을 연결하되 통합하지 않고, 안과 밖을 구분하되 단절시키지 않는 비위계적이고 불연속적이며 비총체적인 '몸'의 이미지, 바로 이것이 그로스가 데카르트의 이원론과 스피노자의 일원론을 피하고 프로이트와 라캉의 정신 분석학을 비판하면서

들뢰즈와 과타리의 이론을 부분적으로 경유해서 구현한 뫼비우스 띠 모델이다. 안과 밖의 긴밀한 연계 속에서 '심리적 육체성'과 '체현된 주체성'은 함께 발현되고 확장된다. 이 모델은 위태롭기에 고정되지 않고, 유동적이기에 흘러내리고 침투할 수 있는 몸의 잠재력을 함의한다. 뫼비우스의 존재 자체는 '꼬임' 그 자체에 있듯이, 경직성이 아닌 몸의 유동성과 삼투성은 오히려 몸의 살아있는 생생한 물질성을 담보한다.

　뫼비우스 띠 모델을 통한 안팎 뒤집기는 어느 정도 성공한 듯 보이지만, '안'과 '밖'에 과도하게 매몰된 나머지 역설적으로 그 단계적 과정이 충분히 전개되지 못한 것 같은 아쉬움을 남긴다. 즉, 글에서 몸과 정신을 함께 논의해야 한다는 그로스의 관철은 계속 진전되고 있지만 정작 그 꼬임의 순간이 어떻게 출현하거나 발생하는지, 개인은 그 꼬임의 순간을 어떻게 경험하는지에 대한 구체적 설명은 부재한다. 앞면과 뒷면이 어느 순간 갑자기 연결된 삼차원의 뫼비우스 띠 모델처럼, 2부에서 3부로의 전환이 다소 급작스럽다는 점도 부인할 수 없다. 더욱이 그로스는 뫼비우스 모델에서 일반적이고 보편적인 '몸'과 '성차화된 몸'이 어떻게 구분되는지 자세히 설명하지 않는다. 하지만 아직 가공되지 않은 원석과 같은 그로스의 진면목은 4부 '성차화된 몸들'에서 발견된다는 점을 잊지 말자.

## '하나이지 않은 몸들'을 상상하기

분명한 것은 그로스의 몸 페미니즘이 향하는 도착지가 단순히 안과 밖의 연결이나, 중성을 가장한 그 대척점에서 보편화되거나 단일화된 여성의 '몸'을 그리는 일이 아니라는 점이다. 1부 1장 '몸들을 재형상화하기'에서 거듭 밝혔듯이, 그 모델은 '성차화된 몸들'이라는 복수성을 취해야 한다. 따라서 2부와 3부가 남성 이론가의 이론을 집중적으로 다루며 안과 밖의 꼬인 연결을 시도했다면, 마지막 장인 '성차화된 몸들'은 여성 이론가들을 지적 동반자로 초대하고 "육체적인 스타일, 존재론적인 구조, 성적으로 다른 몸이 체험한 실재를 탐구"하는 성차의 도입을 시도한다.(439쪽) 그로스는 메리 더글러스Mary Douglas의 오염, 크리스테바의 비체, 아이리스 매리언 영Iris Marion Young의 젖가슴 논의, 이리가레의 점액(성) 개념을 활용한다. 더글러스는 《순수와 위험Purity and Danger》(1966)에서 더럽거나 오염되었다고 인식되는 것은 그 자체로 불결하기 때문이 아니라 사회적 체계와 질서를 교란시키고 전복시키는 '무질서'와 '무정형'에 연관되기 때문이라고 설명하고, 크리스테바는 《공포의 권력Power of Horror》(1980)에서 오염에 대한 더글러스의 이론을 확장하여 신체의 비체 이론을 개진한다. 비체 이론에 따르면, 주체는 자신의 명확한 주체성을 확립하기 위해 경계를 위반하거나 파열시키는 것을 더러운 것으로, 그리하여 축출해야 하는 것으로 간주한다.

그런데 남성 중심 사회에서 비체화되는 것은 주로 여성의 신체와 연계된 체액으로, 생리혈이 그 대표적 예시이다. 예를 들어 눈물과 정액, 생리혈은 주체의 의지와 정신의 요청에 상관없이 몸에서 흘러내려 침윤하는 것으로 다음 두 가지 현상을 입증한다. 첫째, 주체의 명령이 통하지 않는 체액은 역설적으로 주체성보다 몸이 선행함을 암시한다. 즉 "체액은 몸에서 주체성의 한계를 시사하며 특정한 몸의 환원 불가능한 특수성을 보여준다".(445쪽) 둘째, 몸 안에서 몸 밖으로 배출되는 체액은 몸이 외부와 분리된 닫힌 공간이 아니라 오히려 열려있는 공간임을 증명한다. 즉, 체액은 몸의 안과 밖 경계가 명확하지 않다는 점을 입증하며 경계를 흐린다. 그로스가 전적으로 동의하는 것은 아니지만 더글러스가 밝혔듯이 눈물과 정액은 비체화되지 않는 반면, 생리혈은 비체화되어 공포를 유발한다.(444-457쪽)

더글러스와 크리스테바가 여성의 '몸'과 관련된 흘러내리는 체액과 유동성이 여성 혐오적 공포로 인식되는 현상에 주목한다면, 영과 이리가레는 여성의 신체가 갖는 유동성의 은유를 보다 전략적으로 활용한다. 영은 젖가슴을 가진 몸의 유체성과 불확정성에 주목하고, 이리가레는 '말'을 하는 입과 여성의 음순을 상기시키는 '두 입술two lips' 개념을 통해 그 사이에서 넘쳐 흘러내리는 점액성으로서의 성적 흐름을 남성적 고체의 역학에 저항하는 대안적 서술로 도입한다. 이리가레에 따르면 육체에는 고정된 경계선이 없다. 끊임없는 유동성, 바로 이 생명만이 자리할 뿐이며, 이것은 흥분, 광기, 결렬 혹은 위선으로 보이지만 기실 하나임oneness과 고체, 현전presence을 강조하는 남성 이성 중심주의적 사고에 역동적으로 저항한다.[15]

---

15
뤼스 이리가라이, 《하나이지 않은 성》, 이은민 옮김(동문선, 2000), 285-286.

비록《몸 페미니즘을 향해》에서 그로스가 이리가레의 '두 입술' 개념과 자신의 뫼비우스 띠 모델을 상세히 비교 고찰하지는 않지만, 두 이론이 상당 부분 합치된다는 점을 알고 글을 읽는다면 그 흥미는 배가 될 것이다. 첫째, 뫼비우스 띠 모델과 '두 입술'의 복수성은 특이하다. 뫼비우스 띠에서 앞면과 뒷면은 서로 구분되지만 동시에 분리될 수 없는 것처럼, '두 입술'은 본래 떨어져 있던 두 존재가 합치된 것이 아니기에 완전한 둘로 나뉠 수도 없고 온전한 하나로 연결될 수도 없다. 그것은 이미 겹쳐 있기에 스스로를 애무하고 감싼다. 안과 밖의 꼬임, 윗입술과 아랫입술(혹은 음순)의 겹침은 서구 철학의 동일성의 논리와 결별한다. 둘째, 뫼비우스 모델과 '두 입술'은 모두 '몸'과 '말'의 얽힌 관계를 다시, 그러나 다른 방식으로 다룬다. 그로스의 몸 페미니즘은 성차를 담지한 몸의 물질성과 그 몸이 수행하고 몸에 각인되는 효과를 균형 있게 다루고자 한다. 이리가레의 문제의식도 이와 유사하다. 그가 생물학적 본질주의로 귀결된다는 위험을 무릅쓰고 음순을 '두 입술'에 빗대어 설명한 것은, 이제껏 억눌려 온 여성적 발화의 중요성을 결코 간과할 수 없었기 때문이다. 그러므로 '두 입술'은 입술과 음순의 시각적 닮음에서 비롯된 단순한 은유가 아니라 생물학적 '몸'과 사회 구성적 '말'을 함께 다루고자 한 교묘한 시도라 하겠다. 이 점에서 그로스의 몸 페미니즘은 '두 입술'로 축약되는 이리가레의 여성적 형태학과 상당한 교집합을 갖는다.

마찬가지로 그로스가 주목하는 체액의 유동성은 단순히 고정되지 않기에 공포를 자아내는 것이 아니라, 성차화된 몸의 특수성과 환원 불가능한 거리와 차이를 담보하기에 대안적 의미를 갖는 것이다. 이리가레에게 차이는 위계적인 지배와 통제, 흡수와 합체를 목표로 하는 것이 아니라 그 거리 자체를 존중하는 경이로움wonder을 통해 유지되어야 하는 개념임을 고려한다면, 두 사람의 이론적 공유지는 보다 확장된다.

정리하자면 그로스의 몸 페미니즘이 추구하는 성차화된 몸은 (최소 두 성 간의) 몸의 특수성, 그리고 그 물질성을 원재료raw material로 삼되, 동시에 몸에 각인되는 사회 구성적 요소를 인정하는 방향으로 나아간다. 이로써 뫼비우스 띠 모델은 "주체성을 충분히 물질적인 것으로 이해할 수 있게 해주며, 이런 물질성으로 인해 주체성이 확장되고 언어, 욕망, 의미화의 작용을 포함하고 설명할 수 있게 해준다".(481쪽) 하지만 그로스 스스로 인정하듯이, 뫼비우스 띠 모델과 성차화된 몸은 그 자체로 완벽하고 완전한 개념은 아니다. 뫼비우스 띠 모델은 일원론과 이원론을 탈피하는 데에는 효과적이나 되기와 변형의 양식을 재현하는 데에는 적합하지 않은 모델이고, 성차화된 몸은 여전히 예비적 단계에 머물러 있다.(480-481쪽) 그러나 적어도 그로스의 몸 페미니즘은 여성의 '몸'을 죽어있는 대상이나 텅 빈 서판으로 보는 근대적 자연관, 혹은 견고하고 강인한 닫힌 몸으로 보는 일부 페미니즘과는 달리 말랑말랑하고 유연한 몸을 사유하는 데 참신한 길을 개방했다는 점에서 그 기여를 인정할 만하다.

### 물질적 전회와 맞물려 '몸'을 다시 소환하기

그로스의 몸 페미니즘은 몸, 보다 일반적으로는 몸의 생동성과 물질성에 주의를 기울일 것을 촉구한다. 거듭 강조하거니와 이는 그저 몸을 이루는 피와 살과 수많은 신경 세포에 주목하는 것이 아니다. "몸뿐만이 아니라 몸을 가능하게 하면서도 동시에 그 행동에 제약을 가하는 물질성"을 포착하려는 시도이다.[16] 그로스에게 몸의 물질성은 생물학적으로 만들어진 몸과 사회 문화적으로 다듬어진 몸 간의 뒤죽박죽 얽힌 관계와 상태를 전제하고 입증하는 재료이다.

몸에 대한 그로스의 관심은 1980년대에는 몸 페미니즘이라는 낯선 영역을 개방하는 마중물이 되었고, 2000년대 이후에는 '물질적 전회 material turn'라고 불리는 신유물론과 맞물려 새롭게 조명되고 있다.[17] 분명 신유물론과 페미니즘의 접속은 여성의 '몸'에 대한 고민을 심화시키고 확장한다. 인간이 완전히 통제하거나 포착할 수 없는 물질과 물질성을 또 다른 행위자로 내세우는 신유물론은 여성의 '몸'이 다른 물질과 얽히고entanglement, 관계 맺는engagement 방식과 과정 자체에 주목한다. 그 과정에서 상상되고 구성되는 몸은 완전하고 완벽한 경계를 이룬 몸

---

16

Elizabeth Grosz, *The Nick of Time: Politics, Evolution, and the Untimelye* (Duke University Press, 2004), 2.

17

신유물론은 브뤼노 라투르의 행위자-연결망 이론, 제인 베넷의 생기적 유물론, 그레이엄 하먼의 객체 지향 존재론, 캐런 버라드Karen Barad의 행위적 실재론 등 여러 이론으로 분화되어 전개되고 있다.

이 아니라, 이질적인 것들의 혼합체로 구성되는 몸이다. 이제 몸은 뒤죽박죽 얽힌 창발적 혼합체로 사유된다.

　신유물론의 대두 속에서 그로스의 《몸 페미니즘을 향해》를 다시 꺼내어 읽는 것은 이 책이 몸 페미니즘의 정초 혹은 고전이어서가 아니다. 꿈꾼문고의 'ff 시리즈'로 그로스의 글을 다시 접하는 것은 오히려 과거의 학문적 지평에서는 발견되지 못한 새로운 사유의 가능성을 다시 발굴해 내는 작업에 가깝다. 신유물론 페미니즘의 한 축을 이끌고 있는 스테이시 앨러이모Stacy Alaimo가 '몸된 자연bodily nature'과 '횡단-신체성trans-corporeality' 개념을 제시하기 전, 자신의 입장이 그로스와 가장 잘 맞닿아있다고 분명히 밝힌 것도 이러한 이유에서이다. 앨러이모는 "우리는 몸을 유기체나 객체가 아니라, 그것이 스스로 통제할 수는 없지만 자신의 능력과 역량을 획득하고 이용할 수 있도록 만들어주는 거대한 시스템 안에서 작동하는 하나의 작은 시스템이거나 일련의 미결정적 시스템들의 계열로서 이해할 필요가 있다"[18]는 그로스의 말에 십분 동조한다. 그는 생물학에 의해 결정되거나 생물학을 건너뛰는 몸이 아니라 주변 물질과 담론, 이데올로기, 권력의 효과가 횡단하고 침투하면서 변하고 구성되는 몸이 환경 오염과 생태 파괴가 난무하는 인류세 시대에 무엇보다 면밀히 논의되어야 한다고 강조한다. 예컨대 원인을 알 수 없는 '피부'라는 경계를 통해 몸으로 투과되는 외부 환경 물질(살충제, 향수, 배기가스, 섬유 유연제 등)의 파괴적 영향력을 보여주는 환경 질병과 복합 화학 물질 과민증은 횡단-신체성의 전형적 예시이다. 이처럼 외부 환경에 취약한 몸은 문화로부터 자연을 삭제하고자 했던 과거의 행적이 얼마나 기만적이고 인간 중심적인 행위였는지 보여준다.

　그로스가 몸 페미니즘을 처음 제시했던 1981년으로부터 약 40년이 흘렀고, 이 기간 동안 페미니즘은 그 어느 때보다 격동의 시기를 경험했다. 여성의 '몸'으로부터 자연을 삭제하려는 움직임도 있었고, 자연 대신 문화의 재배치를 통해 억압 구조 자체를 흔들려는 움직임도 있었다. 하지만 신유물론은 자연과 문화의 이분법적 경계를 흐리고 자연과

---

18

스테이시 앨러이모, 《말, 살, 흙: 페미니즘과 환경정의》, 윤준·김종갑 옮김(그린비, 2018), 39 [Elizabeth Grosz, *The Nick of Time*, 3에서 재인용].

문화의 재접속을 요구한다. 재접속의 지점에서 그로스의 《몸 페미니즘을 향해》는 완벽하지는 않더라도 훌륭한 가이드가 될 것이다. 그로스의 책을 다시 살펴볼 이유는 이 점만으로도 충분하다.[19] +

---

19

최근 국내에서도 여성의 '몸'에 관해 자료가 번역되어 국내 독자와 만나고 있다. 그로스의 《몸 페미니즘을 향해》를 더욱 확장해 읽고 싶다면, 다음의 자료를 참조할 수 있다. 정신분석학 비판에 관해서는 뤼스 이리가레, 《반사경: 타자인 여성에 대하여》(꿈꾼문고, 2021); 들뢰즈와 과타리 수용에 관해서는 로지 브라이도티, 《변신: 되기의 유물론을 향해》(꿈꾼문고, 2020); 푸코와 스피노자 수용에 관해서는 모이라 게이튼스, 《상상적 신체: 윤리학, 권력, 신체성》(도서출판b, 2021); 신유물론 페미니즘에 관해서는 제인 베넷, 《생동하는 물질: 사물에 대한 정치생태학》(현실문화, 2020); 도나 해러웨이, 《트러블과 함께하기》(마농지, 2021); 스테이시 앨러이모, 《말, 살, 흙: 페미니즘과 환경정의》(그린비, 2018); 발 플럼우드, 《악어의 눈》(yeondoo, 2022)[근간].

전혜은.《섹스화된 몸: 엘리자베스 그로츠와 주디스 버틀러의 육체적 페미니즘》. 새물결출판
　　사, 2010.
앨러이모, 스테이시.《말, 살, 흙: 페미니즘과 환경정의》. 윤준·김종갑 옮김. 그린비, 2018.
Braidotti, Rosi. *The Posthuman*. Polity Press, 2013.
식수, 엘렌.《메두사의 웃음/출구》. 박혜영 옮김. 동문선, 2004.
게이튼스, 모이라.《상상적 신체: 윤리학, 권력, 신체성》. 조꽃씨 옮김. 도서출판b, 2021.
Grosz, Elizabeth. "Notes toward a Corporeal Feminism." *Australian Feminist Studies* 5 (1987): 1-16.
_____. *Volatile Bodies: Toward a Corporeal Feminism*. Allen & Uniwn, 1994.
_____. *Space, Time and Perversion: The Politics of Bodies*. Allen & Uniwn, 1995.
_____. *The Nick of Time: Politics, Evolution and the Untimely* Duke University Press, 2004.
이리가레, 루스, 마이클 마더.《식물의 사유: 식물 존재에 관한 두 철학자의 대화》. 이명호·김지
　　은 옮김. 알렙, 2020.
이리가라이, 뤼스.《하나이지 않은 성》, 이은민 옮김. 동문선, 2000.
_____. An Ethics of Sexual Difference. Carolyn Burke and Gillian Gill (trans.). Cornell University
　　Press, 1993.
Melville, Herman. "Bartleby, the Scrivener: A Story of Wall Street." 1853.

김지은
경희대학교 비교문화연구소 소속. 경희대학교 글로벌커뮤니
케이션학부 영미문화전공을 졸업하고 동 대학원에서 석사 학
위 취득 후 박사 과정을 수료했다. 지은 책으로《도래할 유토
피아들》(공저),《우리는 어떻게 사랑에 빠지는가》(공저) 등
이 있고, 루스 이리가레·마이클 마더의《식물의 사유》를 공역
했다. 최근 신유물론과 페미니즘의 접점 속에서 생태 문제를
조명하는 연구를 진행 중이며, 그 일환으로 호주 생태 철학자
발 플럼우드의《악어의 눈》번역 출간을 준비하고 있다.

# 안연희

# 성물의 역설과
# 활력으로 쓴 물질의
# 종교사

캐럴라인 워커 바이넘Caroline Walker Bynum,
《그리스도교의 물질성: 중세 후기 유럽
종교에 관한 소론Christian Materiality: An Essay on
Religion in Late Medieval Europe》(Zone Books, 2011)

Caroline Walker Bynum

Christian Materiality

*An Essay on Religion*
*in Late Medieval Europe*

ZONE BOOKS

중세 후기 생동하는 성물의 세계로의 초대

교황 요한 바오로 2세1920-2005가 시복된 2011년, 그의 유해 일부가 가톨릭 성유물 공경의 전통에 따라 국내에도 들어왔다. 머리카락은 분당 천주교 사도회(팔로티회) 본원에, 응고된 혈액은 홍천의 '하느님 자비의 피정의 집' 성광monstrance에 안치되어 누구든지 그 앞에서 기도할 수 있도록 공개되었고, 본원 금요일 미사 때는 유해 친구親口(입맞춤) 예절도 거행한다.[1] 성인 공경, 성유물 공경, 성체 기적, 성모 발현 성지와 관련된 다양한 성물(성체, 성유물, 성상 등)은 오늘날 가톨릭 신심에서도 중요한 요소임에 틀림없지만, 트리엔트 공의회의 근대적 의례 정비를 거치며 소위 '난잡한inordinatum' 이미지와 '기이한 성물들ullam insolitam'은 금제되면서 일부 정리되었다.(82쪽) 그러나 중세 유럽의 고풍스러운 도시들을 여행하다 보면, 고색창연한 성당과 수도원 혹은 박물관에서 이제는 빛바랜 채로 남아있는, 금은, 나무, 상아, 대리석, 크리스털, 양피지 등 다채로운 재료와 형태로 된 형형색색의 수많은 성스러운 이미지와 물질을 만나게 된다. 그중에는 우상 숭배 금지 계명이 무색하리만큼 다양하고, 우리 눈에는 낯설고 기이하며, 때로는 당혹스러운 것들도 적지 않다.

다채롭고 풍부한 성상과 성물들로 가득 차 있던 중세 유럽 문화와 그리스도교에 진지한 흥미가 있는 독자라면, 미국의 저명한 중세사가 캐럴라인 바이넘이 2011년 발표한 《그리스도교의 물질성: 중세 후기 유럽 종교에 관한 소론》을 일독해 볼 만하다. 이 책은 특히 13세기부터 15세기를 중심으로 '살아있는 성스러운 물질living holy matter'들이 쇄도했던 중세 후기 문화와 종교를 풍부한 문헌과 도상학적 증거들, 돋보이는 주제 의식과 방법으로 훌륭하게 다룬 역작이다.

"중세의 종교적 믿음과 실천의 복합성과 현대인의 눈에는 낯설고 기이해 보이는 일면들을 유려하고 통찰력 있는 분석"[2]으로 조명해 온

---

1

조운찬, "교황 요한 바오로 2세 유해 한국에", 《경향신문》, 2011년 11월 4일, https://www.khan.co.kr/culture/scholarship-heritage/article/201111042127145.

2

Katherine Little, "Review: *Wonderful Blood: Theology and Practice in Late Medieval Northern Germany and Beyond* by Bynum," *The Journal of Religion* 88 no. 1 (2008), 109.

논쟁적이고 독보적인 저서들로 알려졌고, "근현대와 중세의 차이들과 중세 내의 차이들에 세심한 주의를 기울이고, 그러한 차이에 주목하는 것이 왜 필요하며 어떤 의미가 있는지 잘 보여주는 역사가"[3]로 평가 받는 바이넘은 이 책에서도 중세 후기를 기계적이고 형식화된 신심, 혹은 죽음과 지옥에 병적으로 몰두한 시대로 쉽게 폄하하거나, 16세기의 종교 개혁을 위한 예비 단계로 보는 관습적 해석을 택하지 않는다. 바이넘은 유명한 안덱스 기적의 성체Hosts of Andechs[4]와 빌스낙 성혈 등 유럽 각지의 성체 기적 지속 현상Dauerwunder; enduring miracle of host,[5] 피나 눈물을 흘리거나 움직이는 성상animated statue, 수난 도구Arma Chritsti와 십자가에 못 박힌 다섯 곳의 상처, 온몸 곳곳의 붉은 자상을 표현한 그리스도 이미지, 신체 부위 형태의 성유골함, 성만찬의 실체 변화transsubstantiaton를 맷돌과 술통의 상징으로 묘사한 '신비의 술통Winepress; torcular mysticum'과 '성체 제병 맷돌Host Mill; Molae Hostiarum' 도상, '열리는 성모상Vierge ouvrante' 등 그리스도교의 생동하는 물질적 이미지의 풍부한 사례를 도판과 함께 제시하고 주의 깊게 분석한다.(도판이 컬러가 아닌 것은 매

---

3

Amy M. Hollywood, "Review: *Fragmentation and Redemption: Essays on Gender and the Human Body in Medieval Religion* by Caroline Walker Bynum," *Journal of Religion* 72 no. 4 (1992): 632-633.

4

12세기 독일 바이에른 안덱스에 있던 옛 베네딕투스 수도원은 로마로부터 7세기 교황 그레고리우스 1세가 축성한 성체(축성된 빵 안에 그리스도가 실체로 현존하는 것을 의심하는 신자 앞에서 성체가 피 흘리는 살로 변했다는 유명한 기적의 성체)를 포함해 신성한 3개의 성체를 유치하면서 중세 후기 순례 부흥의 요지가 된다. 지금도 9월에 개최되는 '신성한 3개의 성체 유물 축제'는 안덱스 순례의 필수 요소이다. "Dreihostienfest," Kloster Andechs, 2022년 3월 15일 접속, https://www.andechs.de/en/pilgrimage-church/dreihostienfest.html.

5

1383년 독일의 빌스낙에서는 큰 화재 이후 불탄 성당 잔해에서 축성된 성체 면병麵餠 셋이 손상되지 않고 피가 계속 흐르는 채로 발견되었다고 한다. 이러한 성체 기적의 지속은 그것이 과연 참된 기적인가에 대한 논쟁을 불러일으켰고, 후스J. Huss(1406)와 니콜라우스 쿠사누스 Nicolaus Cusanus(1451)는 이를 사기극이라고 공박했지만, 1447년 교황 에우제니우스 4세는 두 칙서로 빌스낙의 기적에 대한 성체 신심을 승인했다. '다우어분더Dauerwunder'란 성체가 실제 살과 피로 변하는 성체 변형의 기적이 지속되는 것을 가리킨다. 가톨릭 신심에서 이러한 성체 변형의 기적은 믿음을 향한 자극으로 또는 적절한 존경심으로 성체를 대하라는 무서운 경고로 여겨진다. Caroline Bynum, *Wonderful Blood: Theology and Practice in Late Medieval Northern Germany and Beyond* (University of Pennsylvania Press, 2007).

우 아쉽지만.) 그리고 그것들을 물질의 힘을 강하게 의식했던 중세의 신심 속에서 나타난 성스러운 물질의 한 유형으로 파악하면서 성물들이 촉진했던 신학, 신심서, 자연철학 등을 그 시대의 가장 심오한 종교적 탐구의 자리로 탁월하게 분석해냈다.(17-18쪽)

《그리스도교의 물질성》은 개인적으로도 각별한 의미가 있는 책이다. 나는 '감각의 종교학'이라는 주제로 열린 한국종교문화연구소의 2013년 하반기 심포지엄에서 그리스도교의 물질적 상상력에 대한 글을 발표했었다. 종교사의 물질 문제는 학위 과정에서 고대 후기와 중세 그리스도교사를 공부하면서 접했던 성인 숭배, 성유물 숭배에 대한 자료와 연구들로부터 자연스럽게 귀결된 관심사이기도 했지만, 음식, 고행, 단식, 변신, 몸의 부활, 성혈 숭배, 기적 등에 관한 바이넘의 중세사 연구에도 적지 않은 자극을 받았다. 특히 당시의 최신작 《그리스도교의 물질성》은 발표의 소재가 된 중세 후기 열리는 성모상의 모티브를 제공했을 뿐 아니라 전반적으로 '물질 종교',[6] 종교의 물질성, 물질의 종교사에 대해 깊이 고민해 볼 수 있는 계기가 되었다.[7]

오늘날 물질 연구는 철학, 미학, 사회학, 정치학, 문화 연구 등 다양한 분야 연구자들의 학제적 담론으로 확장되는 동시에 새로운 철학적 기획으로 심화되면서 현대 이론의 최전선을 형성하고 있다. 인간과 동식물뿐 아니라 스마트폰으로 연결된 각종 기계와 장치들까지, 다양한 행위자들이 배치된 복잡계, 몸의 일부로 '활동하는' 물질들, 생물과 무생물의 경계에 있는 바이러스 감염증 대유행의 일상을 살아가는 21세기

---

6

'물질 종교material religion'란 텍스트와 사상, 개념 중심의 종교 이해를 비판하고 종교 경험과 종교 현상에서 의례 용품, 성물, 성상, 신심 용품, 건축물 등 다양하고 구체적인 종교의 물질적 요소의 작용에 주목하고 강조하며 등장한 개념이다. 단순히 물질적 종교 문화라는 의미를 넘어서 '종교적인' 것을 드러내는 부차적이고 이차적인 수단으로써의 물질이 아니라, 이미 종교적 요소인 물질 및 종교와 물질성의 상호 관계에 주목하면서 "종교 연구를 물질화하는materializing religious studies" 2000년대 초부터 형성된 영어권 종교학계의 이론적 관점을 뜻하기도 한다. 이러한 관점과 연구 흐름은 David Morgan, Birgit Meyer, Sally Promey 등을 중심으로 2005년 창간된 *Material Religion*에 나타나 있다.

7

안연희, 〈중세 후기의 "열리는 성모상"과 그리스도교 신앙의 물질적 상상력〉, 《종교문화비평》 25권 25호(2014): 38-76.

세계의 키워드야말로 '물질성의 육박'이기 때문은 아닐까. 현대는 기술
의 비약적 발전으로 인해 물질과 의식의 구별보다는 투과성이 내 손안
의 사물들 속에서 보다 직접적으로 현시되고 경험되는 시대다. 물질은
종교적인 사람에게나 비종교 혹은 무종교인에게나 삶에 밀착된 사안이
고 매혹과 두려움을 야기하는 뜨거운 관심사로, 그 무엇보다 직접적으
로 우리 삶에 현전한다.

　　바이넘의 이 책은 만지면 향기를 내뿜고 병을 치료하거나 성인의
의지를 표현하는 기적을 일으키는 성 유골, 피 흘리는 기적을 일으키는
성체, 움직이는 성상 등 가시적으로 움직이고 변하는 물질들과 그에 대
한 격렬한 찬반 논쟁 등 물질의 변화 가능성이 종교적, 정치적, 사회 문
화적 화두가 되어 사람들을 사로잡았던 중세 후기를 들여다본다. 이를
통해 이 시대에는 오늘날과 사뭇 다르게, 그러나 어떤 점에서는 마찬가
지로 물질의 행위성이 신학 이론이나 교회 정치의 장뿐 아니라 평범한
사람들의 삶 속에서도 펄펄 살아있는 쟁점이었음을 보여준다. 그러한
중세의 사물들을 둘러싼 이야기를 따라가다 보면, 우리가 지금 또 다른
방식으로 맞닥뜨리고 있는 물질에 대한 매혹과 두려움, 물질의 행위성
과 활력이라는 지적 도전을 인간 중심의 근대적 이분법의 제한에서 조
금은 거리를 두고 음미해 볼 수 있다.

시각적 물질, 물체의 힘, 거룩한 조각들, 물질과 기적

바이넘은 2007년 예루살렘에 있는 히브리 대학의 초청을 받아 '그리스
도교의 물질성Christian Materiality'이라는 주제로 세 차례 공개 강의를 했
다.《그리스도교의 물질성》은 이 강의의 제목과 구성을 유지하면서 두
번째 강의를 두 장으로 확대하고 사례를 보완하여, 오랜 인연을 이어온
존 북스[8]에서 낸 책이다. 본론의 각 장은 현상적이고 정치 사회적인 고

---

8

　　1985년 설립된 미국의 출판사로, 철학, 역사, 미술사, 문화, 음향학 분야의 권위 있는 연구
자들의 독창적인 작품 및 학계 전반에 걸친 대화에 영향을 미친 정치, 사회 이론서를 출판하고
있다. 바이넘은 이 출판사의 역사 시리즈를 통해《그리스도교의 물질성》외에도 *Fragmentation
and Redemption: Essays on Gender and the Human Body in Medieval Religion* (1991), *Metamorphosis
and Identity* (2001), *Dissimilar Similitudes: Devotional Objects in Late Medieval Europe* (2020)까지
총 4권의 저서를 출간했다.

찰에서 시작해 존재론과 세계관적 배경 분석까지 유기적으로 서술하기 위한 초점인 '시각적 물질', '물체의 힘', '거룩한 조각들', '물질과 기적'이라는 표제하에 중세 후기 그리스도교의 물질성을 다각적으로 조명해 간다. 앞뒤로는 연구 배경과 의도, 주요 개념에 대한 예비적 이해를 담은 서론, 본론을 정리하고 유럽 문화사와 비교종교학, 현대 학계의 물질 연구 등에 대한 함의를 제안한 결론을 덧붙였다. 1, 2장이 성스러운 이미지와 성물의 힘에 대한 옹호와 비판, 열망과 두려움이라는 양가적인 태도를 포착하면서, 그 힘을 이용하고 통제하려 했던 다양한 교회 정치적 입장을 분석한다면, 3, 4장은 성스러운 이미지와 물질에 대한 관심과 논란에서 초점이 되는 전체와 부분, 불변성(지속)과 역동성(변화)의 역설을 정통 신학뿐 아니라 분파들의 주장, 자연철학, 문학 등을 아우르며 더 포괄적인 중세 후기 세계관과 존재론적 차원에서 살펴본다.

1장 '시각적 물질Visual Matter'은 15세기 북유럽에서 성행한 성체 기적에 대한 니콜라우스 쿠사누스Nicolaus Cusanus, 1401-1464의 비판적 논평으로 시작하여, 중세 후기 시각 예술로 묶이는 이콘, 성물, 조각상, 성화, 제단화, 기도서 등 다양한 신심 성물을 '시각적 물질'로 개념화하여 제시한다. 핵심은 중세 그리스도교 성물이 시각 예술로서 갖는 특징은 의미와 형상이 아니라 두드러진 질료의 물질성에 있다는 것이다. 바이넘은 도상 분석을 통해, 그리스도교 성상과 성물의 존재 방식이 재료와 내용을 분리할 수 없을 만큼 재료의 물질성을 전시하고 노출시키는 복합적인 작용에 있음을 예리하게 보여준다. 흔히 종교의 성스러운 이미지나 성물은 일반적으로 초월적인 것을 모방하여 가시화하는 수단이나 불가지적인 것을 향한 제스처로 설명하는 경우가 많다. 그러나 바이넘에 의하면, 중세의 봉헌 이미지를 이해하는 데 관건은 형상적 유사성이나 상징적, 신비적 의미보다는 형상과 어쩌면 가장 닮지 않은 이미지 자체의 물질성과 '살아있는 물질'의 힘에 대한 중세적, 그리스도교적 관점을 파악하는 것이다. 한편에서는 성스러운 이미지가 결국 '죽은 돌과 썩은 나뭇가지'에 불과하다고 비판하고, 한편에서는 성직자와 신학자들이 그러한 이미지를 옹호하고 사목적으로 통제하려 하며 논쟁을 벌였지만, 이러한 논쟁이 성립될 수 있었던 것은 양쪽 모두 살아있는 물질의 잠재력과 위협에 대한 인식을 전제하고 공유했기 때문이라는 것이 바이넘의 핵심적 주장이다.

　　바이넘은 그리스도의 성스러운 이미지를, 물질성을 표출하는 동시에 그 물질성을 넘어서는 이미지, 즉 시각적 물질로 파악한다. 그리고 '이것은 내 살이요 내 피다'라는 성만찬 기도와 함께 신자들이 받는 빵과 포도주가 그리스도의 참된 살과 피로 변한다는 실체 변화transub-stantiation 교리를 역전시켜, 그리스도의 살과 피가 맷돌이나 술통에 들어가 빵과 포도주로 변하는 듯한 인상을 주는 '성서 제병 맷돌Host Mill'이나 '신비의 술통'의 기괴한 이미지들,(84-85쪽) 교회 헌장이 기록된 그리스도의 몸 이미지, 지혜의 보좌상Sedes Sapientiae(아기 예수를 안고 왕좌에 좌정한 성모상), 성모상의 내부에 그리스도의 수난이나 삼위일체를 그리거나 조각한 '열리는 성모상' 등 다양하고 기이한 사례들을 통해 중세 그리스도교 이미지의 특징이 왜 물질성의 표출인지 조명한다.(86-92쪽) 이들 성스러운 이미지에서 표출되는 재료의 물질성은 단순히 형상을 구현하는 수단으로서의 질료 이상이다. 물질은 시각적 형상과의 상호 교환과 간섭으로 이미지의 성스러움을 작동시키는 중요한 요소인 것이다.

　　예를 들어 중세 후기의 그리스도나 성모의 도상이나 조각상 들은 삼위일체 하느님이 인간의 몸을 취했음을 보여주는 것만이 아니라 그 몸이 물질이고 사물이라는 것을 눈에 띄게 표현한다. 말하자면 신을 인간학적으로 신체화somatize할 뿐 아니라 존재론적으로 물질화materialize하고 있는 것이다. 다른 예시로 의자(사물)에 앉아있는 마리아의 몸이 아기 예수의 의자(사물)처럼 형상화된 성모자상, 마리아의 몸 내부에 삼위일체 하느님 혹은 그리스도의 수난 이미지를 넣고 개폐 가능하게 만든 '열리는 성모상'[9]이나 '지혜의 보좌'로 불리는 성모자상은 성모의 몸을 마치 열고 닫을 수 있는 문, 그리스도와 삼위일체 하느님을 담는 용기(물질), 그리스도가 좌정한 보좌(의자)처럼 몸과 물질의 경계를 뚜렷하지 않게, 서로 투과되듯이 표현한다. 이러한 이미지들은 문, 그릇, 의자와 같은 물질성을 드러냄으로써 그 물질 안에 현전하며 역설적으로 그 너머에 있는 존재를 계시하는 방식으로 신심 생활에서 역동적인

---

9

　　열리는 성모상은 내부에 성체를 보관하는 감실로 사용하기도 했고, 개폐형 제단화처럼 제단에 두고 중요한 의례의 상황에 열어 역동적인 종교적 효과를 내는 기능을 하기도 했다.

역할을 한다. 또 바이넘은 동물의 몸(가죽)을 재료로 한 필사 도구인 양
피지 위에 예수의 몸을 그리고 그 몸을 마치 헌장과 같은 성구를 기록하
는 지면처럼 묘사한 이미지의 경우, 텍스트와 몸, 양피지가 서로를 지시
하며 그리스도의 몸을 살아있는 양피지로서 생생하게 보여준다고 분석
한다. 이처럼 그리스도나 성모의 몸을 시각적 물체로 표현한 이콘이나
성상은 단순한 종교 예술이 아니라 의례와 축제 행렬, 기도 즉 신심 생
활 속에서 삼위일체 하느님의 살아있는 몸으로 움직이고 활동한다. 그
러므로 바이넘에 의하면, 중세 후기 그리스도교의 이미지는 물질화mate-
rialize를 통해 역설적으로 살아 활동하게animate 되는 형태의 이미지인 셈
이다.(89쪽)

　　2장은 시각 예술보다 더 직접적인 성스러움의 담지자로서 성체와
성유물(유골과 유품 등)에 대한, 중세 후기에 고조된 숭배 현상을 중심
으로 '물체의 힘the power of object'에 대해 검토한다. 그리스도교 세계에서
는 모든 물질은 하느님에 의해 창조된 것이고, 하느님은 성육신을 통해
인간 그리스도로 '물질화'되었음을 믿으며, 최후의 심판 때 순교자들과
신실한 신자들이 부활한 예수처럼 본래의 육체를 회복할 것이라 기대
한다. 또한 하느님의 전능성은 물질이 자연의 법칙을 위반하는 방식으
로 작동하는behave 것도 허용한다고 믿는다. 이런 믿음 속에서 은총의 표
지이자 신이 현존하는 자리인 물질과 물체의 힘에 대한 관심은 필연적
이고 중요한 것이었다.[10] 따라서 중세 중기까지 그러한 관심은 "지상사
회에 현존하는 거룩한 시신" 즉 성인의 유골에 집중되었고, "신도들에
게 구원을 구체적으로 환기해주는 담보물이나 공탁물"[11]이었던 성유골
과 성유물에 대한 종교적, 사회적, 경제적 욕망이 커져갔다. 그런데 바
이넘에 의하면 중세 후기로 접어들면서 의심을 불식하고 치유와 보호
에 대한 확신을 얻고자 성체 성혈 기적과 같은 외적 실천에 매달리는 성
물 신심이 폭발적으로 고조되었고, 이러한 경향은 외면화된 종교성의

---

10

　　Elizabeth Makowski, "Book Reviews: *Christian Materiality: An Essay on Religion in Late Me-
dieval Europe* by Caroline Walker Bynum, *The Historian* 74 no. 1 (2012): 145-146.

11

　　패트릭 J. 기어리, 《거룩한 도둑질: 중세 성유골 도둑 이야기》, 유희수 옮김(길, 2010), 63.

무의미함을 주장하며 급진적 내면화, 신비적 조우를 추구하는 신학과 나란히 발전했다. 기존의 통상적인 연구는 성물과 성유물, 기적 물질 등에 대한 과도하고 경쟁적인 열정으로 인해 그리스도교 신앙이 물질주의적으로 타락했음을 비판하며 내면화된 영성spirituality을 강조하는 개혁 운동이 출현했다고 보지만, 이는 중세 후기의 복합성을 포착하지 못하는 피상적 이해일 뿐이다. 오히려 서로 다른 신학적 견해들이 물질이 가진 역설적인 잠재력과 위험성에 대한 인식을 공유하면서 상호 촉진을 통해 발전했다는 분석이 중세 후기 그리스도교의 복합성을 더 잘 이해할 수 있다는 것이 바이넘의 주장이다.

　　하느님이 인간을 구원하기 위해 인간이 되셨다는 그리스도 신앙의 내적 논리를 해석하는 원리는 물질성(내재성)과 영성(초월성)의 역설이며, 이는 물질성의 다른 면인 가변성이 초래하는 위협과 기회의 역설에도 적용된다. 그런데 흔히 이러한 물질성은, 대중적 신심과 영성주의를 엘리트와 연결시키고 중세 후기 물질주의에 빠진 몽매한 대중의 신심을 영적 운동이 비판하고 개혁했다는 식으로 이해되고는 한다. 그러나 바이넘은 이러한 서술은 사태를 너무 단순화하며, 후대의 특정한 관점으로 중세를 보는 것이라고 비판한다. 오히려 중세 후기의 사제, 개혁적 지도자, 이단시된 분파 및 귀족, 도시민, 농부 등의 평신도 모두가 문제이자 기회인 물질성에 지대한 관심을 쏟았으며, 물질성을 적절히 통제하고 활용하는 방식으로 사회적, 종교적 힘을 배치하고 문제 삼기 위해 신앙과 순례, 박해, 고문, 사법적 살해 등을 다루었다는 것이다. 대중과 엘리트를 막론하고 중세 그리스도교 신앙인에게 "성물은 신의 은총의 유일한 표지 혹은 축복에 대한 경건한 희망의 표현이며, 성유물은 성인들에 대한 기억이고, 피 흘리는 성체는 믿음에 대한 보답이거나 의심을 없애기 위해 신이 만든 특별한 효과"였기 때문이다.(34쪽)

　　성스러운 물질은 존재론적으로도 기회이며 위협이라는 양가적 위상으로 이해되었다. 중세의 기본적 정의에서 물질matter은 위치를 가지며 나눌 수 있고 일시적이며 변화 가능한 것이고, 하느님은 완전하고 불변적이며 초월적인 분으로서 이 세계를 창조하고 구원하신 분이다. 그에 따르면 성물 중에서도 '기적 물질'은 자연적 본성으로는 부패하는 물질을 신이 헤아릴 수 없는 방식으로 부패하지 않게 함으로써 초월성과 전능성을 보여주는 것이다. 중세인들은 그처럼 성스러운 물질을 통해 신적인 것이 드러나는 일을 열망하면서도 두려워했다. 그러한 양가적 태도는 정통파와 소위 이단 모두 마찬가지였다. 바이넘은 성스러운 이미지나 성물의 열광적 지지자뿐 아니라 의심하고 반대하는 논자들의 주장에도 신이 물질에도 거한다는 사실, 물질적이면서 신적인 사물의 본성 자체에 대한 뿌리 깊은 관심이 깔려있다고 지적했다.

3장 '거룩한 조각들Holy Pieces'은 성물이 성스러움을 나르고 분배할 수는 있지만 결국 물질이기에 파편일 수밖에 없다는 사실이 조각과 부분의 존재론적 위상 문제를 야기한다는 점을 논하고, 나아가 부분과 전체에 대한 중세적 이해를 당대의 신학과 자연철학 이론 및 종교적 실천의 차원에서 두루 살펴본다. 중세 초부터 성유물의 도시 간 이동과 전파는 성스러운 중심을 복제하여 전파하고, 순례를 통해 새로운 도시를 발전시키며 중세 그리스도교 세계의 형성과 확장에 매우 중요한 역할을 했다.[12] 그 바탕에는 성유해나 성유물의 작은 조각도 완전한 전체와 동일한 성스러운 힘과 의미를 가진다는 믿음이 있다. 바이넘은 중세 초부터 있었던, 성인의 유해나 유물은 부패하고 변하는 한갓 물질이라는 주장과 성유물 공경을 옹호하는 주장 사이에서 되풀이된 논쟁과 논점을 중요하게 거론한다. 중세 그리스도인들에게는 하느님이 자신이 창조한 물질 안에 거하며 물질을 구원한다는 사실이 오랫동안 중요한 종교적 문제였으며, 따라서 이들에게 변하고 부패하고 나누어지는 물질성은 해결해야 할 까다로운 과제였음을 보여주는 것이다.(177-178쪽)

3장은 특히 물질성의 두 난제 중에서도 파편화된 부분이라는 물질의 존재론적 한계가 그리스도교 신앙 안에서 어떻게 해결되는가에 주목한다. 바이넘은 예수가 완전한 몸으로 부활했으며 성만찬을 위해 축성된 성체 안에 완전한 몸으로 현존한다는 중세 그리스도교의 핵심적 신앙이, 성인의 몸 또한 부패하지 않고 온전하며 거룩한 물질이라는 믿음의 근거가 된다고 본다. 성만찬의 축성된 성체와 성혈은 그리스도교에서 가장 거룩한 물질로, 예수의 살과 피로 여겨지는데, 이는 한갓 물질이 아니다. 아무리 작은 조각일지라도 완전한 그리스도의 참된 몸이

---

12

패트릭 J. 기어리, 《거룩한 도둑질: 중세 성유골 도둑 이야기》, 43-57.

며 피인 것이다.[13] 가톨릭 교회는 그리스도의 부활한 몸은 천상에 있지만 동시에 성체 속에, 그리고 성유물(유해) 속에도 온전하게 존재한다고 믿는다. 바이넘은 이 장에서, 부분적 조각들이 전체와 등가적으로 성스러움을 나르고 분배할 수 있다는 중세 성유물 공경의 원리는 그리스도의 파괴될 수 없는 몸에 대한 믿음에 기인하며, 성찬례에서 나누어 받는 성체의 아주 작은 조각에도 그리스도의 온전한 몸이 현존한다는 가톨릭 교회의 "완전 현존concomitance"의 교리와 밀접하게 연관된다고 분석한다. 가톨릭 교회에 따르면, "그리스도께서는 성체가 축성되는 순간부터, 성체의 형상이 존속하는 동안 계속 그 안에 현존하신다".(《가톨릭 교회 교리서》, 1377항) 그러므로 성체가 나누어져도 그리스도께서 나뉘는 것이 아니며, 나뉜 조각만 영領해도 우리는 성체 성사의 은총을 모두 받을 수 있다고 가르친다. 그와 마찬가지로 성유물(특히 성유골)도 부패하고 변하는 물질의 조각들이지만, 동시에 온전한 전체로서 살아 있는 성인의 현존일 수 있게 된다. 이처럼 바이넘은 그리스도의 온전한 몸의 부활과 성만찬에서 성체의 실체적 의미와 완전 현존에 대한 믿음이 부분과 전체에 대한 중세의 역설적 가정의 근거가 되었고, 성인의 유해나 유품의 조각들이 그 자체로 완전한 성인의 현존으로서 여러 도시로 전파되어 성스러운 물질이라는 존재론적 지위를 가질 수 있었다고 주장한다.

마지막으로 '물질과 기적Matter and Miracles'을 표제로 삼은 장에서는 또 다른 물질성의 난제인 부패(변화)와 관련하여 물질의 존재론적 함의와 기적에 대한 이론적(신학적, 자연철학적) 탐구를 분석한다. 특히 서로 다른 맥락에서 나온 세 텍스트를 교차해 언급한다. 성 마르켈루스의 성유물을 칭송하고 기적 모음집을 펴내기도 했던 12세기 수도승 가경자 베드로Petrus Venerabilis의 기적 이론, 천체에 대한 아리스토텔레스의 관점을 이단 문제와 연결시킨 14세기 자연철학자 니콜 오렘Nicole

---

13

성체는 그 자체로 부활하신 그리스도의 현존이므로, 미사의 영성체를 위해 제단의 감실에 보관되고 훼손되지 않도록 각별한 주의를 기울인다. 조각 안에도 그리스도의 전체가 존재하므로 훼손되지 않도록 해야 한다. 심각한 신성모독으로 여겨진 중세 유대인의 성체 훼손 사건, 성체 훼손의 가능성에 대한 기베르 드 노장의 우려 등은 변화와 생성의 자리이며 신의 현존의 자리이기도 한 물질성이 야기하는 근심과 불안을 반영한다.(210-211쪽)

Oresme이 경이로운 현상들에 대해 개진한 자연주의적 설명,[14] 1450년 일어난 발스낙의 성체 기적에 대한 논쟁에서 발스낙 교회가 예수의 성혈이 나타난 기적의 성체를 소유하고 있다는 주장을 비판한 에버하르트 발트만Eberhard Waltmann의 글 〈성혈에 대한 공경과 반대〉가 그 논의 대상이다. 그리고 이 다른 세 영역의 글에서 물질의 불확실한 본성에 대한 인식을 비롯하여, 성스러움이 깃든다고 이해되는 물질에 어떤 가능성과 위험이 내재하는지에 관한 신중한 논의를 발견한다.(224쪽)

특히 바이넘은 신의 창조와 육화와 부활을 믿는 그리스도교 세계에서 물질은 지속적 관심의 대상이었지만, 13세기부터 특히 살아 움직이는 물질, 성체와 성물 관련 기적이 폭증하게 된 것은 배우지 못한 서민만이 아니라 권력층, 식자층, 종교 분파들까지 중세 사회 전체가 연금술적 변화, 인간과 동물의 변신 가능성, 자생, 주술이나 마법에 의한 물체의 조정 등에 관심을 갖게 된 탓이라고 본다. 중세 지식인이 몰두했던 기적 담론 또한 하느님이 자연과 물질세계를 창조했고, 물질은 '발생과 부패의 자리locus of generation and corruption'이며 물질의 변화 가능성은 동시에 부패를 극복할 수 있는 기회라는 중세적 감각 속에서 이해된다. 물질인 성체 안에 신이 온전하게 현존한다고 할 때, 발생하고 부패하는 물질의 가변적 본성은 신적인 것의 자리를 위협한다. 완전 현존의 교리에도 불구하고 많은 중세인들은 물질의 조각에서 성스러움과 기적적인 출현이 영원히 부패하지 않는 전체로서 지속할 수 없을까 봐 두려워했다. 변화하고 부패하는 물질의 성질로 인해, 물질이 신적인 위상을 유지하려면 다른 것이 등장(경쟁)하거나 기존의 물질이 다시 활력을 얻는 재성화resacralization가 필연적으로 요청된다.(216쪽) 다시 말해 물질의 본성이 새로운 기적의 출현을 가능하게 하고 필요하게 만든다는 것이다. 중세인들에게 기적은 창조와 부활과 구원을 행하는 신의 권능 행사이며, 물질적인 것과 신의 특별하고 직접적인 조우, 물질의 자연적 본성

---

14
오렘은 《아리스토텔레스의 《천체론》 주해Livre du ciel et du monde》에서, 천체가 살아있다면 물질을 살아있는 것처럼 숭배하는 이단자들을 지지하는 것이므로 천체는 살아있지 않으며, 물질적이라는 것은 변화된다는 것을 의미하기 때문에 천체는 물질적인 것이 아니라고 주장했다. 즉 물질을 변화의 주체로 정의하고, 물질세계에 대해 살아있는 것the animate의 패러다임을 적용하고 있다.(221쪽)

을 거슬러 일어나는 변형으로 이해되었다.(241쪽) 중세의 엘리트와 대중, 정통파와 분파들은 모두 물질의 살아있는 힘과 기적의 가능성을 믿었기 때문에, 성스러움이 돌출했던 성체 기적에 대한 격화된 토론은 물질이 살아있는지, 힘을 가지는지, 기적이 가능한지 여부보다 성물이라는 물질의 가변성과 부패 가능성을 어떻게 제한하고 통제하느냐의 문제였다는 것이다. 바이넘은 중세의 물질과 기적에 대한 논쟁과 담론의 핵심에 물질성에 대한 종교적 관심, 그 자체로 기회와 위기인 문제의 대상이었던 물질의 힘을 어떻게 제어하고 이용하는가에 초점이 있었다고 분석한다.

앞에서 밝혔듯이 이 책은 중세 그리스도교에 대한 특별한 관심이나 전문 지식이 없는 일반 청중 강의에서 시작되었지만, 이러한 물질성 자체의 역설과 물질에 대한 태도의 역설을 기술함으로써, 탐구하고 있는 대상의 복잡 미묘하고 모순적인 전제와 실천들을 단순화하지 않고 시종일관 "역설은 역설로, 복잡성은 복잡성으로 남겨두는Paradox remains paradox, complexity remains complexity" 태도를 견지했다.(13쪽) 이 점은 커다란 미덕이다. 일반 독자들은 중세 유럽의 성당과 박물관에 소장된 진귀하고 풍부한 시각 자료와 흥미로운 일화들 덕분에 이 책을 즐겁게 읽을 수 있을 것이다. 그러나 단순화를 지양한 진지한 분석과 관련 학계의 논의를 충실히 담은 방대한 미주로 인해 이 책은 중세 그리스도교사, 일반 종교사, 문화사, 예술사 전공자들에게도 자극을 주는 전문 연구서로서의 학문적 성취도 충분히 보여준다. 바이넘의 이런 중요한 저서들이 국내에 아직 번역되지 않아 독자들이 쉽게 접할 수 없는 것은 아쉬운 일이다.

### 성스러운 사람과 장소에서 성스러운 물질로

물론 중세 그리스도교 문화의 물질적 요소들에 주목한 것은 바이넘뿐만이 아니다. 특히 '성스러운 도둑질'로 정당화될 만큼 치열했던 중세 도시들의 성유골 유치 경쟁과 숭배를 중세 도시의 형성과 발전과 관련해 분석한 패트릭 기어리Patrick Geary의 《성스러운 도둑질Furta Sacra》과, 고대 후기 서유럽 사회에서 주교 권력과 순교자 및 성인 숭배의 관계를 분석한 피터 브라운Peter Brown의 《성인 숭배The Cult of Saint》[15]는 순교자와 성인의 무덤, 성유골, 성유물 등 물질에 초점을 맞춰 중세 서유럽 사회와 문화의 역동적 특징과 풍부한 다양성을 조명한 중요한 작업으로, 《그리스도교의 물질성》에 비견될 만하다. 두 저작은 모두 근대 종교개혁을 거친 현재의 관점이 아닌 중세 자체의 맥락에서 중세를 보고자 했고, 엘리트-대중의 이분 모델이 적합하지 않다고 보았으며, 교리 신학과 사상만이 아니라 성유물, 이콘, 신심 성물 등 종교적 사물을 역사 연구의 중요한 자료로 다루었다. 바이넘 역시 《그리스도교의 물질성》의 중세사 연구에서 이와 같은 태도와 관점을 견지했다.

그러나 《그리스도교 물질성》은 인간 중심적 몸 이해나 사회, 권력 문제보다는 '물질성' 자체의 역설에 초점을 두고 중세 유럽 종교와 문화의 역동성을 포착하려 했다는 점에서 이들 저작과 차별화된다. 기어리는 성유골 숭배를 진지하게 다루기 위해서는 성유골 자체가 아니라 그와 관련된 사람들에 주목해야 한다고 보았다. "사람보다 물건에 관심을 두는 한 성유골 숭배는 야만적 미신으로 웃음을 자아내게 될 뿐이며, 성유골 숭배를 인간 삶의 일부로, 더 나아가 중세 문명의 구성 요소로 설명하지 못한다"는 기어리의 비판은, 물질 그 자체는 무기력하고 활력 없는 수동적 대상일 뿐이라는 뿌리 깊은 견해를 되풀이한다. "성인의 시신에 지나지 않는 성유골 자체는 본질적으로 말이 없고 중립적이기 때문에 역사가들에게 별로 중요하지 않으며, 그러한 물건과 접촉하고 그것에 가치를 부여하여 그것을 자신의 역사에 통합한 것은 사람들이므로 이들이 성유골 역사의 진짜 연구주제"라는 것이다.[16] 기어리의 연구는 근대 이후의 계몽주의 관점에서 성유골 숭배와 그에 대한 신심을 간과하지 않고 성유골이라는 물질이 중세적 삶의 피륙에서 기본적 자리를 차지했음을 보여주었으나, 확고한 인간 중심적 관점을 전제로 한 연구였다. 반면 바이넘의 연구는 동일한 성유물 숭배를 다루면서도 물질성 자체와 그 존재론적 차원에 주목함으로써, 사물, 물질, 객체를 인간 주체의 수동적이고 활력 없는 대상이 아니라 그 자체로 보려고 하는 물질종교와 물질적 전환material turn 및 신유물론의 최근 관점에 더 근접한다.

---

15

피터 브라운, 《성인 숭배》, 정기문 옮김(새물결출판사, 2002).

16

패트릭 J. 기어리, 《거룩한 도둑질: 중세 성유골 도둑 이야기》, 25.

피터 브라운의《성인 숭배》역시 그리스도교의 성인 숭배가 고대 후기에 어떻게 출현하고 편성되어 어떤 기능을 했는지를 다루면서, 고대 후기 지중해 서부 지역의 종교 생활과 교회 조직에서 역동적인 역할을 했던 '보이지 않는 사자들'(순교자와 성인들)의 후원과 호의, 애정을 직접적으로 보고 향기를 느끼고 체취를 느낄 수 있게 하는 무덤과 유골 및 그와 접촉한 성물을 중요하게 다룬다.[17] 또한 브라운도 고대 후기에 발생한 종교적 변화의 성격을 연구한 종래의 역사가들이 견지한 엘리트-대중의 이분 모델에 의한 분석을 비판한다. 즉 고대 후기에 성인 숭배와 관련해 발생한 신심의 변화를, 국교화 이후 집단 개종이 일어나면서 다신교 습속에 영향을 받은 '저속한 서민들'의 사고 방식과 실천에 교회의 엘리트들이 항복한 결과라고 평가하거나, 6세기 말 비잔티움 세계의 성상 숭배 성장을 원시적인 애니미즘에 근거한 대중의 사고 방식에 엘리트들이 굴복한 것이라고 보는 주장이 비판 대상이 된다. 고대 후기와 중세의 증거들을 확인해 보면, 오히려 교회 지도자나 히에로니무스 같은 엘리트 신학자, 일반 신앙 대중 모두에게 성인 숭배나 성상 숭배는 열렬한 관심사였고 중요한 문제였다는 지적이다.[18] 물질적 신심을 대중에게만 할당하고 폄하하는 이분 모델로, 죽어서 더 이상 볼 수 없지만 존경의 대상이 된 자를 눈에 띄는 장소나 사물, 살아있는 대리인들과 연결시켰던 성인 숭배의 종교적 실천이 지닌 특징들을 제대로 파악할 수 없다는 것이다.

이처럼 피터 브라운은 이분 모델 비판을 통해 성인 숭배의 물질성을 단지 대중적 신심으로만 간과 혹은 폄하하지 않고, 그것이 고대 후기 문화 전반에 미친 중요한 영향을 진지하게 다루었다. 그러나 브라운의 주된 관심도 성유골 같은 성물 자체보다는, 성인 숭배 연구를 통해 보이지 않는 성인들에게 가시적 현존성을 부여해 준 성골당과 순례지 들이 어떻게 서유럽의 교회와 주교의 권력 구조를 뒷받침하는 기반으로 동원되었는지 보여주는 것이었다.[19] 서유럽 그리스도교 세계의 성인 숭배

---

17
피터 브라운,《성인 숭배》, 37.

18
피터 브라운,《성인 숭배》, 71-72.

가 고대의 영웅 숭배, 유대교나 이슬람교의 성인 무덤 순례, 동방 그리스도교의 성인 숭배와 다른 점도 그러한 맥락에서 설명된다.

한편 바이넘은 중세 후기 그리스도교의 물질성을 조명한 뒤, 결론에서 무덤 숭배, 성지 순례, 사자 숭배, 성인 숭배 등 중세 그리스도교와 인접한 유대교와 이슬람교의 성스러운 물질에 주목하고 그 차이를 언급한다. 신의 절대적 힘과 기적을 믿는 세 종교에는 모두 무덤 순례나 성인들의 신체 부분이나 유물을 숭배하는 흐름이 있다. 그러나 예언자의 언행록인 《하디스》가 가장 중요한 성물이었고 여러 지역으로 분배되어 성스러움을 전파했던 이슬람교나 모세가 묻힌 곳이 신에 의해 은폐된 유대교에서는, 신체 부위나 접촉한 성물에 대한 실제 숭배, 피 흘리는 성체나 성상 같은 물질의 변형과 활동이 중요한 종교적 현상으로 성행하지는 않았다는 것이다. 바이넘은 그리스도의 육화에 대한 믿음과 실체 변화에 대한 교리는 그리스도교 신학자들로 하여금 물질에 대해 유대교나 이슬람교보다 더 복잡하고 역설적인 주장을 하도록 압박했을 것으로 본다.

바이넘에 의하면, 그러한 차이는 공간space에 대한 그리스도교의 감각을 유대교 및 이슬람교의 그것과 비교할 때도 드러난다. 세 종교 모두 성스러운 자리를 순례하는 전통이 있지만, 유대교와 이슬람교에서 거룩함이 자리 혹은 땅과 관련된다면 그리스도교에서 순례자들이 찾는 성지의 성스러움은 그 자리에 있는 사물(물질)과 관련된다는 것이다. 유대인들에게 성스러움은 몸이나 몸이 묻힌 자리 자체보다는 사건이 발생했거나 기억이 응축된 장소에 놓여 있으며, 무슬림에게 메카는 검은 돌이 중심이 되지만 일차적으로는 사물이 있던 장소가 아니었다. 오히려 유대교와 이슬람교에서는 장소가 물체나 몸보다 앞서고, 그 자체로 성스러움의 자리locus였다. 즉 특정한 장소의 중심적 힘이 중세 유대인이나 무슬림들에게는 그곳에 있던 특별한 어떤 물체보다는 더 강력한 것이었다.

대조적으로, 중세 기독교에서 성스러움을 부여하고 운반하는 것은 압도적으로 물건들이었다. 성스러움을 띠며 기적을 일으키는 자리는

---

19

피터 브라운, 《성인 숭배》, 55.

성유물이 이전되거나, 성스러운 이미지가 살아 움직이고 성체가 피를 흘리는 곳이었다. 로마, 산티아고, 오르비에토, 빌스낙도 성인들의 몸이나 물체가 그 곳에 위치하기 때문에 순례의 중심이 되었다. 장소가 물질을 성화하기보다는 물질이 장소를 만들어냈다는 말이다. 4세기 초 그리스도교에 나타난 예루살렘 성지에 대한 신심과 순례도 그리스도와 접촉했던 돌이나 나무 십자가, 그리스도 몸의 부재를 통해 현존을 입증하는 빈 무덤인 성묘였다. 중세 그리스도교 세계의 성성sacrality은 바로 그 성스러운 물체들을 전시하고, 분할하고, 나누는 일을 통해 퍼져나갔다는 분석이다. 인접한 다른 종교들과 비교할 때, 중세 그리스도교는 물질적 대상들에 더 강력하고 역설적인 역할을 부여했다는 것이다.

세계의 많은 종교의 신앙과 실천에는 희생 제의, 축귀와 치유, 정화 등을 위한 성스러운 물체들이 있고, 이를 증여, 선물, 분배, 약탈, 파괴하는 행위는 종교적, 정치적, 사회적 의미를 가지며, 유대를 창출하거나 파괴하는 힘을 지닌다. 종교 간의 차이에도 불구하고, 여러 종교들에서 보이는 물질적인 것의 배치와 작용에서는 일반적 유사성이 관찰되기도 한다. 그러나 바이넘은 중세 후기 그리스도교의 믿음과 실천에서 드러나는 물질성에 대한 이러한 연구가, 종교의 물질성에 대해 일반적인 이론화보다는 근대 이후 그리스도교의 여러 교파들, 그리고 이슬람교나 유대교와 어떤 점에서 비슷하며 또 어떤 점에서 다른지에 대해 적어도 한 측면에서는 분명하게 이해하는 데 도움을 줄 것이라 기대한다.

### 물질materia로서의 몸corpus과 물질의 행위성

실제 삶에서도 미국 1세대 여성 연구자의 길을 개척해 온 바이넘은 여성, 젠더, 음식, 몸, 물질 등의 주제로 중세 사회와 종교 문화를 연구하며 학문적 경력을 쌓았다. 그리스도교의 물질적 측면에 주목하는 것은 바이넘이 취하는 역사적 접근법의 중요한 특징이다. 《서방 그리스도교에서 몸의 부활The Resurrection of the Body in Western Christianity, 200-1336》(1995), 《변신과 정체성Metamorphosis and Identity》(2001), 빌스낙 성혈 성체 기적과 성혈 숭배 현상을 분석한 《기적의 피: 중세 후기 북독일 등지의 신학과 신심 생활Wonderful Blood: Theology and Practice in Late Medieval Northern Germany and Beyond》(2007)을 통해 바이넘은 몸의 부활, 금욕과 고행의 자리로서의 몸, 성찬식의 성체와 성혈, 중세 그리스도교 여성의 음식과 금식 등 중세 그리스도교의 물질성에 대한 연구를 지속해 왔다.[20] 최화선은 바이넘이《거룩한 만찬, 거룩한 금식*Holy Feast, Holy Fast*》에서 수행한 음식 및 단식 연구가 몸에 대한 연구로, 나아가 물질에 대한 연구로 이어지면서 중세 후기 그리스도교 세계관 전체에 대한 재검토로 진행되었다고 평가한 바 있다.[21] 이런 맥락에서《그리스도교 물질성》은 개별 사례 연구에서 중세 후기 그리스도교 세계관 전체에 대한 재검토로 확장된, 중세 그리스도교의 물질성에 대한 포괄적이고 종합적인 연구라 할 수 있다. 동시에 이 책에서는 중세 그리스도교의 '몸을 중심으로 한 물질성'에서 '물질성을 통한 몸' 이해로 초점이 전환되고 있다.

바이넘은 이 저서에서 자신의 연구가 여성, 몸, 음식, 문화와 같은 이전까지의 주제에서 '물질matter'이라는 더 포괄적이고 급진적인 주제로 선회하고 있음을 밝힌다. 바이넘은 몸body에 해당하는 라틴어 'cor-pus'의 의미가 개별 자아person, self에게 고유한 육체caro, flesh보다는 물체, 물질materia이라는 점에 착안하여, 그간의 중세 문화와 그리스도교 연구에서 중요한 테마로 삼았던 "몸body을 넘어서" 물질로, 즉 인간과 사회 중심에서 물질과 세계 전체로 연구의 초점을 옮겨놓고 있는 것이다.(31쪽)

중세적 물질관의 저변에는 아리스토텔레스의 질료 형상론hylomor-phism과 질료의 잠재성 개념에 영향을 받아, 물질은 "그 밖의 다른 것일 수 있는 능력으로, A와 A가 아닌 것 사이에 있으면서 변화를 가능하게 만드는 것"이라고 본 토마스 아퀴나스의 물질 이해가 있다. 나아가 바이넘은 물질과 몸에 대한 7세기 교부 세비야의 이시도루스Isidorus Hispalen-sis의 어원론적 해설에 주목한다. 이시도루스에 의하면, 물질materia은 항상 무엇인가와 관련하여 수용하는 것으로서 산출과 생성의 능력을 가진 어머니mater에서 나온 말이다. 또 몸corpus의 본성은 부패cor-rup-tum하고 소멸하는 것이며, 육caro의 본성은 생겨나는 것cre-are이다. 바이넘은

---

20

Katherine Little, "Reviewed work: *Wonderful Blood: Theology and Practice in Late Medieval Northern Germany and Beyond* by Bynum," 109-110.

21

최화선, 〈중세 여자 성인들의 음식, 몸, 물질의 종교: 캐롤라인 워커 바이넘의 저작을 중심으로〉,《종교문화비평》32권(2017): 95.

이러한 중세 신학 텍스트를 통해 중세 그리스도교에서 몸이 인간적 개념보다는 살아있고 변화하는 본성을 가진 사물에 더 가깝고 물질에 근접한 개념이었다고 지적한다. 인체뿐만 아니라 풀과 나무, 자석도 모두 생성과 부패, 소멸이라는 변화가 일어나는 몸이자 물질이었다는 것이다.(232쪽) 바이넘은 《그리스도교 물질성》을 통해 물질materia과 몸의 중세적 개념을 검토하여, 몸body의 역사에 대한 그간의 학문적 논의들이 몸에 대한 중세인들의 관심과 논의가 사실상 물질에 대한 것이었음을 간과해 왔다고 지적하며, 중세의 몸에 대한 기존 연구들을 더 포괄적인 물질과 물질성에 대한 연구로 재정의하고자 한 것이다.

　이러한 연구는 중세 후기 유럽의 종교를 특정하고 있지만, 인간과 자연, 의식과 물질, 생명과 죽음 사이의 분명한 경계선을 전제하는 근대적 이분법의 틀과 편견을 벗어나 물질의 활력과 힘을 종교 현상을 만들어내는 역동적 행위자로 기술할 수 있는 가능성을 보여준다. 결론에서 바이넘도 제안했듯, 이 연구는 단순한 물질 문화 연구에서 벗어나 역사, 과학사, 예술사, 비교종교학, 종교사 등 여러 영역에서 물체의 행위성과 잠재성을 기술하고 연구에 포함시키고자 하는 최근의 이론적 모색에 의미 있는 방법론적 단서를 제공할 수 있다.

　바이넘의 연구에 나타난 몸에서 물질로의 선회는, 2000년 중반을 전후해 본격적으로 선언된 '물질적 전환', 즉 신유물론과 실재론을 표방한 급진적 철학 운동의 등장이라는 지성사적 배경과 무관하지 않다. 결론에서 바이넘은 《말하는 것들Things That Talk》[22]에 대한 역사가, 과학사가, 예술사가, 인류학자, 비교종교학자 들의 관심을 지적하면서 '담론의 우선성으로부터 물체(객체)의 우선성'으로의 선회라는 새로운 흐름과의 접점과 차이를 언급하기도 하지만, 《그리스도교의 물질성》은 인간이 물체를 형성한 것만이 아니라 물체가 어떻게 사용자를 형성하는지 진지하게 기술하려 한 의미 있는 성과이다. 바이넘이 '그리스도교 물질성'이라는 주제로 히브리 대학교에서 강연을 했던 2007년은, 공교롭게도 골드스미스 대학교 학술 대회에서 레이 브래시어Ray Brassier, 퀑탱 메

---

22

　Lorraine Daston (ed.), *Things That Talk: Object Lessons from Art and Science* (Zone Books, 2007).

이야수, 그레이엄 하먼, 이에인 해밀턴 그랜트Iain Hamilton Grant 등이 '물자체'의 세계로 철학의 관심을 전환하며 사변적 실재론speculative realism을 선언한 신유물론의 기념비적인 해이기도 하다.[23]

"우리가 세계를 인식하는 것은 언어/담론/표상/텍스트/이데올로기를 통해서일 뿐"[24]이라는 '언어적 전환linguistic turn'과, 이러한 전환의 근간이 된 칸트 비판 철학이 접근할 수 없는 영역으로 선언했던 '물자체'를 향해 촉발된 2000년대 이후의 새로운 관심은 물질적 전환과 신유물론의 활발한 흐름을 형성하고 있다. 서구 근대의 인간 중심적 이분법을 극복하고, 인간과 다른 비인간 존재들의 기울어진 종속적 관계를 교정하여 공생하기 위해, 이성적 생명체인 인간과 대척된다고 간주되었던 물질/사물의 행위성과 존재론적 지위, 생동하는 힘(활력)을 이론화하는 것이 시급한 문제로 인식되는 것이다. 예를 들면 이제 각 분야에서는 물질을 활기 없고 무력한, 날것 그대로의 수동적 재료가 아니라 활력과 힘을 가진 행위자로 서술하는 것이 정치적 기획으로서 어떤 의미가 있는지,[25] 사회학적 분석에 어떤 변화를 가져올지, 물질적 전환과 신유물론이 종교 연구에 어떤 영향을 주고 있으며, 비교 방법으로 교차 문화적 종교 현상을 다루어온 종교 연구가 신유물론에 어떤 통찰을 줄 수 있는지, 물질을 수동적 객체로 다루지 않고 그 행위성을 기술하는 방식의 종교 연구는 가능한지[26] 등을 진지하게 탐색하고 있다.

그러한 계기에서 중세적 물질의 활력과 역설에 대한 바이넘의 연구는, 물질이 생명체로서의 인간을 닮았기 때문이 아니라 변하고 부패

---

23
서동진, 〈해제: 존재론적 (비)유물론의 매혹 혹은 그것은 유물론을 충분히 쇄신하고 있을까〉, 그레이엄 하먼, 《쿼드러플 오브젝트》, 주대중 옮김(현실문화, 2019), 254.

24
서동진, 〈해제: 존재론적 (비)유물론의 매혹 혹은 그것은 유물론을 충분히 쇄신하고 있을까〉, 256.

25
제인 베넷, 《생동하는 물질: 사물에 대한 정치생태학》, 문성재 옮김(현실문화, 2020), 8-9.

26
Sonia Hazard, "Material Turn in the Study of Religion," *Religion and Society* 4 no. 1 (2013): 58-78; "Two ways of Thinking about New Materialism," *Material Religion* 15 no. 5 (2019): 1-4.

하며 나뉘는 물질성을 통해 행위하며 살아있다고 여겨졌던 사례들을 보여주기 때문에, 물질의 행위성에 대한 현대의 이론들이 여전히 생명체적, 인간적 행위성을 준거로 한다는 사실을 환기시킨다. 물질에 대한 중세의 가정을 이해한다면, 근대적 이분법과 대립항들을 자명하게 여기는 근대적 이론의 한계를 드러내고 근대적 관점을 상대화하는 효과를 가져올 수 있다.

그리스도교 물질성에 대한 바이넘의 접근법은 방법론적으로도 시사하는 바가 있다. 바이넘은 물질성의 역설을 담론적 언어로 표현하는 일이 불가능함을 인정하면서, 이 역설을 이해 가능한 것으로 제시하기 위해 이를 환기하는 흥미로운 사례들을 교차시키며 쌓아간다.(286쪽) 그런데 바이넘이 사례들을 단순히 나열하는 것이 아니라 매우 신중하게 쌓고 붙여 만든 이야기를 따라가다 보면, 중세 후기 그리스도교 성물의 역설과 활력, 혹은 역설적 활력을 이해할 수 있게 된다. 연구자가 물질의 행위성, 특히 물질의 종교성을 연구하는 길도 담론적 언어보다는 개별적 사례들을 통한 이런 환기의 방식을 취할 때 더 효과적이지 않을까. 그런 점에서도 이 책은 중세 후기 그리스도교의 물질성이라는 테마 아래 최근 물질 종교 연구자들에게 흥미로운 모델이 될 중요한 성취를 보여줄 뿐 아니라, 구체적이고 생생한 과거의 사례 속에서 오늘날 신유물론의 중요한 주제인 '물질의 행위성'을 이론화하고 실질적 연구에 적용하는 데에도 자극과 통찰을 줄 수 있을 것이다.

그리스도교 물질성의 역설과 종교적 물질

이 책이 중세 후기 종교 문화를 꿰뚫어 설명하는 키워드는 '물질성의 역설paradox of materiality'이다. 물질이 그 가변성과 가분성(나누어지는 성질)을 통해 역설적으로 불변성과 완전한 초월성을 드러낸다는 것이다. 중세 후기가 물질에 신적인 것의 자리라는 지위를 부여하길 거부하는 동시에 물질에 대한 숭배를 심화시켰다는 점 또한 역설적이다. 바이넘은 중세 유럽 그리스도교 문화의 복합성을 보여주려는 연구에서, 역설의 원리를 통해 이러한 복합성의 다양한 층위를 관통하며 설명해 왔다. 바이넘은 '역설'이 서로 반대되는 측면들의 결합이나 혼합도 아니고, 타협을 통해 상반된 관심을 통합하는 것도 아니며, 오히려 대립하는 가치들을 동시에 주장하고 수행하는 것이라고 정의한다.

바이넘은 쿠사누스와 같은 정통파 신학자나 반대파 들조차 성체 기적이나 성유물 기적에 대해 한편으로는 인정하면서도 다른 한편으로는 경계하고 거부하는 양가적 태도를 보인다는 사실에 주목하면서, 그러한 불일치를 해소하려 들기보다는 성스러운 물질에 대한 관심이 쇄도하던 중세 후기의 핵심적 모순들 가운데 하나로서 탐구한 것이다. 물질에 관한 반대되는 관점을 동시에 주장하는 것은 그리스도교의 물질성이 지닌 역설적 성격으로 인해 불가피했다.

역설의 원리는 전능한 절대자인 신에 의한 물질세계의 창조creation, 인간을 구원하기 위해 인간(물질)이 된 신의 육화incarnation, 그리스도의 완전한 몸의 부활resurrection에 대한 그리스도교 신앙의 핵심에 자리한 것이기도 하다. 그리스도교는 그리스도의 신성과 인성, 초월성과 내재성, 삶과 죽음, 불변성과 가변성, 가시성과 비가시성 등 서로 모순되는 것들을 동시에 믿는 종교인 것이다. 바이넘의《그리스도교의 물질성》은 약 1100년경부터 1550년경까지의 시기를 특징짓는 그 모순의 한 축으로서 '그리스도교의 물질성'의 역설을 탐구했다. 이를 통해 바이넘은 신을 물질이나 신체로 환원하거나 물질이나 신체를 신으로 환원하지 않고, 신이 물질/신체이면서 물질의 성질을 넘어서는 지점들을 포착해 내면서 중세 그리스도교사를 물질의 종교사로 재기술한다. 중세 후기 그리스도교 성물에 대한 바이넘의 연구는 종교적 인간homo religiosus을 넘어 종교적 물질materia religiosa의 가능성을 시사할 만한 것이다. +

서동진. 〈해제: 존재론적 (비)유물론의 매혹 혹은 그것은 유물론을 충분히 쇄신하고 있을까〉. 그레이엄 하먼. 《쿼드러플 오브젝트》. 주대중 옮김. 현실문화, 2019.

안연희. 〈중세 후기의 "열리는 성모상"과 그리스도교 신앙의 물질적 상상력〉.《종교문화비평》 25권 25호(2014): 38-76.

조운찬. "교황 요한 바오로 2세 유해 한국에".《경향신문》. 2011년 11월 4일. https://www.khan.co.kr/culture/scholarship-heritage/article/201111042127145.

최화선, 〈중세 여자 성인들의 음식, 몸, 물질의 종교: 캐롤라인 워커 바이넘의 저작을 중심으로〉.《종교문화비평》 32권(2017): 91-124.

아쿠티스, 카를로.《하늘나라로 가는 비단길: 성체 기적의 발자취를 찾아서》. 안봉환 외 옮김. 리성, 2021.

베넷, 제인.《생동하는 물질: 사물에 대한 정치생태학》, 문성재 옮김. 현실문화, 2020.

브라운, 피터.《성인 숭배》. 정기문 옮김. 새물결출판사, 2002. [Brown, Peter R. L. *The Cult of Saint: Its Rise and Function in Latin Christianity*. The University of Chicago Press, 1981.]

Castor, Helen. "*Christian Materiality: An Essay on Religion in Late Medieval Europe*." *Times Higher Education*; London issue. 2006 (Jul 7, 2011): 56-57.

기어리, 패트릭 J.《거룩한 도둑질: 중세 성유골 도둑 이야기》. 유희수 옮김. 길, 2010. [Geary, Patrick J. *Furta Sacra: Thefts of Relics in the Central Middle Ages*. Princeton University Press, 1978.]

Hann, Chris. "The Heart of the Matter: Christianity, Materiality, and Modernity." *Current Anthropology* 55 no. S10 (2014): 182-192.

Hazard, Sonia. "Material Turn in the Study of Religion." *Religion and Society* 4 no. 1 (2013): 58-78.

_____. "Two ways of Thinking about New Materialism." *Material Religion* 15 no. 5 (2019): 629-631.

Hollywood, Amy M. "Review: *Fragmentation and Redemption: Essays on Gender and the Human Body in Medieval Religion* by Caroline Walker Bynum." *Journal of Religion* 72 no. 4 (Oct. 1992): 632-633.

Little, Katherine. "Review: *Wonderful Blood: Theology and Practice in Late Medieval Northern Germany and Beyond* by Bynum." *The Journal of Religion* 88 no. 1 (Jan. 2008): 109-110.

Mews, Constant J. "Review: *Christian Materiality: An Essay on Religion in Late Medieval Europe* by Bynum." *Renaissance Quarterly* 64 no. 4 (2011): 1293-1295.

Oakley, Francis. "The Paradox of Holy Matter in the Later Middle Ages: Review on *Christian Materiality: An Essay on Religion in Late Medieval Europe* by Caroline Walker Bynum." *The Harvard Theological Review* 106 no. 2 (2013): 217-226.

Weston, L. M. C. "Review: *Christian Materiality: An Essay on Religion in Late Medieval Europe* by Caroline Walker Bynum." *The Sixteenth Century Journal* 43 no. 2 (2012): 639-640.

"Dreihostienfest." Kloster Andechs. 2022년 3월 15일 접속. https://www.andechs.de/en/pilgrimage-church/dreihostienfest.html.

안연희
선문대학교 신학과 교수. 서울대학교 종교학과를 졸업하고 동
대학원에서 초기 그리스도교사에 대한 논문으로 박사 학위를
받았다. 지은 책으로《문명 밖으로》(공저),《문명의 교류와 충
돌》(공저),《종교, 미디어, 감각》(공저),《뉴노멀 시대 종교 신
은 무엇을 요구하나》(공저) 등이 있다.

# 조태구

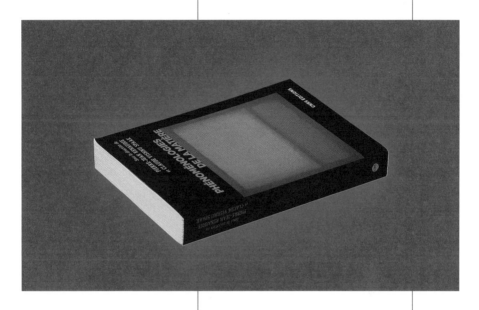

# 질료 현상학:
# 현대 프랑스 현상학의
# 두 갈래 길

피에르장 르노디Pierre-Jean Renaudie·
클로드 비슈누 스팍Claude Vishnu Spaak 엮음,
《질료에 관한 현상학Phénoménologies de la matière》
(CNRS, 2021)

Sous la direction de
**PIERRE-JEAN RENAUDIE**
**et CLAUDE VISHNU SPAAK**

**Phénoménologies
de la matière**

*Sous la direction de*
PIERRE-JEAN RENAUDIE
et CLAUDE VISHNU SPAAK

# PHÉNOMÉNOLOGIES
## DE LA MATIÈRE

# 들어가며

피에르장 르노디Pierre-Jean Renaudie와 클로드 비슈누 스팍Claude Vishnu Spaak이 엮은 《질료에 관한 현상학》은 다양한 전공의 철학 연구자들이 현상학에 관해 쓴 연구 논문을 엮은 모음집이다. 이 책은 파리 후설 아카이브의 지원으로 2013-2014년 파리 고등사범학교ENS에서 진행된 세미나 〈질료에 관한 질문La question de la matière〉[1]을 바탕으로 구성된 것으로, 세미나에서 발표된 글 6편과 발표되지 않은 글 5편이 수록되어 있다. 책의 제목대로, 저자들은 '질료에 관한 현상학'이라는 하나의 주제 아래 각각 자신이 전공한 철학자들이 질료에 관해 전개한 현상학적 탐구를 소개한다. 책의 구성은 아주 전형적인데, 1부에는 현상학의 창시자 에드문트 후설Edmund Husserl이 전개한 질료에 관한 현상학적 논의를 소개하는 글 4편이, 2부에는 마르틴 하이데거Martin Heidegger에 관한 글 2편이 실려 있으며, 후설과 하이데거 이후의 현상학자를 다루는 3부에는 에마뉘엘 레비나스Emmanuel Levinas를 다룬 글 2편과 얀 파토치카Jan Patočka, 장폴 사르트르Jean-Paul Sartre, 미셸 앙리Michel Henry의 논의를 담은 글이 1편씩 수록되어 있다.

그런데 다루는 주제가 다름 아닌 '질료matière' 혹은 '질료에 관한 현상학적 탐구'라는 점에서, 이 책은 단순한 논문 모음집 이상의 무엇이 된다. 2013년 세미나를 여는 첫 번째 발표문이자 책의 맨 앞에 수록된 르노디의 글, 〈질료의 위대함과 비참함: 현상학적 딜레마에 대한 반성〉이 적절하게 지적하듯이, 후설 현상학에서 질료는 곧 "도전"이자 "문제"이기 때문이다.(17쪽) 후설의 현상학은 고대 희랍에서부터 전해오는 형상과 질료라는 전통적 도식, 특히 칸트의 형상(형식)-질료 도식을 다시 정의하면서 철학에 혁신을 가져왔지만, 의식에 주어지는 바를 그대로 기술하겠다는 목적과 방법론으로 인해 질료를 그 자체로 탐구할 수 없다는 모순적 상황에 봉착했다. 그런데 경험을 '하나의 구체적인 경험'으로 만드는 것이 바로 이 질료인 한, 후설 현상학이 마주한 이러한 문제는 현상학의 수많은 문제들 중 하나에 불과한 것일 수는 없다. 질료

---

1

당시 진행된 세미나의 정보는 다음의 주소에서 확인할 수 있다. http://www.umr8547.ens.fr/spip.php?article498.

를 탐구할 수 없다는 현상학의 무력함은 현상학적 탐구의 한계인 동시에, 어떠한 전제도 없이 주어지는 바를 탐구하겠다는 현상학의 기획 자체를 위협한다. 질료의 문제와 함께 제기되는 문제는 현상학의 존립 자체다.

따라서 후설 이후의 현상학은 이 질료의 문제를 해결하려고 노력해 왔으며, 특히 20세기 중반과 후반에 메를로퐁티, 레비나스, 앙리 등이 전개한 프랑스 현상학은 이를 위한 다양한 시도였다고 볼 수 있다. 때문에 이 책에 수록된 글 각각은 철학사적으로 서로 연결되어 후설 이후의 현상학, 특히 프랑스 현상학 전체의 전개 과정을 보여준다. 파토치카와 레비나스, 앙리를 다루는 3부가 해당 철학자의 철학 전체를 설명하는 일종의 개론처럼 기술된 이유이다. 이들이 전개한 현상학이, 의식적이든 그렇지 않든 나름의 방식으로 후설이 마주한 질료 문제를 해결하려는 노력이었다면, 질료에 관한 이들의 현상학적 탐구를 소개하는 일은 단지 그들이 다룬 여러 문제들 중 하나가 아니라 그들의 철학 전체를 소개하는 일이 되기 때문이다.

실제로 앙리는 자신의 현상학을 "질료 현상학phénoménologie matérielle"이라고 명명했지만, 사실 이것은 앙리가 독점할 수 있는 이름이 아니다. 파울라 로렐Paula Lorelle이 3부의 글 〈후설, 셸러, 레비나스: 감성의 질료에서 질료 윤리학으로Husserl, Scheler et Levinas. De la matière de l'affectivité à l'éthique matérielle〉에서 보여주는바 레비나스의 현상학은 타자 윤리학이고, 이 타자 윤리학은 주체의 의식에 포섭되지 않는 타자, 즉 형상으로부터 독립한 질료 자체를 탐구하는 "질료 윤리학"이다.(212쪽) 또한 키아라 페자레지Chiara Pesaresi가 〈파토치카와 질료의 문제: 부정적 플라톤주의와 근본화된 아리스토텔레스주의Patočka et la question de la matière. Entre platonisme négatif et aristotélisme radicalisé〉에서 설명하듯, 나타남의 힘을 주체의 의식이 아니라 세계 그 자체에 부여하려는 파토치카의 현상학적 우주론cosmologie phénoménologique에서 질료는 "도래하는 본질"이자 "운동", "가능성"으로 이해되며 파토치카의 구도 속에서 세계의 발생과 그 현현manifestation을 설명한다.(245쪽) 즉 파토치카의 현상학에서 논의의 중심을 차지하고 있는 것은 다름 아닌 질료이다. 조금 과장해 말하자면 후설과 하이데거 이후의 현상학, 특히 프랑스 현상학은 그 전체가 질료 현상학이며, 따라서 이 책《질료에 관한 현상학》은 단지 개별적인 논문의 모음집이 아니라 이러한 질료 현상학의 전개 과정을 보여주는 한 권의 철학사 책으로 읽을 수 있고, 읽어야 한다.

이러한 맥락에서 책의 구성을 다시 살펴보면 두 가지 의문이 생긴다. 하나는 메를로퐁티에 관한 글이 단 1편도 수록되지 않은 이유이고, 다른 하나는 하이데거를 다룬 2부의 글이 이 책에서 수행하는 역할이다. 첫 번째 의문은 세계적인 메를로퐁티 전문가인 르노 바르바라스 Renaud Barbaras의 최근 연구가 파토치카에 집중되어 있다는 사실이 상징적으로 보여주는 것처럼, 메를로퐁티와 파토치카가 의식적 주체보다는 몸이나 세계에 대해 탐구하는 사실상 같은 계열의 현상학자라는 점을 고려할 때 쉽게 해결된다. 적어도 이 책에서 파토치카는 메를로퐁티의 대체재 역할을 하고 있다. 문제는 두 번째 의문이다. 이 책을 단순한 논문 모음집이 아니라 한 권의 철학사 책으로 읽는다면, 2부를 제외하는 것이 책의 통일성을 위해 더 나은 선택은 아니었을까? 3부는 1부가 제기한 질료와 관련된 현상학적 난점들을 해결하려는 노력인 반면, 2부는 이러한 문제 틀에서 아무런 생산적인 역할을 하지 않는다. 그렇다면 후설, 하이데거 그리고 그 이후의 현상학자들이라는 이 책의 구성은 그저 관습적으로 반복될 뿐인 안일한 구성은 아닐까? 이 책의 토대가 되는 2013-2014년의 세미나에 하이데거 관련 발표가 단 1편도 포함되어 있지 않았다는 사실은 이러한 의문에 근거를 제공한다.

## 질료냐 물질이냐

책의 주제어인 '질료'로 돌아와 보자. 이 글의 시작에서부터 프랑스어 'matière'를 너무나 당연하다는 듯이 '질료'로 번역했지만, 사실 'matière'는 맥락에 따라 '질료', '내용', '소재', '물질', '실질' 등으로 다양하게 번역되는 말이다. 가령 이 말은 '형상' 혹은 '형식'으로 번역되는 'forme'과의 관계 속에서 사용될 때는 '질료' 혹은 '내용', '소재'로 번역되고, 정신과 대립하는 의미로 사용될 때, 즉 자연과학과 유물론에서 세계를 구성하는 존재를 지칭할 때는 '물질'로 번역된다. 그리고 앞선 경우들에 비해 드물기는 하지만 '실질'로 번역될 때도 있는데, 이 말 'matière'가 형용사형 'matériel(실질적)'으로 활용되어 'idéal(관념적)' 혹은 'virtuel(가상적)'과 대립하는 의미로 사용될 때이다.

후설을 비롯한 현상학자들은 'matière'를 명시적이든 암묵적이든

'forme'과의 연관 속에서 사용하므로, 현상학 관련 저서에 등장하는 이 말은 자연과학적 의미의 '물질'을 지시하는 경우가 아니라면 대부분 '질료'로 번역된다. 물론 예외가 없는 것은 아니다. 박영옥은 앙리의 저서 *Phénoménologie matérielle*를 《물질 현상학》이라는 제목으로 번역하면서, 이 책에 나오는 모든 'matière'를 (앙리가 인용한 후설의 문장조차) '질료'가 아닌 '물질'로 번역한 바 있다.[2] 그러나 후설의 '질료 현상학hyletisch Phänomenologie'의 'Hyle'와 앙리의 '질료 현상학phénoménologie matérielle'의 'matière'를 명백하게 구분하겠다는 이유로, 'matière'를 '물질'로 번역하려는 박영옥의 시도는 무모하다. 앙리의 현상학적 체계에서 'matière'는 결국 '삶 혹은 생명vie'을 의미하기 때문이다. 박영옥은 '물질은 생명이다' 혹은 '물질은 삶이다'라는 말이 어떻게 받아들여질 수 있는지 고려할 필요가 있었다. 또 앙리가 말하는 'matière'가 후설이 말하는 'Materie'나 'Hyle', 'Stoff'와 전혀 다른 의미를 갖는다고 할지라도, 그것이 여전히 'forme'과 연관되어 고찰되고 있다는 점을 고려할 때, '형식과 질료'라는 번역어 쌍을 고려하면 'matière'를 '물질'보다는 '질료'로 번역하는 것이 옳다. 분명 그레고리 장Grégori Jean이 〈'질료 현상학'이 말하는 '질료'란 결국 무엇인가?〉에서 지적하듯(309쪽), 앙리의 질료 현상학은 후설의 질료 현상학에 대한 반성으로부터 탄생한 것이 아니며, 그 이름조차 후설이 아닌 데카르트에게서 빌려왔다는 점은 사실이다. 그러나 이 사실이 후설의 현상학과 앙리의 현상학 사이에 아무런 관계가 없다는 점을 의미하지는 않으며,[3] 또 그 이름이 데카르트가 말한 관념의 '질료적

---

2

미셸 앙리, 《물질 현상학》, 박영옥 옮김(자음과모음, 2012). 불행하게도 이 책의 번역에는 문제가 많다. 책의 거의 모든 곳에서 발견할 수 있는 셀 수조차 없는 오역들에 비한다면, 'matière'를 둘러싼 번역의 문제는 단순한 의견 차이에 불과하다.

3

그레고리 장은 앙리가 '질료 현상학'이라는 이름을 처음 사용한 것이 데카르트에 대한 연구에서였다는 사실과, 앙리가 말하는 질료가 후설이 말하는 "형상 없는 질료"나 "형상을 위한 질료"가 아니라 "형상으로서의 질료"라는 점을 밝히며, 앙리의 '질료 현상학'과 후설의 '질료 현상학'이 전혀 다른 지평에서 전개된 별개의 현상학이라는 점을 주장한다. 앙리가 말하는 질료가 "형상으로서의 질료"라는 점에는 전적으로 동의한다. 그러나 앙리의 질료 현상학과 후설의 질료 현상학이 전혀 별개의 것이라는 그의 주장에 완전히 동의할 수는 없다. 사실 데카르트에 대한 앙리의 연구는 의식의 나타남에 대한 연구였으며, 이는 후설의 주요 개념인 지향성에 대한 연구와 다른 것이 아니다. 현상을 구성하는 의식 작용, 즉 지향성은 어떻게 나타나는가? 이것

실재성réalité matérielle'과 '형상적 실재성réalité formelle'의 대립[4]에서 가져온 것인 바, 어디에도 'phénoménologie matérielle'를 '물질 현상학'이라고 번역해야 할 이유는 없다.

결국 현상학 분야에서 'matière'는 특별한 경우가 아니라면 '질료'로 번역하는 것이 옳다. 다만 이 프랑스어 'matière'가 프랑스 현상학계에서는 후설이 사용한 두 독일어 'Materie'와 'Stoff'의 공통 번역어로 사용되는 반면, 국내 학계에서는 많은 경우 이 둘을 각각 '질료'와 '소재'로 구분하여 번역한다는 문제가 남아있을 뿐이다.[5] 그러나 이 경우에도 후설이 이 두 독일어를 모두 'Form'과의 연관 속에서 사용한다는 점과, 후설이 'Materie'나 'Hyle'와 구분하여 'Stofff'라는 말을 사용하기는 하지만 많은 경우 그 구분이 모호하고 또 그것을 명백하게 구분하여 사용할 때에도 'Materie'나 'Hyle'와 전혀 다른 무엇을 지칭하기 위해서가 아니라 그것들의 특정한 기능, 즉 그것들이 대상을 구성하는 의식에 소재로서 제공된다는 기능(이것이 뒤에서 말하게 될 '질료의 기능적 개념'이다)을 강조하기 위해 사용한다는 점에서, 프랑스어 'matière'를 그것이 'Materie'의 번역어이든 'Stoff'의 번역어이든 구별 없이 '질료'라고 번역하는 데서 발생하는 문제는 크지 않다.

---

이 앙리의 질문이며 앙리는 이 질문에 대한 해답을 데카르트의 코기토에 대한 탐구를 통해 수행했다. 즉 앙리의 질료 현상학은 후설의 질료 현상학으로부터 출발하는 것은 아니지만, 후설의 '인식작용적 현상학noetische Phänomenologie'에서 출발하며, 이 인식작용적 현상학의 문제점을 해결하는 과정에서 후설이 그 탐구 가능성을 열어놓은 질료 개념과 만난다. 앙리의 현상학과 후설 현상학의 관계에 대해서는 조태구, 〈미셸 앙리의 질료 현상학〉, 《철학논집》 49권(2017): 77-108쪽을 참조할 수 있다.

4
데카르트는 관념과 관련하여 총 세 가지 실재성을 말한다. 예를 들어 우리가 사과라는 관념을 가지고 있다고 할 때 이 관념의 원인이 되는 사과는 '형상적 실재성'을 가지고, 이 사과에 대한 관념은 그것이 사과 자체가 아니라 그것에 대한 관념이라는 점에서 '표상적 실재성réalité objective'을 가진다. 그런데 이 관념은 그것이 비록 다른 무언가를 표상하는 것으로서 실재가 아니지만, 하나의 관념으로서 실재한다는 점 또한 사실이다. 데카르트는 이렇게 관념이 관념으로서 갖는 실재성을 '질료적 실재성'이라고 부른다. 앙리는 이 질료적 실재성이라는 데카르트의 용어로부터 "질료"라는 개념을 가지고 왔으며, 이 기원이 갖는 의미에 착안해서 *Phénoménologie matérielle*의 일본어 번역본은 이를 "실질 현상학"이라고 옮기고 있다. 그러나 이러한 번역은 '물질'보다는 낫다고 할 수 있지만, 앞서 언급한 이유들을 고려할 때 문제가 있다.

5
프랑스어권에서도 옮긴이에 따라 'Stoff'를 'matériau'로 구분하여 번역하기도 한다.

실제로 이 책에 수록된 대부분의 글에서 'matière'는 '질료'로 번역될 수 있으며, 그러한 의미로 새겨야만 관련 논의를 정확하게 이해할 수 있다. 다만 오직 한 군데, 앞서 책의 통일성을 해치는 부분이 아닌가 의심했던 하이데거의 현상학적 논의를 다루는 2부는 예외에 해당한다. 특히 하이젠베르크에 대한 하이데거의 비판을 다루는 스팍의 글 〈물질과 상관성: 하이데거와 하이젠베르크가 말하는 현대 물리학에서 물질적 실재성의 지위Matière et corrélation. Le statut de la réalité matérielle dans la physique contemporaine chez Heidegger et Heisenberg〉에서 'matière'는 거의 모든 경우 '질료'가 아닌 '물질'로 번역해야 한다. 첫머리에서 스팍이 밝히듯, 이 글이 문제 삼는 것은 현상학이 어떻게 존재함과 나타남을 동일시하는 상관주의 corrélationisme[6]를 유지하면서도 'matière'를 탐구할 수 있는가 하는 문제이고, 이때 그가 말하는 'matière'는 '형식forme'과의 관계에서 타자로 규정되는 '질료'가 아니라 "정신(그리고 그것의 다양한 역사적 변용들인 의식, 주체, 영혼 등)과의 관계에서 타자"로 규정되는 '물질'이다.(157쪽) 따라서 이 글의 제목 역시 '물질과 상관성', '물질적 실재성의 지위'라고 옮겨야 한다.

그런데 스팍에 따르면, 현상학은 명백하게 상관주의를 채택하고 있음에도 상관주의에 대한 가장 강력한 비판 중 하나는 역설적이게도 현상학, 특히 하이데거에 의해 제기되었다.(160쪽) 이 점에 대해서는 프랑수아즈 다스투르Françoise Dastur 역시 스팍과 의견을 같이하지만, 둘의 결론은 사뭇 다르다. 다스투르의 글 〈해석학적 현상학 대 질료 현상학: 하이데거와 질료에 관한 질문Phénoménologie herméneutique *versus* phénoménologie hylétique. Heidegger et la question de la matière〉은 '질료와 형상' 혹은 '의식과 대상'이라는 상관관계의 해체라는 관점에서 하이데거의 사상을 초기부터 후기까지 조망한 뒤, 최종적으로 모든 존재함과 경험의 감춰진

---

6

현상학에서 존재한다는 것은 나타난다는 것을 의미한다. 즉 존재하는 무언가가 있고, 그것이 나타나거나 나타나지 않을 수 있는 것이 아니라, 오직 나타나는 것만이 존재하는 것이고 나타나지 않는 것은 존재하지 않는 것, 없는 것이다. 따라서 모든 존재하는 대상들은 그것을 나타내는 주체와 상관적으로 존재할 수밖에 없다. 하이데거가 양자역학에 관심을 가진 것도 이러한 이유 때문이다.

토대를 의미하는 하이데거의 "대지Erde" 개념에 도달한다. 다스투르에 따르면, 하이데거가 이해하는 물질은 "우리가 [대지라는] 이 근거Grund 에 대해 최초로 갖는 경험에 과학이 부여한 모습figure"이다.(152쪽) 반면 스팍은 하이데거의 현상학에서 "물질에 대한 적극적이고 잘 이해된 개념"을 갖기 위해서는 "대지[라는 개념]를 참조해야만 한다"는 점을 인정하면서도(183쪽), 하이데거에게 물질이 다만 과학이 우리의 원초적 경험에 부여한 모습일 뿐이라는 결론에는 동의하지 않는다.

스팍에 따르면, 하이데거는 하이젠베르크의 양자물리학을 높이 평가하면서도 그것이 여전히 주체성과 이성성에 대한 형이상학적 믿음에 기반하여 학문을 설립하려고 했다는 점을 비판한다. 이러한 하이데거의 비판이 드러내는 바는 근대 물리학과 현대 물리학 사이의 불연속성이 감추고 있는 연속성이며, 이러한 연속성은 현존재Dasein[7]의 역사가 아닌 존재Sein 자체의 역사가 가지는 연속성으로서, 기술이 고대 희랍에서부터 현대에 이르기까지 지속적으로 세계에 대한 지배를 강화해 온 역사의 연속성을 의미한다.(181쪽) 실제로 하이데거에 따르면, 현대 물리학의 등장으로 인해 제거되는 것은 하이젠베르크의 생각과 달리 주체로부터 독립하여 존재하는 객체와 그러한 객체들로 구성된 세계만이 아니다. 대상을 관찰하는 주체로서의 과학자 역시 자신이 사용하는 기술에 종속되어 있다는 점에서 제거된다. 이렇게 기술은 주체와 객체를 제거함으로써 둘 사이의 상관관계를 해체하며, 이제 남는 것은 존재 자체로 이해되는 기술의 자율적인 전개뿐이다. 그런데 문제는 인간 주체가 사라진 이후에도 여전히 기술이 기술로서 남아있을 수 있는가 하는 점이다.(185-186쪽) 또 기술의 자율적인 전개가 있을 뿐이라 하더라도, 이러한 기술은 적어도 기술이 적용되는 대상, 즉 물질의 현존을 가정해야 한다.(183쪽) 즉 하이데거는 기술을 언급하는 한 현존재를 완전히 제거할 수 없고, 이렇게 인간 주체로서의 현존재가 남아있는 한 기술에 의해 그 현존이 가정되는 물질은 현존재의 의식에 주어지는 한에서만 나타날 수 있는 무엇이 된다. 하이데거의 현상학에서 물질은 그 자체로

---

7

'그곳에da 있는sein'이라는 뜻으로, 하이데거 철학에서 현실적이고 구체적인 개별 인간을 뜻한다.

현존하는 무엇이어야만 하지만, 하이데거의 현상학은 상관주의에서 완전히 벗어나지는 못했기 때문에 이러한 물질을 그 자체로서 탐구할 수 없다는 모순적 상황에 봉착한다.

결국 하이데거 현상학의 대안으로 파토치카의 현상학적 우주론을 제시하며 끝을 맺는 스팍의 글은 그 자체로 흥미롭지만, 주목할 지점은 글을 통해 드러나는 하이데거 현상학의 한계가 후설 현상학의 한계로 지적되는 것들과 크게 다르지 않다는 사실이다. 즉 적어도 스팍의 글을 통해 제시되는 하이데거의 현상학은 후설의 현상학과 논의의 층위가 같다. 그런데 이는 다스투르의 글에서도 확인되는 사실이다. 하이데거가 자신의 철학 전체를 통해 진행한 상관주의의 해체를 설명하는 매 국면마다 다스투르는 하이데거가 전개한 논의와 동일한 차원의 논의를 후설의 현상학에서도 발견할 수 있다는 점을 반복해서 밝히고 있다. 그러나 이러한 설명이 하이데거의 현상학에 독창성이 없다는 점을 말하는 것은 아니다. 문제는 후설과 하이데거 이후 현상학자들, 특히 프랑스 현상학자들이 하이데거를 활용하는 방식이다.

이론의 여지없이 프랑스 현상학자들은 하이데거에게 깊은 영향을 받았다. 비판적이든 긍정적이든 이들은 하이데거의 저서를 주의 깊게 독해했고, 말할 수 없이 섬세하며 깊이 있는 수많은 연구를 진행했다. 그러나 고유한 현상학을 전개하기 위해 문제를 설정하거나 해결하려 할 때는 정작 하이데거가 아닌 후설에게로 돌아간다. 하이데거가 프랑스 현상학에 끼친 영향이 치명적인 것은 이 때문이다. 하이데거는 구체적인 문제가 아니라 철학하는 방식, 철학함의 스타일로 프랑스 현상학을 지배한다. 후설이 설정했거나 남겨놓은 문제 틀 안에서 하이데거의 스타일로 철학하는 것이야말로 프랑스 현상학의 전형적인 모습이며, 이 때문에 하이데거가 질료의 문제와 관련해 후설과 동일한 차원에서 논의를 전개했고 유사한 한계에 봉착했다고 평가됨에도, 다시 말해 질료와 관련된 문제에서만큼은 아무런 생산적인 기여를 한 바 없다고 평가됨에도 이 책에서 빠질 수 없었던 이유이다. 하이데거는 프랑스 현상학에서 결코 지워질 수 없는 이름이다.

## 질료의 기능적 개념과 질료적 선험

그렇다면 질료와 관련하여 후설이 남겨 놓은 문제는 구체적으로 무엇인가? 1부에 수록된 후설에 대한 모든 글들은 도미니크 프라델Domi-nique Pradelle처럼 후설의 질료에 대한 탐색을 칸트와의 비교를 통해 논의하든(〈질료와 가지성: 현상학에서 질료의 재평가와 기능Matière et intelligibilité. Réévaluation et fonctions de la matière en phénoménologie〉), 존 로고브 John Rogove처럼 고대 희랍에서부터 이어지는 보다 긴 철학사적 맥락에서 논의하든(〈후설, 전통적 질료-형상주의와 질료적 선험 사이: "질료" 개념의 현상학적 폐지를 향해Husserl entre hylemorphisme traditionnel et *a priori matériel*. Vers l'abolition phénoménologique de la notion de «matière»〉), 아니면 장 프랑수아 라비뉴Jean-François Lavigne처럼 개체화individuation에 집착하는 후설에 대한 비판적 관점에서 논의하든(〈후설이 말하는 질료와 개체화: 형상적 개체성의 기원Matière et individuation selon Husserl. L'origine des singular-ités eidétiques〉), 결국에는 모두 질료와 관련하여 후설이 제시한 '질료의 기능적 개념concept fonctionnel de la matière'과 '질료적 선험a priori matériel'에 대한 논의로 귀착된다.

이 두 개념은 각각 질료가 형상과 맺는 전혀 반대되는 관계를 지시한다. 먼저 '질료의 기능적 개념'은 앞서 언급한 것처럼 대상을 구성하는 지향적 형상에 소재로 제공되는 질료의 기능을 가리킨다. 여기서 질료는 우선 형상과 독립적으로 존재하고, 이후 형상에 제공되어 의미를 지닌 대상으로 구성되는 수동적인 소재로 여겨진다. 반면에 '질료적 선험'은 색과 면 혹은 소리와 지속이 그 본성에 의해 필연적으로 함께 나타날 수밖에 없는 것처럼, 대상을 구성하는 질료가 그 자신의 고유한 법칙에 따라 주어짐을, 즉 자신의 고유한 형상을 선험적으로 지니고 있음을 의미한다. 여기서 형상은 질료 밖에 있는 것이 아니라 질료 자체에 내재하고, 따라서 그것들 자신의 고유한 선험적 법칙에 따라 주어지는 질료들은 더 이상 지향적 형상에 제공되어 대상으로 구성될 뿐인 수동적인 소재들일 수 없다.

르노디는 후설의 초기 저작인 《논리 연구*Logische Untersuchungen*》를 통해 이 두 개념을 제시하며, 후설이 질료와 형상의 전통적 대립에 대한 성찰을 통해 우선 '질료적 선험', 즉 경험할 수 있는 형상이 존재함을 밝히고, 이후 다시 '질료의 기능적 개념'을 제시함으로써 기존의 전통적 대립으로 회귀하는 것처럼 설명한다. 하지만 '질료의 기능적 개념'은 흔히 후설의 전기 현상학으로 평가받는 정적 현상학에서 주로 사용되는 질료 개념이며, '질료적 선험'은 후설의 후기 현상학으로 평가받는 발생적 현상학에서 중요한 역할을 하는 개념이다.[8]

잘 알려진 것처럼 후설의 정적 현상학은 의미를 가진 대상을 지향하고 있는 형상을 중심으로 현상의 구성을 설명하는 현상학을 말하며, 따라서 관념론적 성격을 띤다. 현상의 구성이란 소재로서 주어진 감각적 질료들을 매개로 의미를 가진 대상을 구성하는 의식의 능동적 활동을 의미한다. 이러한 의식의 구성 작용은 질료에 작용하는 인식 작용인 노에시스noesis와 그 결과물로서의 인식 대상인 노에마noema의 도식으로 그려진다. 반면, 후설의 발생적 현상학에서 주도적으로 현상의 구성을 이끌어가는 것은 선험적 법칙에 따라 주어지는 감각적 질료들이며, 따라서 발생적 현상학은 실재론적인 성격을 띤다. 여기서 감각적 질료들은 그 자체로 선험적 질서를 갖춘 것으로 고려되고, 의식이 실현하는 현상의 구성 작용은 이 질료들에 질서를 부여하는 것이 아니라, 반대로 질료들이 지닌 고유한 질서에 따라 조정된다. 질료들은 자체 내의 선험적 질서에 따라 집적되고 종합됨으로써 선先-구성된 의미를 가진 것으로서 주어지며, 이제 인식의 능동적인 구성 작용은 질료들에 의미를 부여하는 것이 아니라, 질료들에 의해 선-구성된 이러한 의미들을 드러내는 작용으로 그 역할이 축소된다.

그러나 문제는 정적 현상학이든 발생적 현상학이든, 질료의 기능적 개념이든 질료적 선험이든, 그 어느 것도 질료 그 자체의 주어짐에 대해서는 아무것도 설명해 주지 않는다는 점이다. 먼저 질료의 기능적 개념에 따르면, 질료는 대상을 구성하는 소재로서 오직 지향적 형상과의 관계 속에서만 정당성을 갖는다. 그렇다고 질료가 중요하지 않은 것은 아니다. 오히려 질료는 대상을 실존하는 것으로서 구성하기 위해 반드시 요구되는 필수 요소이다. 그렇다면 이러한 질료는 어떻게 주어지는가? 르노디는 후설이 제시한 한 가지 답을 언급한다. 질료는 감각적 작용에 의해 주어진다. 그런데 이 감각적 작용은 단순한 작용이며, "바

---

8

이러한 구분은 매우 도식적이라는 점을 밝혀둔다. 후설의 전기 현상학 전체가 정적 현상학인 것도, 후기 현상학 전체가 발생적 현상학인 것도 아니다. 심지어 정적 현상학과 발생적 현상학의 구분도 생각만큼 분명하지 않다. 그러나 설명을 위한 단순화의 위험은, 특히 후설의 현상학의 경우라면 감수할 수밖에 없다.

로 이 단순성으로 인해 이 작용은 필연적으로 현상학적 분석에서 벗어"
난다. "후설은 항상 현상학적 기술을 체험의 구조들에 대한 해명이라고
생각했"기 때문에, 단순한 것이기에 구조를 가지지 않는 이 작용은 현상
학적 기술의 대상이 되지 않는다.(34쪽) 감각적 작용, 즉 단순한 직관은
대상을 구성하는 지향적 의식을 이루는 작용 전체에 토대를 제공하는
가장 필수적인 것이지만, 현상학적 분석의 대상도, 현상학적 기술의 대
상도 아니다. 직관은 다만 전제될 뿐이며, 그렇게 질료의 주어짐, 나타
남, 즉 존재는 아무런 설명 없이 가정된다.

　질료적 선험의 경우에도 사정은 다르지 않다. 후설은 질료들 자체
에 내재하는 선험적 법칙을 말하면서 질료와 형상의 전통적 대립을 해
체시키고, 형상 자체가 경험될 수 있음을 밝힘으로써 경험의 영역을 확
장했지만, 정작 질료에 대한 경험에는 관심을 두지 않았다. 가령 색과
면 혹은 소리와 지속이 필연적으로 함께 나타날 수밖에 없다는 점을 말
할 때 후설의 관심은 색과 면, 소리와 지속 사이에 형성되는 필연적인
'관계'에 있지, 지금 보이는 색이 빨간색인지 노란색인지, 지금 들리는
소리가 피아노 소리인지 바이올린 소리인지에는 관심이 없다. 경험적
대상이 질료들에 내재하는 선험적 질서에 따라 선-구성된 의미를 가진
채 주어질 때에도, 이 대상을 특정한 영역으로 분류해 주는 것은 경험
의 형상적 측면이지 질료적 측면이 아니다. 후설은 질료에 내재하는 법
칙성, 즉 형상을 말하면서 질료를 소외시킨다. 질료와 형상의 대립은 자
리만 옮겼을 뿐이며, 질료에 대한 형상의 우위는 그대로 유지된다. 르노
디가 밝혔듯《논리 연구》에서는 '질료적 선험' 개념이 먼저 등장하며 그
후에 '질료의 기능적 개념'이 서술되는데, 이 순서는 단순한 논의 전개
의 순서가 아닌 것처럼 보인다. 후설 현상학에서 질료의 소외는 체계적
이고 근본적이다.

　질료의 이런 소외를 현상학의 무관심으로 이해하는 것은 옳지 않
다. 사실 질료 자체의 나타남은 후설 현상학이 형상과 질료의 도식, 의
식과 대상의 상관관계를 유지하는 한 결코 해명할 수 없는 사안이다. 질
료의 소외는 현상학의 무관심의 결과가 아니라 무력함의 결과이다. 가
령 형상에 소재로 제공되기 이전의 질료, 형상 없는 질료는 어떻게 나타
나는가? 선-구성된 의미를 가진 세계는 의식에 주어지기 이전에는 어떠
한 상태의 것이며 어떻게 존재하는가? 자크 데리다Jacques Derrida, 앙리,

레비나스, 디디에 프랑크Didier Franck 등 일군의 프랑스 현상학자들은 후설 현상학의 가장 깊은 층위에서 제기되는 이러한 방식의 질문을《내적 시간의식의 현상학》에 등장하는 '근원인상Urimpression'과 관련된 것이라고 생각했다. 후설에 따르면, 근원인상이란 "지속하는 대상의 "산출"이 시작되는 "원천점""이다.[9] 이 근원인상은 아직 인식 작용이 적용되지 않은 순수한 질료이며, 시간의식을 포함한 모든 구성의 시작점으로서 시간의 시작, 살아있는 현재이다. 그러나 이 문제를 탐구한 모든 프랑스 현상학자들은 근원인상의 발생이 후설 현상학의 체계 속에서는 설명될 수 없다는 점을 인정한다. 근원인상 자체가 이미 그것이 구성할 대상을 지향하고 있다고 말한다고 해서 달라지는 점은 없다. 그것이 무엇이든 의식에 주어져야 하는 것인 한, 의식에 주어지기 이전 상태에 대한 질문은 언제나 가능하다.

그런데 반드시 의식에 주어져야만 하는가? "왜 주소adresse 없는 현현manifestation은 불가능한가?"(187쪽) 스팍은 '~에게'라는 "여격le datif은 현현의 필수 구조가 아니"라고 쓴다.(같은 쪽) 물론 그럴 수 있다. 그러나 이렇게 의식에 주어짐을 배제할 때, 나타남과 존재함의 동일성을 부정할 때, 혹은 완전히 다른 방식의 나타남의 방식을 말하고 그것을 존재함과 동일시할 때, 다음의 질문이 뒤따라 제기된다. 그때도 여전히 현상학은 가능한가? 현상학이란 무엇인가?

## 현대 프랑스 현상학의 두 갈래 길

결국 후설이 질료에 대한 현상학적 탐구를 전개하며 마주한 곤란함은 현상학 그 자체를 문제 삼고, 이 문제를 해결하려는 후설 이후 현상학자들의 노력은 새로운 현상학의 등장을 예고한다. 현대 프랑스 현상학에서 이러한 철학사적 흐름은 크게 두 가지 방향으로 진행되었고, 이 책의 3부에 수록된 글은 각각 이 두 경향을 대표한다. 프랑수아다비드 세바François-David Sebbah는 선집《프랑스 현상학과 독일 현상학Phénoménologie française et phénoménologie allemande》에 수록된 글에서, 파토치카가 후설을 독

---

9
에드문트 후설,《에드문트 후설의 내적 시간의식의 현상학》, 이남인·김태희 옮김(서광사, 2020), 118.

해하며 제시한 '에포케epoché'와 '환원Reduktion'의 구분을 이용해 이 두 경향을 설명한다.[10] 먼저 파토치카의 논의를 짤막하게 살펴보자.

파토치카에 따르면 후설 현상학에 등장하는 에포케와 환원은 서로 다른 연구 방법론을 지칭한다.[11] 먼저 후설이 말하는 환원은 모든 존재하는 것들을 구성의 주체인 에고 혹은 의식에 종속시킴으로써 현상학적 구성을 수행하기 위한 토대를 마련하는 과정이다. 이러한 과정을 거쳐 에고 혹은 의식을 지칭하는 초월론적 주체성transzendentale Subjektivität은 가능한 모든 실재 세계를 자기 안에 지닌 설립의 궁극적 기반, 절대적 존재의 영역으로 제시된다. 반면 후설이 《순수현상학과 현상학적 철학의 이념들 I》에서 "각각의 주장thèse과 관련해 우리는 완전한 자유를 가지고 원초적 에포케, 즉 어떤 판단 중지를 수행할 수 있다"[12]고 할 때, 이 에포케는 주장에 대해 긍정도 부정도 하지 않고 다만 판단을 중지한 채 그 주장을 괄호 속에 넣는 철학적 행위를 가리킨다. 그런데 문제는, 완전히 자유로운 이런 에포케를 보편적으로 적용하면 후설이 구성의 토대로 여기는 초월론적 주체성에 대한 주장 역시 정립될 수 없다는 사실이다. 파토치카에 따르면 이러한 곤란함이 바로 후설이 에포케의 자유를 제한하는 이유이다. 후설은 "현상학을 설립하고자 한다면 이렇게 미결정 상태 속에 머물 수는 없"으며, "이제 자유를 제한해야 하고 새로운 관계들을 채택해야 한다"고 말한다.[13] 그렇게 에포케의 보편적 적용은 제한되고, 이러한 자유의 제한을 통해 실현되는 것이 바로 환원이다. 후설에게 에포케는 환원의 전前 단계일 뿐이며, 환원을 통해 후설이 도

---

10

François-David Sebbah, "une réduction excessive: où en est la phénoménologie française," *Phénoménologie française et phénoménologie allemande*, Eliane Escoubas et Bernhard Waldenfels (éd.) (L'Harmattan, 2000), 155-174.

11

Jan Patočka, "Épochè et réduction," *Qu'est-ce que la phénoménologie?*(Jérôme Millon, 2002), 217-228.

12

Edmund Husserl, *Idées directrices pour une phénoménologie*, Paul Ricœur (trad.) (Gallimard, 1998), 100(Hua III, 55).

13

Edmund Husserl, *Idées directrices pour une phénoménologie*, 102(56).

달하고자 하는 곳은 자신 안에 가능한 모든 실재 세계를 포함하는 구성의 토대로서의 의식이고, 나타나는 모든 것을 나타나게 하는 최종적 기반으로서의 초월론적 주체성이다. "환원은 구성의 토대 위로 세계를 다시 이르게reconduire" 할 것이며,[14] 이렇게 후설 현상학은 환원과 구성으로 이루어진 초월론적 체계로 구축된다.

그러나 파토치카가 보기에, 후설의 이런 초월론적 체계는 나타남 자체에 충실함으로써 '엄밀한 학'이기를 원하는 현상학의 기획을 스스로 배반하는 사변적 존재론에 불과하다. 후설은 "현상학을 설립"하겠다는 이유로 이러한 에포케의 자유를 제한했지만, 주체성이나 자기soi와 관련된 주장들이 에포케의 적용에서 벗어날 이유는 어디에도 없다. 자기에 대한 경험이 사물에 대한 경험보다 더 직접적이라는 주장은 파토치카에게는 편견일 뿐이며, 완전한 자유를 지닌 에포케를 보편적으로 적용할 때 "자기에 대한 경험은 사물에 대한 경험과 마찬가지로 어떤 선험a priori"을 가지고 있음이 밝혀질 것이다.[15]

이렇게 보편적으로 적용된 에포케가 드러내는 선험이 바로 파토치카가 "세계"라고 부르는 것이며, 이러한 세계는 분명 본래적인 것l'orginaire이지만, 환원을 통해 드러나는 초월론적 주체성이 본래적이라고 불리는 것과 같은 뜻은 아니다. 세계는 하나의 존재도, 하나의 존재자도 아니며, 나타나는 모든 것을 나타나게 하는 특정한 영역이나 토대, 기반도 아니다. 세계는 나타남의 보편적 구조로서 나타나는 모든 것을 나타나게 하는 조건이지만, 나타나는 것과 세계 사이에는 어떠한 위계도 성립하지 않는다. 여기에는 주체가 없고, 스팍이 말한 '~에게'라는 "여격"이 없다. 에포케의 보편적 적용을 통해 드러나는 것은 나타난 것의 나타남 자체이며, 익명의 상태에서 벗어난 그 나타남의 구조 자체이다. 파토치카의 현상학은 이러한 나타남의 구조, 즉 세계를 탐구하며, 앞서 말한 바 이러한 탐구에서 논의의 핵심에 자리하는 것은 질료이다.(245쪽)

세바는 에포케와 환원의 구분에 관한 파토치카의 규정을 이용하여

---

14

Jan Patočka, "Épochè et réduction," 222.

15

Jan Patočka, "Épochè et réduction," 224.

현대 프랑스 현상학을 분류한다. 그에 따르면 현대 프랑스 현상학을 두
갈래로 나눌 수 있게 해주는 기준은 세계와 주체성 같은 주제나 질문이
라기보다는, "현상학의 요구 자체를 이해하는 방식—즉 환원을 이해하
는 방식에 더 관계된다".[16] 즉 한편에서는 환원을 파토치카가 말한 "에포
케"처럼 "나타남apparaître 그 자체를 되찾기 위해, 나타난 것의 실존에 대
한 주장을 괄호치고 중단"하는 것으로 이해하는 반면, 다른 한편에서는
환원을 파토치카가 말한 "환원"처럼 "본래적인 것으로 향하는 되돌아
감reconduction"으로 이해한다. 이런 이해 차이로부터 각각 "세계의 궁극
적 지평을 모든 나타남의 선험으로 밝혀내는 (그러나 어떠한 설립의 토
대도 제공하지 않는) 현상학"과 "본래적인 것으로 되돌아가는 현상학"
이 등장한다.[17]

세바는 환원에 대한 첫 번째 이해 방식으로부터 발생하는 현상학
의 계열을 "메를로퐁티 계열famille merleau-pontyenne"이라고 부르고, 이 계
열에 앙리 말디네Henri Maldiney, 자크 가렐리Jacques Garelli, 바르바라스를
위치시킨다. 이들은 "환원을 궁극적 토대로 되돌아감이라기보다는 우
리를 세계의 지평으로 데려가는 괄호 치기로 이해하고 실천"하며, 이 계
열의 현상학에서도 분명 본래적인 것으로 올라가려는 요구는 있지만
"궁극적이고 절대적인 설립자에 이르는 것"은 어떠한 경우에도 이들의
목표가 아니다. 반면 환원에 대한 두 번째 이해 방식으로부터 발생하는
현상학에서, 문제는 "그 이상으로는 더 이상 거슬러 올라갈 수 없고 […]
모든 나타남을 그에 관계시킬 수 있는 본래적인 것"을 향해 되돌아가
는 것이다. 따라서 이러한 현상학에서 주체성은 중심적 자리를 차지하
며, 세바는 현대 프랑스 현상학의 비-메를로퐁티 계열이라고 부를 수 있
는 이 현상학의 계열에 앙리와 레비나스, 데리다와 장뤽 마리옹Jean-Luc
Marion을 위치시킨다.[18] 이 두 번째 계열의 현상학자들이 공유하는 목표

---

16

François-David Sebbah, "une réduction excessive," 162.

17

François-David Sebbah, "une réduction excessive," 163.

18

이 단락의 모든 인용은 François-David Sebbah, "une réduction excessive," 164.

는 나타남의 궁극적 기반, 절대에 도달하는 것이며, 도미니크 자니코 Dominique Janicaud가 이들에게 "신학적 전회le tournant théologique"라는 문제적 이름을 부여한 것은 이 때문이다.[19]

이 두 계열의 현상학은 모두 후설 현상학의 초월론적 주체성을 비판한다. 그러나 앞서 파토치카의 비판에서 보았던 것처럼, 첫 번째 계열이 후설의 과도함을 비판하는 반면 두 번째 계열은 후설이 충분하게 과도하지 못했음을 비판한다. 이 두 계열의 기준에서 후설은 각각 너무 많이 나갔거나 너무 조금 나갔다. 첫 번째 계열의 기준에서 후설은 본래적인 것을 찾겠다는 이유로 나타남을 그 자체로 드러내야 하는 현상학의 요구를 배반했으며, 두 번째 계열의 기준에서 후설은 가장 본래적인 것을 찾아야 하는 현상학의 요구에 충실하지 못한 탓에 나타남을 나타나게 만드는 보다 궁극적인 나타남을 보지 못했다. 후설의 현상학은 자신이 제시한 현상학의 요구에 충실하지 못한 과대하거나 과소한 현상학이며, 이 과도함과 과소함에 의해 곤란해진 것이 다름 아닌 질료 그 자체에 대한 현상학적 탐구이다.

세계를 초월론적 주체성으로 환원해 버리고 모든 나타남을 그에 종속시켜 버린 탓에 질료로 충만한 세계는 언제나 의식의 상관자로서만 주어질 뿐 그 자체로 나타날 수 없었고, 이러한 상관주의에 머물면서 더 본래적인 차원으로 나아가지 못한 탓에 형상과 관계 맺기 이전의 질료, 근원인상이라는 순수한 질료성을 파악할 수 없었다. 보다 덜 나아가거나 보다 더 나아가야 한다. 그렇게 할 때, 보다 덜 혹은 보다 더 나아간 그곳에서 형상과 질료의 대립 이전에 존재하는 모든 존재 발생의 운동이자 힘 자체인 파토치카가 말하는 질료적 "세계"를 만나거나(244쪽), 모든 형상에서 벗어나 순수한 질료성으로 말을 거는 레비나스가 말하는 타자의 "얼굴"(215쪽) 혹은 형상과 질료라는 대립의 밑에서 스스로 나타나는 "형상으로서의 질료"(318쪽), 즉 앙리가 말하는 삶을 만날 것이다.

19
Dominique Janicaud, *Le tournant théologique de la phénoménologie français* (l'Éclat, 1991).

논문 모음집임에 분명한 이 책에 너무 과한 의미 부여를 한 것인지는 모르겠다. 현대 프랑스 현상학의 흐름을 세바의 구분에 따라 읽는 이러한 방식에 동의하지 못할 수도 있고, 현대 프랑스 현상학 전체를 질료 현상학으로 규정하는 과감함이 부담스러울지도 모른다. 그러나 책은 여러 방식으로 읽힐 수 있고, 그렇게 여러 방식으로 사람을 즐겁게 한다.

그런데 다른 방식으로 읽는 것이 가능한가? 후설 이후의 현상학이 여전히 현상학이라면, 또 새로운 현상학이 아직 가능한 것이라면, 그것은 후설이 마주했던 곤란한 질문을 다시 묻는다는 것을 의미할 것이다. 그리고 바로 그 문제로부터 시작하지는 않더라도 '현상학'이라는 길을 걷고 있는 것이 사실이라면, 언젠가는 또 어떠한 방식으로든, 후설이 마주한 질료의 문제를 만나게 될 것이라는 점은 자명하다. 논문 모음집을 병치된 개별 글의 단순한 모음이 아니라 유기적으로 연결된 한 권의 책으로 만드는 것은 독자의 시선이다. +

참고 문헌

조태구. 〈미셸 앙리의 질료 현상학〉.《철학논집》49권(2017): 77-107.

앙리, 미셸.《물질 현상학》. 박영옥 옮김. 자음과모음, 2012.

후설, 에드문트.《에드문트 후설의 내적 시간의식의 현상학》. 이남인·김태희 옮김. 서광사, 2020.

_____. *Idées directirices pour une phénoménologie*. Paul Ricœur (trad.) Gallimard, 1998. *Hua* III.

_____. *Recherches logiques*, III. Hubert Élie, Arion L. Kelkel et René Schérer (trad.) PUF, 1963. *Hua* XIX.

Janicaud, Dominique. *Le tournant théologique de la phénoménologie français*. l'Éclat, 1991.

Patočka, Jan. "Épochè et réduction." *Qu'est-ce que la phénoménologie?*. Jérôme Millon, 2002: 217-228.

Sebbah, François-David. "une réduction excessive: où en est la phénoménologie française." *Phénoménologie française et phénoménologie allemande*. Eliane Escoubas et Bernhard Waldenfels (éd.) L'Harmattan, 2000: 162-173.

조태구

경희대학교 HK+통합의료인문학연구단 HK연구교수. 경희대학교를 졸업한 뒤 프랑스 파리-낭테르 대학(파리10대학)에서 철학 박사 학위를 받았다. 프랑스 정신주의와 프랑스 현상학을 중심으로 삶vie에 대해 탐구했으며, 현재는 '의료'라는 인간외 고유한 활동을 통해 인간에 대해, 나아가 다시 삶에 대해 질문하고 있다. 발표한 논문과 저서로는 〈미셸 앙리의 구체적 주체성과 몸의 현상학〉, 〈반이데올로기적 이데올로기 — 의철학 가능성 논쟁: 부어스와 엥겔하르트를 중심으로〉,《의철학 연구: 동서양의 질병관과 그 경계》(공저),《죽음의 인문학》(공저) 등이 있다.

# 심효원

# 20세기의 미디어 역사 /
# 21세기의 미디어학 역사

프리드리히 키틀러,《축음기, 영화, 타자기》,
유현주·김남시 옮김(문학과지성사, 2019)
Friedrich Kittler, *Gramophone /Film /Typewriter*
(Brinkmann u. Bose, 1986)

먼저 다음의 문제를 생각해 보자. 근대 유럽에 민주주의가 전방위로 도입된 요인은 무엇일까? 민주주의란 국가의 주권이 개별 시민들에게 공평하게 있음을 인정하고 정치적 자유와 권리를 보장해 주는 체제로서 고대 그리스까지 거슬러 올라가는 역사적 계보를 지닌다. 여기에는 인간의 존엄, 자유, 도덕 등의 무형적 가치 추구와 실현에 대한 긴 성찰이 따라붙곤 한다.

그러나 프리드리히 키틀러Friedrich Kittler는 "무제한으로 회전하는 인쇄용 원통이 무제한으로 길게 이어지는 원통형 종이와 맞물려 빙빙 돌면서 인쇄물을 뽑아내는"[1] 윤전기가 19세기 초 여러 유럽 국가에서 민주주의로의 이행을 뒷받침했다고 주장한다. 무한정 공급되는 종이 위에 쉬지 않고 고속으로 문서를 인쇄하는 기술이 많은 사람의 다양한 의견이 거의 실시간으로 표출되는 민주주의적 인프라로서 기능했다는 것이다. 가장 유명하고, 가장 많이 인용된《축음기, 영화, 타자기》서문의 첫 번째 문장 "매체가 우리의 상황을 결정한다"(7쪽)는 이처럼 인간의 사회적, 문화적 특징들을 당대 미디어 체계의 효과로 간주하겠다는 선언이다.

키틀러는 '독일 미디어학'이라는 1980년대와 1990년대의 경향을 이끈 미디어학자이자 베를린 훔볼트 대학교의 교수였다. 독일 미디어학은 주로 미디어의 물질성, 기술·사회 네트워크의 소통 등을 다루는 독일발 연구를 총칭하지만, 핵심 개념 '미디어'는 문제적인 용어로 간주되기도 한다. 학자들이 공유하는 미디어의 정의를 찾아보기도 어렵고 학자들의 학문적 의견도 대체로 양립이 불가능한 까닭이다. 미디어학자 중 키틀러의 저술은 단연 많이 번역되고 연구되었으며, 독일에서 '키틀러 유겐트Kittler Jugend'를 양산했을 뿐 아니라[2] 북미 등 전 세계에서 반향을 불러일으켰다. 이 독일 미디어학과 (독일 미디어학을 대표하기에는

---

1

프리드리히 키틀러,《광학적 미디어: 1999년 베를린 강의》, 윤원화 옮김 (현실문화, 2011), 194.

2

유현주·김남시,《프리드리히 키틀러》(커뮤니케이션북스, 2019), ix.

너무 개성이 강했지만 그럼에도) 많은 경우 함께 거론되었던 키틀러는 분명 영국이 공고하게 구축해 온 문화 연구에 비하면 미약했던 독일의 문화 관련 학문의 위상을 높이며 다양한 논의를 파생시켰다.[3]

특히 키틀러는 동시대 인문학의 관점을 쇄신하고 간학제적, 교차학제적 방법론이 새로이 득세하는 데 직간접적인 영향을 크게 미친 학자 중 한 명이다. 키틀러의 이론은 오랜 시간 간과되고 분리되어 왔던 기술을 다시 인문학의 영역 안으로 끌고 왔고, 그럼으로써 인문과학과 자연과학이 통섭하는 계기를 마련했다. 그는 문예학자로 연구를 시작했지만 공학, 수학, 기술을 아우르는 주제들을 평생 다루었다. 키틀러는 아날로그 신시사이저를 소유하여 선으로 얽힌 회로를 실질적으로 만져 왔고, 컴퓨터공학, 프로그래밍 언어를 오랜 시간 공부하고 직접 가르쳤다. 그가 소유한 공학, 수학, 기술에 대한 전문적인 지식은 이러한 실질적인 이해에서 비롯한다.[4]

키틀러는 인간, 기술, 문화, 자연이 불가분의 순환 관계에 놓인 동시대에 시의적절한 관점을 제시하여 인문학이 그에 맞는 역할을 모색하는 이론적 근간을 마련했다. 그는 기본적으로 인간 문화에서 특정 방식으로 드러나 있는 당대 미디어의 물질성에 초점을 맞추며, 유례 없이 급진적인 그의 관점은 미디어 연구에 새로운 방향을 제시했다. 그 결과, 21세기 전후로 전통적 미디어가 디지털 미디어로 전환되기 시작한 양상과 미디어 문화가 전 지구에 일으키는 변화를 파악하기 위한 동시대의 여러 학문적 시도에서 키틀러의 영향을 감지할 수 있다. 이러한 시도로는 독일 미디어학을 직접 계승한 문화기술학Kulturtechniken, 그리고 하드웨어·소프트웨어 이론, 신유물론 등의 여러 명칭으로 세분화되거나 초학제성, 탈이분법, 포스트 인간 중심주의 등의 양상을 띤 광범위한 연구들을 헤아릴 수 있다.

---

3

Geoffrey Winthrop-Young, "Cultural Studies and German Media Theory," in *New Cultural Studies: Adventures in Theory*, Gary Hall and Clare Birchall (eds.) (Edinburgh University Press, 2006).

4

Susanne Holl, "<SusanneHoll_at_gmx_dot_de>," *Digital Humanities Quarterly* 11 no. 2 (2017), http://www.digitalhumanities.org/dhq/vol/11/2/000308/000308.html.

한국에는 2010년 직전 키틀러의 사상이 본격적으로 소개되기 시작했으며, 2011년에는 《광학적 미디어》가, 2015년에는 《기록시스템 1800·1900》이, 2019년에는 본 서평의 대상인 《축음기, 영화, 타자기》와 유고작인 《음악과 수학》 제1부가 한국어로 번역되었다. 한국 학계에서 미디어학은 단독 학문의 입지는 없지만, 대신 학제 간 경계를 흐리는 특성상 영화학, 문학, 예술학 등 폭넓은 분야에서 활발하게 연구되고 있다. 특히 영화학 분야에서 키틀러의 인지도가 높았는데, 이는 필름에서 디지털로의 기술적 전환이 영화 장르, 서사, 관람 방식, 산업의 변화를 초래했을 뿐 아니라, 그 역사를 미디어의 맥락에서 컴퓨터의 역사와 통합된 방향으로 재편하도록 재촉하는 상황이었기 때문이다. 동시대 미디어로 인해 미디어학에 쏟아진 관심이 확실히 최근 10여 년간 키틀러가 누린 인기의 촉매가 되었던 셈이다. 그에 따라 한국 독자와 학자 들은 이제는 미디어학에서 고전이 된 키틀러의 주장들과, 그와 연결되어 있지만 동시대에 초점을 두는 오늘날의 주장들이 시차 없이 나란히 소개되는 특수한 학문적 환경을 경험할 수 있었다.

## 《축음기, 영화, 타자기》의 맥락과 주장

키틀러의 대표 저작으로 손꼽히는 《축음기, 영화, 타자기》는 1987년 독일에서 출간되었다. 이 책은 미셸 푸코의 역사관을 포함한 포스트구조주의의 영향을 받았으며, 지크문트 프로이트와 자크 라캉의 정신분석학적 개념을 경유하고, 각종 감각 자극·반응을 수치화하는 생리학적 실험에서 영감을 받아 20세기 아날로그 미디어사를 고찰한다. 또 미디어의 정의와 작동 방식과 관련해서는 클로드 섀넌Claude Shannon의 통신공학적 모델을 채택하고 있다. 이 책이 분석하는 대상은 1880년에서 1920년 사이의 세 가지 아날로그 미디어다. 축음기는 청각, 영화는 시각, 타자기는 (표준화된) 문자의 수신, 저장, 송신을 가능하게 했다. 이는 문자가 독점적 미디어로 지속한 역사를 종결시켰고, 데이터 처리로서 인간이 동시에 겪던 인지 경험을 개별적으로 분리했다. 그에 더해 키틀러는 라캉이 제시한 실재계, 상상계, 상징계의 세 가지 분류를 각각 축음기, 영화, 타자기의 지위로 간주한다. 축음기는 의식의 격자에서 걸러지는 소음, 잡음까지 의도된 소리와 함께 통합된 파장의 형태로 기록한다. 영화는 신체를 절단하는 촬영과 자르고 붙이는 편집을 거친 시각

이미지를 연속적인 광학적 환영으로 스크린에 투사한다. 타자기는 통합적인 손 글씨와 다르게 자간과 행간으로 글자를 분리하는 이산적 모델이며 그에 더해 문자와 주체, 철자와 의미를 분리한다. 이 기술적 분화를 특징으로 하는 아날로그 미디어로 인해 소위 인간은 조작 가능한 기술 장치로 변환되었고, 생리학과 통신 기술로 해체되었다. 1874년에 프리드리히 니체가 제기했던 "그들은 아직 인간인가? 아니면 아마도 단지 사유하는 기계, 글쓰는 기계, 계산하는 기계가 아닐까?"(40쪽)라는 물음처럼, 키틀러의 관점에서는 사람과 기술 미디어 둘 다 프로그램된 대로 돌아가는 정보 시스템이기에 무차별적이다.

　키틀러는 늘 인문학적 관점의 연장으로서 인간 문화를 다루어왔지만, 대신 인간을 '소위 인간sogenannter Mensch'이라고 지칭하곤 했다.《정신과학에서 정신의 추방Austreibung des Geistes aus den Geisteswissenschaften》이라는 그의 1980년 논문집 제목처럼, 인간으로부터 신과 직간접적으로 결부되는 영혼, 정신의 의미를 제거하려는 방향성을 분명하게 드러내기 위함이었다. 근대 초기에 신과 영혼의 개념은 17세기 과학 혁명 직후에는 기계론적 세계관으로 연장되었다. 이는 신이 모든 사물에 부여한 일련의 법칙들을 찾아내기 위한 합리적이고 이성에 근거를 둔 시도로 이어졌다. 신이 존재함은 여전히 인정하지만, 신의 속성에 기대지 않고 세계를 보는 합리주의적 관점이 이 시기에 발전했다. 그 이후 키틀러가《축음기, 영화, 타자기》에서 많이 인용하고 또 큰 영향을 받았던 니체는 신이 죽었음을 선포한다. 대중들에게도 잘 알려진 이 구절은 신이 단순히 죽은 것이 아니라, 인간에게 살해되었음을 의미한다. 그런데 살해는 기본적으로 비가역적인 육체의 훼손을 떼고 생각할 수 없기에, 먼저 인간은 신을 육체가 있는 존재로 인지해야 했을 것이다. 이 시점은 신을 동원해 인간과 인간 세계를 보는 비물질적이고 형이상학적인 틀 대신 신체적으로, 생리학적으로, 그리고 물질을 경유해 이해하는 새로운 관점이 도입되었던 인식론적 전환기와 맞아떨어진다. 이 시기 영혼이나 정신에 관한 기존 개념만으로 이해하기 어려운 인간 신체와, 인간 세계의 물질적 인프라가 두드러졌고, 인간은 비약적인 과학 발전의 일환에서 물리적인 실험 대상인 신체로, 현대 신경생리학의 발단인 정신공학의 실험 대상인 신체로, 아니면 정신분석학의 병적인 상담 치료 대상으로 다루어지고 연구되고 낱낱이 해체되어 분석되었다.

키틀러는 우리가 살고 행동하는 조건들을 신이 아닌 기술 미디어로 설명한다. 그리고 이러한 이론적 틀을 미디어라는 개념이 없었던 1800년으로까지 소급해 적용한다. 문자는 최초의 미디어이며 문학은 그것을 조건으로 삼은 시스템이었다는 것이다. 그리고 이러한 기술 조건 속에서 인간과 미디어 기술은 정보 기계로서, 문화 체계와 기술 체계는 그것들이 접속하고 순환하는 회로로서 근본적으로 차별되지 않는다.《축음기, 영화, 타자기》에서 아날로그 미디어는 중추신경계를 인공적으로 기술화한 것이며 인간의 신체는 각 역할을 담당하는 여러 개별 단위가 동시적으로 데이터를 처리하는 정보 기계다.

이제부터《축음기, 영화, 타자기》를 더 상세하게 살펴보자. 토머스 에디슨Thomas Edison은 1888년 포노그래프phonograph를 발명한다. 포노그래프는 인간의 눈으로 포착할 수 없는 1초에 20회에서 1만 6000회 주파수로 시간을 수량화한다. 인간이 포착할 수 없으면 인지할 수 없으므로, 이는 실재계의 출현이다. 시인 라이너 마리아 릴케Rainer Maria Rilke는 〈근원-소음Ur-Geräusch〉이라는 1919년 글에서 두개골의 봉합선에 축음기 바늘을 올려두면 어떤 소리(감정)가 일어날지 묻는다. 이 봉합선은 신생아였을 때 벌어졌던 틈이 합쳐 생긴 흔적인데, 이 해부학적 우연이 근원적 소리, 문자로 전환될 수 없는 백색 소음이 된다. 키틀러는 릴케가 봉합선에서 백색 소음을 끌어내자고 한 제안과, 예술가 모호이너지 Moholy-Nagy László가 음반에 문자를 새겨넣음으로써 축음기를 음향을 생성하는 도구로 쓰자고 한 제안이 서로 일치한다고 보았다. 둘 다 임의의 소리를 생성하며, 그 소리에는 의미가 없다는 점에서 그렇다. 이렇게 축음기가 등장하면서 주체가 없는 문자가 등장하기 시작한다. 또한 축음기는 목표로 한 소리뿐 아니라 모든 임의적 소음을 저장하는데 이는 무의식의 영역이 된다.

포노그래프가 무차별적 기록을 처음으로 가능하게 만든 장치였다는 점은 중요하다. 문자 독점 시대에는 문자로 기록 가능한 것 중에서도 일부만이 취사선택되었기 때문이다. 심지어 니체는 서정시나 문학이 기억술이라고 했는데, 운율의 힘을 빌려 인간의 소망을 담은 문자를 책에서 나오게 하고 귀와 가슴 속으로 들어가게 하기 때문이다. 반면 포노그래프라는 기술 장치의 무차별적 기록은 의미를 고려하지 않고 인간의 의도로 선별되지도 않은 소음 그 자체를 저장할 수 있었다. 즉 이 기술의 특징은 의미를 상회하거나 앞선다는 것이다. 말하자면 무의미는 무의식이다. 그 의미를 생각하지 않고 하는 말의 무차별성만이 그 저장 장치를 능가할 수 있다. 1913년 발터 바데Walter Baade는 중요한 진술이 피험자가 지나가는 말을 하는 순간, 실험자에게는 말을 포착할 준비가 되어있지 않는 순간에 이루어진다는 것을 파악하고, 취사선택하지 않고 진술 전부를 기록하는 것이 이상적이라고 말한다.

위와 같은 무차별성의 맥락에서 축음기는 정신분석학과 긴밀하게 연결되어 논의된다. 가령 프로이트의 대화 치료는 환자의 말에서 미세한 징후(말더듬, 음절 착오, 무의미 단어, 말장난 등)를 포착하는데, 그것은 의식에서 무의식을 골라내는 행위다. 이는 프로이트와 동시대인 미디어 기술자, 대표적으로 헤르만 구츠만Hermann Gutzmann이 수화기를 통해 무의미한 음절을 들려주면 피험자가 의미 있는 단어로 환원하면서 무의식을 드러내는 것과 동일한 기제를 가진다. 단 프로이트는 자신의 무의식이 환자의 무의식을 선별할 수 있기에 스스로 수화기, 즉 기술 장치가 되어야만 했다. 이와 같은 사례는 정신분석이 소리 저장 기술과 쌍생아이자 경쟁자임을 증명한다. 그러나 정신분석은 포노그래프적인 실재계를 인식할 수도 구현할 수 없는 한계가 있다.

따라서 포노그래프는 인간이 미처 인지하지 못했던 세계의 서늘한 경험을 가능하게 하며, 그러한 맥락에서 한스 하인츠 에베르스Hanns Heinz Ewers는 당대 축음기와 영화의 차이를 환상의 유무로 설명하고 있다.

> 나는 토머스 에디슨이 아주 싫다. 모든 발명품 중 가장 끔찍한 것들이 그로부터 나왔기 때문이다. 바로 축음기! 그러나 나는 또한 그를 사랑하기도 한다. 그는 환상에서 깨어난 세상에 다시 환상을 돌려주면서 자신의 실수를 모두 만회했기 때문이다. 영화를 통해서!(283쪽)

키틀러는 필름의 감기, 자르기, 붙이기를 기반으로 한 편집을 영화의 본질로 보았다. 따라서 영화사의 시작점으로서 뤼미에르 형제Auguste et Louis Lumière보다는 특수 효과를 창시한 조르주 멜리에스Georges Méliès를 주목한다. 필름 기반의 영화는 은 감광 물질을 통한 화학적 효과를 네거티브 형태로 저장하기 때문에 신호 처리는 불가능하다. 대신 애초부터 편집을 통해 데이터의 총량을 조절했다. 따라서 영화는 조작이 본질이며 이는 선별하지 않는 무차별적 기록을 특징으로 하는 포노그래프와는 대조된다.

프로이트는 여성 히스테리 환자들이 실제로 보고 있거나 환상으로 불러낸 이미지들, 즉 내면의 영화에 대항하는 방식의 치료법을 행했다. 상담사가 이 이미지들을 언어로 설명하라고 요구하여, 이미지를 단어로 전환하고 동시에 그 이미지를 지워나가는 방식이다.(260쪽) 정신분석은 이미지를 조각내어 없애고, 영화는 다시 문학이 되어버린다. 비슷한 맥락에서 프로이트는 단어를 다루는 축음기와는 경쟁했지만, 영화에 있어서는 그렇지 않았다. 《살페트리에르 병원의 도상학Iconographie de la Salpêtrière》에서는 실재적인 '큰 히스테리 아치'를 이미지로 저장했지만 이는 추후 상상적인 것이 된다. 이는 광기가 영화를 통해 비현실과 허구라는 영역으로 광범위하게 확대된 양상과도 관련이 있다. 광인의 행동이 저장되는 순간 그것은 언제나 재생 가능한 것이 되기에, 때로는 관찰자를 곤혹스럽게 만드는 광인의 심술궂은 독특성을 발휘할 수 없게 된다. 미디어는 인간과 기계, 정신병 환자와 환자 모방자를 구분할 수 없게 하고, 그중에서도 영화는 광인의 역할을 배우가, 그것을 보는 영화 관객이 순환적으로 맡는 구조를 이룬다.

즉 위와 같이 영화에서의 광기는 신경 질환의 시각화와 다름없다. 키틀러는 이를 설명하기 위해 미국에서 활동하던 독일인 심리학자 후고 뮌스터베르크Hugo Münsterberg가 1916년 출간한 저서 《극영화: 심리학적 연구The Photoplay: A Psychological Study》를 끌어온다. 뮌스터베르크는 '정신공학psychotechnics'이라는 용어를 창안했고, 이는 19세기 중후반 이래 빌헬름 분트Wilhelm Wundt 등의 과학자들이 신체에 각종 자극을 가해 그 반응을 수치로 측정하는 실험을 했던 실험심리학의 연장선상에 있는 것이다. 이러한 맥락에서 정신공학으로서의 영화는 "'주의 집중, 기억, 상상, 감정'이 무의식적으로 수행하고 있는"(295쪽) 심리 기제를 이미지로 드러낸 것이고, 스크린 위에 그것을 영사하는 영화관은 관객의 심리를 조작하는 실험실이다.

매체의 연합에는 오랜 기원이 있다. 시각과 청각의 통합은 필름 영화의 기원에서부터 시도되었던 것이며, 무성 영화는 실제로 침묵 속에서 상영되었던 적이 거의 없다. 여러 초창기 영화 미학자들은 미디어가 지닌 본연의 기술적 순수성에 기반을 두어 무성 영화를 예찬했지만, 유성 영화, 즉 영화와 축음기의 결합은 거스를 수 없는 거대한 변화의 흐름이었다. 키틀러는 "모든 종류의 소형 전자 기기 및 도구의 주체들[혹은 노예들]이 당신 현존재의 기본 요소가 될 것"(310쪽)이라는 라캉의 말을 인용하여 다시 한번 아날로그 미디어의 등장 이래로 상징계는 계산 기계의 세계가 되었고, 실재계는 신호 처리 장치 외에는 접근할 수 없게 되었으며, 과거 영혼의 상상계는 광학적 트릭이 되었음을 강조한다. 이 세 가지는 서로 완전히 분화되어 있는 일종의 이인증離人症, depersonalization이다. 매체 기술의 분화는 동시에 상호 연결의 가능성을 열었다. 제1차 세계 대전 이후 정보의 저장에서 송신으로 기술의 중심이 옮겨가고, 기술 영역을 표현하는 연합 매체로 광학과 음향학을 연결하는 유성 영화(저장)와 텔레비전(송신)이 차례로 등장함으로써 셋은 재결합되기 시작한다.

한편 여성들은 타자기의 보급과 맞물려 본격적인 사회 진출을 하게 되었다. 1881년 YWCA 뉴욕 본부에서 8명의 타이피스트를 양성한 이후 얼마 지나지 않아 여성 타이피스트 수백만 명이 생겨났다. 키틀러는 문자로 시각적, 청각적 환각을 일으키던 낭만시의 애독자였던 여성들이 타자기를 다루면서 문자를 기계적으로 처리하게 되었고, 그로 인한 부담감을 영화를 보는 여가 활동으로 해소해야만 했다고 묘사한다. 타자기의 등장은 그 전에는 정신분석학에서 손으로 글씨를 쓰는 도구인 연필과 깃털, 만년필 등이 남근을 상징하던 남성적 글쓰기 영역에 여성이 진입하게 되었음을 의미한다.

또 타자기는 글쓰기를 탈성화할 뿐 아니라 손 글씨의 독특한 고유성을 표준화한 기계 활자로 대체함으로써 탈인격화한다. 타자기는 이렇게 개인의 특이성을 익명으로 사라지게 할 뿐 아니라, 문장들을 물질적 차원에서 각각 분리된 개별 철자들의 조합으로 만들었다. 이러한 특징들은 언어가 영혼에서 비롯된 총체적인 사유를 밖으로 송출하기 위한 것으로 여겨졌던 손 글씨의 시대와는 다르고, 키틀러는 이에 따라 타자기와 뇌가 둘 다 뇌생리학적 기능을 갖춘 기계 장치의 제어 시스템이라는 동종성을 강조하는 방향으로 나아간다. 타자기의 개별 요소들과 그 물리적 작동 원리에 따라 산출이 집합적으로 이루어지는 것처럼, 뇌도 마찬가지로 작동하며 가령 그 일부가 물리적으로 손상된다면 실청증, 실독증, 실어증, 실서증 등의 오작동을 일으킨다. 이러한 맥락에서 키틀러는 "우리의 필기도구가 우리의 사유와 더불어 작업한다"(373쪽)는 니체의 말에서 한층 더 나아가 "정보 기술이 더 이상 인간에 환원될 수 없으며 […] 이제는 정보 기술 자체가 인간을 만든다"(375쪽)라고 주장한다.

이제 상징계를 대표하는 기술은 타자기를 거쳐 컴퓨터에 다다른다. 20세기 중반을 기점으로 컴퓨터 기술은 군사적 목적에 따라 고도로 발달했고 이윽고 인간과 인간 사회의 조건이 되었다. 이는 전쟁이 책의 전반에 걸쳐 언급되고 있듯, 미디어와 전쟁의 역사를 불가분의 관계로 보는 키틀러의 관점에 따른 것이다. 구체적으로, 1936년 튜링Alan Turing의 실험에 따라 컴퓨터라는 이름이 붙여진 이 계산 기계는, 제2차 세계대전을 계기로 무기의 두뇌로서 전면적으로 동원되었다. 이 시기는 인간-비인간, 인간-기계에게 무차별적으로 작동하는 자기 제어와 순환 법칙을 취급하는 이론 사이버네틱스cybernetics가 노버트 위너Norbert Wiener에 의해 처음 대두된 때이기도 하다.

컴퓨터에서 계산을 담당하는 CPU는 일차적으로 산술적-논리적 단위ALU, 이차적으로 RAM, 변수 저장을 위한 레지스터, 삼차로는 데이터와 어드레스, 그리고 시스템 부스에 명령 신호를 전송하는 내부 부스다. 이렇게 정보 처리 셋업은 모듈식 격자로 되어 있기 때문에 저장, 전송, 계산의 근본 기능은 프로그래머도 접근 불가한 내부 수준에서 일어난다. 컴퓨터는 계산 가능한 모든 데이터를 포괄할 수 있으며, 그것을 처리하는 명령어들까지 모두 비트의 연속이다. 이것은 문자가 아주 작게 쪼개어져 숫자 형태로 대치된다는 것을 의미한다. 처리의 양은 엄청나며, 처리의 속도 역시 인간 생리적 한계를 훨씬 초과한다. 컴퓨터에서 문자는 연산 실행을 위한 기술 조건 그 자체이며, 바로 이 지점에서 물리적인 시공간을 점유하는 형식을 취한 최초의, 그리고 아날로그 미디어로서의 문자와는 차별화된다. 문자는 하드웨어 속으로 들어가 소프트웨어 실행의 일부가 되기에, 필수적으로 특정 기술 장치를 거쳐야 한다. 그리고 사용자는 그 처리 결과로 이전의 미디어들을 경험할 수는 있어도, 문자 자체에는 직접 접근할 수 없게 된다.

키틀러는 컴퓨터가 IF에 조건이 충족되었을 때 THEN의 명령어로 넘어가게 되는 식으로 스스로의 미래를 결정하며, 그 과정에서 인간을 넘어선 주체가 된다고 주장한다. 상징계는, 워드프로세서가 이어받은 타자기의 기존 역할은 일부만 남았고, 암호화와 횡취(정보 가로채기)를 특징으로 하는 자동적 기계의 세계가 되어버렸다고 말한다.

키틀러가 쓴 미디어 역사와 그로 인한 미디어학의 논점들
'그래피-graphy'가 붙은 미디어는 '그래피'의 어원이 '쓰기'를 뜻하는 그리스어 '그라피아-γραφία'이듯, 기본적으로 기록을 목적으로 한다. 여러 사상가들, 가령 미디어학자 빌렘 플루서Vilém Flusser, 영화 이론가 앙드레 바쟁André Bazin, 동시대 미디어학자 존 더럼 피터스John Durham Peters는 이 목적에는 인간 신체의 유한성, 즉 죽음과 망각을 극복하려는 욕망이 개입한다고 말한다. 한편 키틀러는 흘러가는 역사가 "단어들의 끊임없는 비명소리"(20쪽)라는 푸코의 말을 인용하며, 문자의 속성으로 변환되어 일부는 남고 일부는 사라진다고 말한다. 《축음기, 영화, 타자기》는 이 세 가지로 분화된 미디어 각각의 속성이 모두 숫자로 환원되어 통합된 디지털 기술의 시대에, 그 개별의 속성을 회고하려는 취지로 쓰였다.

키틀러는 최초의 기술 미디어의 시대가 저물고 있을 무렵 그것이 등장했던 태동기의 기록을 살피는 것이 중요하다고 말한다. 현재 우리가 경험하고 있는 가장 최신의 미디어에 대해서 그 어떤 말도 할 수 있을 것 같지만, 그와 연루된 권력과 이해관계로 인해 그럴 수 없는 것이 사실이다. 반면 1900년 전후 문인들은 당대의 '뉴'미디어가 불러일으켰던 경악을 여과 없이 기록했고, 한 세기 뒤 우리는 이 과거의 문학을 참조함으로써 현재를 이해할 수 있다. 키틀러에 따르면 이 문학은 원래 역사의 저장을 목적으로 만들어졌던 기록 기술들이 그 목적과 목적을 부여한 주체와는 독립적인, 심지어 주체에게 불가분의 환경이 되는 자율적 작용들을 그려냈다. 이러한 접근은 '기술 결정론'이라고 비판되기도 하지만, 키틀러는 본인의 역사 서술을 어떤 주류 역사 서사로서 성립시키기 위해 전개한 것이 아니다. 키틀러는 푸코의 영향하에 비점진적이고 비주류적인 역사적 사례들을 집중적으로 발굴해 서술했다. 키틀러의 글이 악명 높다고(그만큼 매혹적이라고) 알려진 이유로는 키틀러 특유의 문체나 난해한 공학적 개념뿐 아니라, 이렇게 낯설고 기묘하며 광적인 역사들을 숨 돌릴 틈 없이 나열하는 서술 방식 또한 한 몫 했던 듯

하다. 이와 같은 방법론은 특히 21세기 초의 미디어고고학에 직접 영향을 주었다. 미디어고고학은 문화적 맥락 및 힘 들을 유물론적으로 다루는 과정에서 주목받지 못했거나 심지어 잊힌 여러 역사적 사례들을 발굴해서 분석한다는 취지를 가지고 있기에, 키틀러 역시 미디어고고학자로 자주 언급되고는 했다(하지만 키틀러는 그 대표 주자인 볼프강 에른스트Wolfgang Ernst의 비선형 미디어 역사 이론이 자신의 것과는 다르다고 선을 그었다).[5]

　위와 같이 키틀러의 글은 약 30여 년이 흘러 미디어학의 고전으로 분류되는 지금에도 활발히 연구되고 있으며, 독창적인 주장과 글쓰기 방식이 띠는 급진성과 참신성은 여전히 유효하다. 물론 그 큰 영향과 화제성만큼이나, 그에 대한 비판도 있다. 가령 가장 흔히 운위되는 키틀러의 관점이 '기술 결정론'이라는 주장은 '미디어가 우리의 상황을 결정한다'는 키틀러의 주장을 포함하여 미디어를 우리 존재와 삶의 조건으로 바라보는 유물론적 논의들을 비판한다. 인간과 인간 문화에서 복잡하게 얽힌 요소와 상황 혹은 역사의 맥락을 전부 기술로 환원시켜 설명한다는 것이다. 그러나 기술 결정론 비판은 기술 미디어와 관련해서 이루어지는 수많은 논의만큼이나 다양한 맥락과 관점을 협소화할 수 있고, 결정적으로 기술을 고찰하는 일이 늘 인간과 인간 문화를 비관습적, 비전통적으로 이해하기 위함이었다는 점을 간과한다. 경작지 개간, 인쇄 문화, 산업 혁명, 디지털 모바일 문화 등 어떤 유형과 시기에 초점을 맞추든 기술은 인간 문화, 심지어 자연과 이분법적으로 구분 지을 수 없기 때문에, 이런 유형의 미디어학에서 인간과 인간 문화는 다른 관점에서 맥락화되었을 뿐이며 늘 최우선으로 중요한 관심 대상이었다. 미디어학은 미디어 '문화'학이 아니었던 적이 없고, 오로지 기술에만 집착했던 적도 없다. 그래서 많은 이들은 기술 결정론 비판을 비난으로 여기기도 한다. 심지어 제프리 윈스럽영Geoffrey Winthrop-Young은 "누군가를 기술 결정론자라고 규정하는 일은 귀여운 강아지의 목을 조르는 걸 즐긴다고 말하는 일과 조금은 같을 수 있다. 그 비열한 악의는 더 이상의 토

---

5
Jussi Parikka, *What is Media Archaeology?* (Polity, 2012), 67.

론을 불필요하게 만든다"[6]라고 강도 높은 거부감을 표하기까지 한다.

그러나 키틀러의 영향을 받은 이들도 그가 역사를 지나치게 단순화하는 경향이 있고, 수없이 거론되는 수많은 인물과 사례의 양에 비해 제시하는 정보가 정확하지는 않음은 인정할 수밖에 없다. 먼저 전자부터 다뤄보자. "튜링은 계산 불가능한 것을 무시하고, 모든 계산 가능한 (혹은 순환적) 기능을 수학자의 임무에서 방면시키고는 힐베르트가 형식화한 가정을 자동 기계로 만들었다"(435쪽)라는 구절에서도 드러나 있듯,《축음기, 영화, 타자기》는 컴퓨터의 역사를 앨런 튜링과 튜링 기계로 수렴하도록 축소해 서술했다. 이렇게 역사를 단순화하는 이유는 크게 두 가지로 분석할 수 있다. 첫째, 정확성보다 과감한 도발을 꾀하는 키틀러 글의 경향 때문이다. 둘째, 원래 미디어학은 광범위한 주제를 다루며 거시적 관점에서 보려고 시도하는 학문이기 때문이다. 심지어 존 더럼 피터스는 최근 미디어학이 보이지 않는 것들까지 다루려고 시도함으로써 인간학을 뛰어넘어 동물학, 신학으로까지 확장했다고 주장한다.[7] 미디어학이란 인간과 사회 및 기술을 구성하는 체계와 역사적 회고를 전체적으로 조망하는 학문이기에, 새로 등장한 인문학의 한 가지 학문이 아니라 기존의 여러 학문들을 아우르는 메타 학문이라는 것이다. 이러한 관점에서 보자면, 키틀러의 작업과 그 이후 하루가 다르게 그 양상이 바뀌는 미디어 경향을 맥락화하려는 동시대 학문의 시도는 기존 분과에서 오랜 시간 공고하게 구축되어 온 치밀함이나 정교함보다는 우선 참신성과 대안 제시에서 의의를 찾는 것이 적절할 듯하다.

후자가 나타난 사례로는 고유 명사의 철자를 오기하거나, 과학적으로 검증되지 않은 서블리미널subliminal 기법을 거론한다거나(213쪽),《축음기, 영화, 타자기》에서 아직 상상적이지 않다는 이유로 영화사에서 배제해 버리다시피 한 뤼미에르 형제의 작품 〈기계식 정육점*Charcuterie mécanique*〉을《광학적 미디어》에서는 멜리에스의 것으로 착각하여

---

6

Jussi Parikka, *What is Media Archaeology?*, 174-175.

7

존 더럼 피터스,《자연과 미디어: 고래에서 클라우드까지, 원소 미디어의 철학을 향해》, 이희은 옮김(컬처룩, 2018), 492-497.

그 상상성을 강조하는 등의 실수를 찾아볼 수 있다.[8] 그러나 자잘한 오류에도 불구하고, 이 책에서 역사적 사례가 충족해야 할 시기적, 특징적 기준은 엄격하다. 다시 말해 키틀러가 주장하는 실재계로서의 축음기, 상상계로서의 영화, 상징계로서의 타자기에 속하는 사례들은 감각의 분화를 강조하는 만큼 철저히 구분되어 있고, 각 사례도 특정 경향, 연도로 한정되어 있다. 이를테면 상상계로서의 영화로 거론된 사례들은 무성 영화로 한정되어 있고, 1920년대 후반 영화와 축음기가 합쳐진 유성 영화의 시대로 관련 사례 제시를 끝맺음한 것은, 사실상 상상계로서의 영화 시대의 끝과 추후 컴퓨터로 이어지는 미디어 연합 시스템 시대의 서막을 알리는 것이었다.

마지막으로 짧게 언급해 둘 사항이 있다. 책 내부에서 제시되는 논점들은 우리가 책상 위에 이 책을 올려두고 한 장 한 장 손으로 넘기며 보고 있는 책 외부의 세계로 시선을 돌리도록 이끈다. 필시 이 시선은 동시대와 책 자체를 향해서도 머물 것이다. 구체적으로 《축음기, 영화, 타자기》는 문자, 책, 도서관이 역사에서 차지하던 권력을 종결시킨 아날로그 미디어의 역사를 다루면서 디지털 미디어로의 전환기인 20세기 말 도서관에 아카이빙되는 문자로, 전통적인 매체인 책으로 출간되었고, 그때와 다름없는 방식으로 읽히고 있다. 키틀러는 숫자, 비트 들로 이루어진 데이터와 그것을 이어지고 흐르게 하는 접속 회로와 광섬유 케이블의 시대에 문자는 의미가 없어지고 그 자체로 실행되는 부호가 되었다고 주장하지만, 그와 관련된 역사적 사색은 역설적으로 문자 독점 시대에서부터 계승되었던 책의 형식과 물질성을 경유해 성취된 것이다. 이렇게 이 책은 디지털 미디어의 시대인 동시대 독자들에게 전통적 미디어에 담긴 의미 없는 문자 모음으로 그 자신의 주장을 전달한다는 자기 지시적 문제를 남겼다.

사실 키틀러 신드롬이 전통적 미디어가 디지털 미디어로 한창 전환되던 때 일어났음에도, 동시대 상황에 대해 키틀러가 성찰한 바를 접하고자 했던 사람들의 기대에 부응할 만한 저작은 아쉬울 정도로 적다.

---

8
프리드리히 키틀러, 《광학적 미디어》, 256.

〈소프트웨어는 없다There is No Software〉(1992)[9]에 등장한 소프트웨어에서 하드웨어로의 하강descent이라는 주장이 많이 회자되기는 하지만, 이 주장은 컴퓨터에 대해 잘못 이해하고 있고 철학적인 오류도 존재한다는 알렉산더 갤러웨이Alexander Galloway의 비판[10]이 정당하다고 느껴질 정도로 이 글은 불친절하다. 키틀러는 대신 모든 것이 숫자로 환원되는 디지털 시대에 고대 그리스의 수학과 음악 연구에 집중하기 시작했으며, "90년대 이후에는 특정한 기술의 출현과 성과를 다루는 데에만 치중하였을 뿐이기에 […] 현대적으로 튼튼한 기반을 가진 학문사로서의 매체사가 필요"[11]하기 때문이라고 그 의도를 설명했다. 그 연구의 일환에서 제시된 중요한 한 가지 개념이 바로 재귀Rekursion다. 재귀란 어떤 주제가 역사적으로 반복되지만 각 시대에 따라 그 의미와 모습을 달리한다는 역사의 항구적 원리다. 이는 키틀러의 후기 개념으로,《기록시스템 1800/1900》의 원제에서처럼 빗금(/)으로 형상화된 역사적 단절에서 야기될 수 있는 초창기의 문제점들을 보완해 주고,《축음기, 영화, 타자기》에서도 비중 있게 제시된, 전쟁이 미디어 기술을 견인했다는 키틀러 자신의 시대에 한정된 주장을 뛰어넘어 역사 전체를 포괄하는 시야를 제공한다.[12] 어쩌면 이를 전 단락에서 언급한 자기 지시적 문제에 대한 답을 동시대 독자들 각자가 찾아가는 과정에서 한 가지 단서로 삼을 수도 있을 것이다.

---

9

Friedrich Kittler, "There is no Software," *Stanford Literature Review* 9 no. 1 (1992): 81-90.

10

Alexander R. Galloway, "Software and/as Math," Culture and Communication, last modified July 1, 2021, http://cultureandcommunication.org/galloway/software-and-as-math.

11

프리드리히 키틀러,《음악과 수학: 제1부 헬라스 제1권 아프로디테》, 박언영 옮김(매미, 2019), 581.

12

Geoffrey Winthrop-Young, "Kittler's Siren Recursions," https://monoskop.org/images/4/42/Winthrop-Young_Geoffrey_Kittlers_Siren_Recursions.pdf.

## 시스템의 일부이자 시스템 그 자체인 '소위' 인간

키틀러가 제시한 탈휴머니즘적이면서 유물론적 맥락에 놓인 '소위' 인간은 포스트휴머니즘 논의에서도 많이 언급되곤 하지만, 이는 학술적 논의나 SF 소설 및 영화에서 많이 등장하는 익숙한 이미지와는 사뭇 다르게 보인다. 가령 정보 기계로서의 인간이라고 하면 우리는 흔히 증강된 신체 기능이나 그에 따른 윤리적 책무, 인간의 능력을 넘어서는 기계에 대한 공포, 선과 악의 구도, 영웅 등의 서사를 떠올리곤 한다. 먼저 이러한 주제는 인간과 기계 사이에 이분법적 분리를 상정한 다음 그것을 위반한다는 점에서 기계와 인간이 무차별적이라는 키틀러의 입장과는 다르다. 반복해 강조하자면 키틀러를 포함한 독일 미디어학의 연구자들은 "어머니, 미치광이, 예술가, 작가, 발명가, 관료, 무기 개발자 등"[13]의 다양한 인물군을 미디어 역사에 등장시키기는 하지만, 키틀러는 그 중 어떤 특정 인물도 기술과 체계보다 더 중요하거나 우위에 있는 존재로 다루지 않는다. 그에 더해 그 기술 네트워크 속의 인간을 더 완전하거나 더 이성적이기보다는, 탈기의적 행위와 광기 사이의 기이한 면모가 드러나도록 도발적으로 묘사하곤 했다. 가령 《한 신경병자의 회상록》의 저자이자 법원의 판사이면서 조현병 환자였던 다니엘 파울 슈레버Daniel Paul Schreber는 인간 신경을 수신기로 보고, 인간이 살면서 하는 모든 행동과 말을 기록하는 천사 서기의 존재를 묘사하는데, 키틀러는 그의 묘사를 끌고 들어와 신체의 수신 기능과 기술 미디어의 기록 기능이 교차하는 네트워크의 처리 능력을 드러낸다. 그 외 정신 병원, 탈의미화된 말, 전쟁 등 키틀러가 열거한 많은 맥락과 사례에서도 광기에 대한 매혹을 엿볼 수 있다. 이러한 사례 분석은 낭만주의가 다루어왔던 무의식이나 꿈이라는 비이성적 모티프가 정신분석과 미디어 기술로 계속 이어진다는 주장에 정당성을 부여하고 있기도 하다.

솔직히 말해, 여러 독자는 키틀러가 묘사했던 정보 기계/시스템으로서 '소위' 인간에 대한 거부감을 완전히 떨쳐버리기 힘들 수 있다. 그리고 그럴 필요도 없다. 그러나 우리가 살고 있는 세상은 이러한 거부감

---

13

베르나르트 디오니시우스 게오그헤간, 〈키틀러 이후: 최근 독일 미디어 이론으로서 문화 기술학에 관하여〉, 정찬철 옮김, 《문화과학》 통권 94호(2018): 239.

과는 무관하게, 키틀러가 인간과 기계의 정보 기계로서의 동질성을 드러내기 위해 인용했던 "나의 머리를 테이프로 녹음하고, 나의 뇌에 마이크를 대고, 나의 혈관에 그 바늘을 찔러 넣어라"(7쪽)라는 토머스 핀천 Thomas Pynchon의 문구를 생각보다도 더 많이 그대로 반영하고 있다. 인간 사회를 구성하는 동시대 시스템은 이 물질 요소로 구성된 인간을 근거로 확립되어 있고, 우리는 한편으로 인간의 영적이며 무형적인 가치를 믿는 동시에 다른 한편에서는 인간을 철저한 물질로 인식하고 다루는 데 익숙하다.

　　의학적이거나 법적인 사례를 들어보자. 심리적으로 어려움을 겪을 때, 우리는 정신의학과에서 수면제나 항우울제 같은 향정신성 의약품을 처방받는다. 이때 우리가 가족이나 지인의 상실, 인생의 실패, 유년 시절의 경험, 선천적 요인 등으로 겪는 심리적 장애는 뇌 신경에 작용하는 특정 화학 물질의 종류와 용량으로 환원된다. 또 최근 죽음과 관련해서 생명 윤리적 논의가 활발하게 이루어지고 있지만, 여전히 죽음은 육체의 소멸을 기준으로 정의되기에 신체를 움직일 수 있는 의식이 없는 사람도 그 작동이 물리적으로 멈추기 전까지 죽었다는 판정을 받을 수 없다. 그에 더해 의료 장치와 단절되면 기능이 정지되는 인간 신체는 의학적으로나 법적으로 살아있는 상태이며, 장치가 신체의 기능을 더는 보조할 수 없는 기술적 한계에 맞닥뜨렸을 때 비로소 죽음이 허락된다. 신체 기능의 상실과 기술의 보조에 기댄 물리적 죽음의 과정에서 우리는 생각보다도 훨씬 더 키틀러적으로 '소위' 인간이다. 더럼 피터스의 말로 이를 다시 강조하자면 "키틀러는 기계가 우리의 숙명이라고 말하지만, 이는 인간 조건의 끔찍한 전락을 목도하는 것이 아니라 그저 우리가 처한 상황을 적절히 포착하는 것일 뿐이다".[14]

　　키틀러는 2011년 말 숨을 거두기 전 이렇게 마지막 말을 한 것으로 알려져 있다. "모든 장치의 전원을 꺼주십시오Alle Apparate ausschalten." 이 말로 키틀러는 개인으로서 자신의 미시적 역사를 인간의 삶과 생존을 지탱하는 기계 장치의 역할로, 그리고 인간 자체가 기계 장치와 연결된 존재임을 이중적으로 의미하는 거시적 역사로 환원시켰다. +

---

14
프리드리히 키틀러, 《광학적 미디어》, 11.

참고 문헌

유현주·김남시.《프리드리히 키틀러》. 커뮤니케이션북스, 2019.

Galloway, Alexander R. "Software and/as Math." Culture and Communication. Last modified July 1, 2021. http://cultureandcommunication.org/galloway/software-and-as-math.

게오그헤간, 베르나르트 디오니시우스. 〈키틀러 이후: 최근 독일 미디어 이론으로서 문화기술학에 관하여〉. 정찬철 옮김.《문화과학》통권 94호(2018): 236-260.

Hall, Gary and Clare Birchall, eds. *New Cultural Studies: Adventures in Theory*. Edinburgh University Press, 2006.

Holl, Susanne. "<SusanneHoll_at_gmx_dot_de>." *Digital Humanities Quarterly* 11 no. 2 (2017): http://www.digitalhumanities.org/dhq/vol/11/2/000308/000308.html.

키틀러, 프리드리히.《음악과 수학: 제1부 헬라스 제1권 아프로디테》. 박언영 옮김. 매미, 2019.

_____.《광학적 미디어: 1999년 베를린 강의》. 윤원화 옮김. 현실문화, 2011.

_____. "There is no Software." *Stanford Literature Review* 9 no. 1 (1992): 81-90.

Parikka, Jussi. *What is Media Archaeology?*. Polity, 2012.

피터스, 존 더럼.《자연과 미디어: 고래에서 클라우드까지, 원소 미디어의 철학을 향해》. 이희은 옮김. 컬처룩, 2018.

Winthrop-Young, Geoffrey. "Kittler's Siren Recursions." https://monoskop.org/images/4/42/Winthrop-Young_Geoffrey_Kittlers_Siren_Recursions.pdf.

심효원

연세대학교 비교문학협동과정에서 전前영화사 미디어 연구로 박사 학위를 취득했다. 연세대학교 매체와예술연구소에서 연구 교수로 재직 중이며, 한국예술종합학교, 경희대학교에서 미디어 및 문화 이론을 가르치고 있다. 지난 몇 년간 근대 전후의 미디어사, 영화사를 검토함으로써 인간과 기술의 관계를 주로 살펴보았고, 현재는 인간의 경험과 감각을 넘어서는 포스트 인간 중심주의가 가능한지에 대한 연구를 미디어 이론, 문화, 작품들을 경유하여 진행 중이다.

유상운

기술로 사회
다시 보기

루스 슈워츠 코완, 《미국 기술의 사회사:
초기 아메리카에서 20세기 미국까지,
세상을 바꾼 기술들》, 김명진 옮김
(궁리, 2012)
Ruth Schwartz Cowan, *A Social History
of American Technology* (Oxford University
Press, 1997)

## 들어가며: 한국에서 기술사란 무엇인가?

인터넷 검색창에 "기술사"를 입력하면 우리는 기술 관련 자격 시험의 응시 자격, 단기 합격 비법 등에 관한 여러 유용한 정보들을 접하게 된다. "해당 기술 분야에 관한 고도의 전문지식과 실무경험에 입각한 응용 능력을 보유한 사람으로서 […] 기술사 자격을 취득한 사람"이라고 기술사技術士를 정의하는 '기술사법'을 군이 거론하지 않더라도, 우리 사회에서 기술사技術史는 기술사技術士에 비해 여전히 낯설다. 물론 이러한 경향은 과학기술의 역사와 철학으로 범주를 확대해도 유사하게 나타난다. 미국의 물리학자 리처드 파인먼Richard Feynman은 과학자들이 새라면 과학철학자들은 조류학자라고 비유한 바 있다. 조류학자들은 새가 하늘을 어떻게 나는지를 분석하지만, 정작 그러한 지식이 새가 하늘을 나는 데 도움을 줄 수 없다는 점을 꼬집은 것이다. 이를 이어받아 과학사학자이자 과학철학자인 장하석은 파인먼이 아마도 과학사학자에 대해서는 고생물학자 취급을 할 것이라 보았다. 적어도 현재 우리 주변의 새들이 날아가는 법을 분석하는 조류학자와 달리, 현존하지 않고 화석으로만 접할 수 있는 새에 대해서 이야기하는 고생물학자는 조류학자보다도 더 관심 밖에 놓일 것 같다는 우려이다.[1] 하지만 조류학자건, 고생물학자건, 기술사技術士보다는 상황이 많이 나아 보인다. 이 책의 역자가 "아직 시민권을 얻지 못한 학문"이라 표현한 것처럼(571쪽), 한국 사회에서 기술사는 비판이나 외면의 대상조차도 되지 못한 실정이다.

기술사에 대한 이러한 무관심과 대조적으로, 우리 사회는 기술에 대한 온갖 극단적인 상상들로 가득 차 있다. 반도체, 수소 경제, 인공 지능, 모빌리티, 4차 산업 혁명, 원자력, 바이오 기술 등을 둘러싼 이야기들 속에서 기술은 우리가 국가 간 패권 경쟁에서 승리할 수 있는 유일한 도구이거나, 반대로 우리의 삶을 통째로 망가뜨리는 심각한 위협이다. 이러한 상찬과 저주 속에서 기술의 역사도 이따금 등장한다. 기술의 발전 과정을 되돌아보고 현재를 진단하며 미래 먹거리가 될 만한 신산업 분야를 예측하거나 위험 요소를 도려내는 식이다. 다시 말해 기술과 사

---

1

Hasok Chang, "Who Cares about the History of Science?" *The Royal Society Journal of the History of Science* 71 (2017): 91-107.

회에 관한 현대 사회의 기대와 우려는 공통적으로 둘 간의 관계 자체에
관심이 있다기보다는, 기술을 기업 또는 국가의 경제적 성장이라는 목
적의 수단 또는 사회에 대한 위험의 외부적 요인으로 다룸으로써, 기술
을 사회와 분리된 채 필요에 따라 자유롭게 사용하거나 폐기할 수 있는
것으로 상정한다. 기술과 사회의 관계에 대한 심각한 고민 없이 기술에
대해 여러 말만을 늘어놓는 행태를 "기술적 몽유병technological somnam-
bulism"이라 일컬었던 기술철학자 랭던 위너Langdon Winner의 약 40년 전
일갈이 변함없이 우리 사회에서 유효한 이유이다.[2]

　　이 글에서 살펴볼 루스 슈워츠 코완의《미국 기술의 사회사: 초기
아메리카에서 20세기 미국까지, 세상을 바꾼 기술들》역시 같은 이유로
여전히 중요한 사회적 의미를 갖는다. 코완은 1980년대 기술의 사회사
social history of technology라는 새로운 분야를 개척한 인물 중 하나로, 이 책
이 다루는 17세기부터 20세기까지의 미국에서 기술이 사회와 어떤 방
식으로 다양한 관계를 맺을 수 있는지를 입체적으로 보여준다. 다만, 코
완이《미국 기술의 사회사》를 집필하기 전에 수행했던 연구들과 달리,
이 책은 코완이 자신의 연구를 포함하여 당시 여러 기술사학자의 연구
물을 종합해 개설서의 형태로 집필한 것이기 때문에, 이 책을 코완이라
는 한 역사학자만의 독특한 관점이 반영된 것으로 간주하고 비평하는
일에는 다소 무리가 따른다. 이를 종합적으로 반영하여 본 서평에서는
먼저《미국 기술의 사회사》를 집필하기 전까지의 코완의 업적과 그 영
향을 정리하고, 이로부터 기술과 사회의 관계를 분석하는 방법론적 의
의를 도출할 것이다. 이어서 이러한 방법론에 기반하여《미국 기술의
사회사》의 내용을 재구성하고, 마지막으로는 이른바 '한국 기술의 사회
사'에 적용하는 문제를 논의할 것이다.


　　코완의 기존 연구와 그 영향: 가정주부에서 유지 보수자까지
코완은 처음부터 기술사를 연구한 학자는 아니었다. 존스 홉킨스 대학
교에서 우생학자 프랜시스 골턴Francis Galton에 대한 과학사 연구로 박사

---

2

　　Langdon Winner, "Technologies as Forms of Life," in *The Whale and the Reactor: A Search for Limits in an Age of High Technology* (University of Chicago Press, 1986): 3-18.

학위를 받고 가사 기술과 집안일의 역사를 막 연구하기 시작했을 무렵, 코완은 "기술사, 사회사, 여성사, 미국사에 대해 거의 아무것도 아는 게 없었다"라고 회고한다.[3] 하지만 이러한 회고가 무색할 정도로 1983년 저작 《엄마에게 더 많은 일을More Work for Mother》은 출간 바로 다음 해 미국 기술사학회Society for the History of Technology가 최고의 책에 수여하는 덱스터상Dexter Prize을 수상하면서 학계의 큰 주목을 받았고, 현재는 명실공히 학계의 고전이 되었다.[4] 그러나 코완의 관점이나 책에서 보여준 구체적인 내용이 대중적으로 얼마나 널리 수용되었는지는 의문이다. 예를 들어 세탁기 등과 같은 가전제품이 등장하여 여성이 가사 노동에서 해방되고 사회적, 정치적으로 참여할 기회가 늘어났다는 식의 설명은 여전히 한국 내 여러 박물관, 과학관 등에서 찾아볼 수 있다.

《엄마에게 더 많은 일을》은 위와 같은 설명에 정면 도전하는 책이다. 코완은 가사 기술의 등장으로 인해 여성의 가사 노동량은 오히려 증가했음을 설득력 있게 보였다. 산업화를 거치며 이전까지 중산층 가정에서 가사 노동을 수행하던 가사 하인들이 보다 높은 임금을 받을 수 있는 공장으로 옮겨가게 되었고, 이들이 수행했던 가사 노동은 가정주부에게 부과되기 시작했다. 이러한 변화 속에서 가전제품 제조업체들은 그들의 상품이 가사 노동에 들이는 시간을 덜어줄 것이라 광고했고, 이러한 인식이 확산하면서 가사 하인의 수는 더욱 줄었다. 이 과정에서 어른 남성이나 어린이는 가사 노동에 들이는 시간이 감소한 반면, 가정주부에게 부과된 노동은 증가하기만 했다. 빨래를 하지 않았던 이전의 옷감과 달리 공장에서 생산된 면은 빨래가 가능했고, 옷장의 크기 또한 커지면서 빨래의 양이 크게 늘었을 뿐 아니라 청결 기준이 상승하여 빨래의 횟수도 늘어났다. 이는 당시 가전제품 회사의 광고로 인해 촉진된 이데올로기적 변화와도 맞물려 있었다. 산업화 이전까지 그저 집안일 이

---

3

Ruth Schwartz Cowan, *More Work for Mother: The Ironies of Household Technology from the Open Hearth to the Microwave* (Basic Books, 1983): xii.

4

이 책은 국내에 《과학기술과 가사노동》(김성희 외 옮김, 학지사, 1997)이라는 제목으로 번역되었다. 본 서평에서는 본래 제목에 더 가까운 《엄마에게 더 많은 일을》이라는 제목으로 표기한다.

상의 의미를 지니지 않았던 가사 노동이 가족에 대한 사랑의 표현으로 여겨지기 시작하면서, 가족 구성원의 청결이나 건강 상태를 온전히 관리하지 못할 때 가정주부가 죄책감을 느끼게 된 것이다.

이러한 내용도 물론 중요하지만 코완이 사회와 기술의 관계를 어떻게 설정했는지를 보다 주목할 필요가 있다. 요약된 내용만 놓고 보면 코완은 기술 결정론technological determinism을 따르고 있는 것처럼 보인다. 기술 결정론이란 기술이 자체적인 발전 논리를 가진 채 여러 사람에게 쓰이면서 사회를 변화시킨다는 입장이다. 기술 결정론의 시초로 여겨지는 역사학자 린 화이트 2세Lynn White Jr.는 중세 시대 기마병의 발을 받칠 수 있는 등자가 등장하면서 전투력을 지닌 기사 계급이 형성되고, 이것이 유럽식 봉건제의 출현으로 이어졌다는 주장을 제시한 바 있다.[5] 화이트의 주장은 새로운 가사 기술의 도입으로 중산층 여성에게 집 안 관리자로서 가정주부의 역할이 부여되고 현대 가족 문화가 형성되었다는 식의 주장과 유사한 서술 구도를 띤다. 실제로 몇몇 학자들은 코완의 연구가 기술 결정론적인 구도를 따르고 있다는 비판을 가하기도 했다.

하지만 코완은 《엄마에게 더 많은 일을》을 집필하기 전에 내놓은 1976년 논문 〈집에서의 '산업 혁명': 20세기 가사 기술과 사회적 변화〉에서 사회 변화와 기술 간의 "인과성causality"에 대해 직접적으로 논의한 바 있다. 코완은 유능한 가사 하인의 감소가 집 안의 기계화를 추동한 하나의 요인이기도 하고, 반대로 집 안의 기계화가 가사 하인의 감소를 야기한 요인이 되기도 한다는 점을 강조하면서 둘 간의 관계를 설정하는 데 "원인과 결과가 분리 불가능"하다고 보았다. 마찬가지로 단순한 집안일에 사랑이나 죄책감과 같은 특정한 감정이 실리게 된 과정 역시 집안일이 기계화된 원인이자 결과이고, 여성이 더 많은 시간을 집안일에 쏟게 된 현상 역시 가전제품 사용의 원인이자 결과라는 것이

---

5

린 화이트 2세의 저작은 국내에 린 화이트 주니어 지음, 강일휴 옮김, 《중세의 기술과 사회 변화: 등자와 쟁기가 바꾼 유럽 역사》(지식의풍경, 2005)로 번역되었다. 사상사학자 린 화이트의 주장을 보다 균형 있게 재검토한 논의로는 다음 글을 참조하라. 김기윤, "종교를 통해 세계역사를 바꾸어 놓은 기술", 《사이언스타임즈》, 2013년 12월 12일, https://www.sciencetimes.co.kr/news/종교를-통해-세계역사를-바꾸어-놓은-기술/.

다.[6] 기술 결정론에 대항하며 나타난 '기술의 사회적 구성social construction of technology' 즉 기술에 대한 구성주의적constructivism 접근법을 제시한 《기술 시스템의 사회적 구성The Social Construction of Technological Systems》에서 코완이 제시한 '소비 접합consumption junction'이라는 개념 역시 기술과 사회 사이의 쌍방향 상호 작용을 강조하고자 한 의도를 잘 보여준다. 소비 접합은 소비자의 선택을 기술의 궤적에 영향을 끼칠 수 있는 주요 요소로 두면서도, 단순히 소비자만이 아닌, 소비자를 아우르는 소매, 도매, 연료 공급, 생산 등을 모두 포함하는 네트워크를 고려했다는 점에서 복합적인 인과 관계를 설정한다.[7]

코완의 연구는 이전까지 군사 기술, 전기, 통신, 수송 등과 같이 소위 거대 기술에 한정되어 있던 기술사학계의 연구 범위가 가사 또는 일상 기술의 영역에까지 폭넓게 확장되는 기폭제로 작용했다.[8] 더 나아가 코완의 연구는 기술사가 발명 또는 혁신에만 주목해 왔다는 점을 성찰할 수 있는 계기가 되었다. 코완의 책이 나온 지 약 15년 후 영국의 기술사학자 데이비드 에저턴David Edgerton은 이를 "선구적인 연구"라 일컬으며 우리의 관심 대상이 혁신에 머무를 것이 아니라 "사용 중인 기술technology-in-use"로 이동해야 한다고 주장했다.[9] 에저턴은 발명이나 혁신

---

6

Ruth Schwartz Cowan, "The 'Industrial Revolution' in the Home: Household Technology and Social Change in the 20th Century," *Technology and Culture* 17 no. 1 (1976): 22.

7

Ruth Schwartz Cowan, "The Consumption Junction: A Proposal for Research Strategies in the Sociology of Technology," in *The Social Construction of Technological Systems: New Directions in the Sociology and History of Techonlogy*, Wiebe E. Bijker, Thomas P. Hughes, and Trevor Pinch (eds.) (MIT Press, 1987), 261-280.

8

대표적인 몇 개만 꼽자면, 미국과 영국의 세탁 기술을 비교한 Arwen Mohun, *Steam Laundries: Gender, Technology, and Work in the United States and Great Britain, 1880-1940* (Johns Hopkins University Press, 1999), 냉전 시기의 부엌을 분석한 Ruth Oldenziel and Karin Zachmann (eds.), *Cold War Kitchen: Americanization, Technology, and European Users* (MIT Press, 2009) 등이 있다. 이러한 흐름에서 국내에 출판된 서적으로는 김덕호, 《세탁기의 배신: 왜 가전제품은 여성을 가사노동에서 해방시키지 못했는가》(뿌리와이파리, 2020)가 있다.

9

David Edgerton, "From Innovation to Use: Ten Eclectic Theses on the Historiography of

은 기술의 극히 일부에 불과하다는 점을 지적하면서, 우리가 기술과 사회의 관계에 주목하고자 한다면 발명이나 혁신과 같이 짧은 시간에 걸쳐 예외적으로 일어나는 현상이 아닌, 사회에서 널리 오랫동안 사용된 기술 혹은 물건에 관심을 가져야 한다고 제안했다.

이러한 혁신 중심적인 관점에 대한 비판은 최근에 유지 보수자 maintainer라는 이름으로 다시 등장했다.[10] 유지 보수자란 혁신가innovator 와 반대되는 개념으로, 오래전부터 사용하고 있는 성숙한 기술, 예를 들어 교량, 전기, 상하수도와 같은 인프라가 유지되고 작동할 수 있도록 점검하고 보완하는 사람들이다. 오늘날 4차 산업 혁명이라는 정체를 알 수 없는 용어의 유행과 함께 인공 지능, 의약학 등의 분야를 필두로 혁신이라는 개념이 새로이 부각되는 상황에서 유지 보수자들은 이를 비판적으로 바라보는 성찰의 계기를 제공한다. 유지 보수자에게 관심을 기울이면 우리는 우리의 삶을 실제로 지탱하고 보호하는 기술 또는 인공물이 혁신 기술이 아니라 오래전부터 사용하는 성숙한 기술임을 돌이켜 볼 수 있다. 이는 지금 당장 최첨단 백신 기술들이 코로나바이러스의 변이들 앞에서 상당 부분 무력화되고, 결국에는 사용의 역사가 100년이 넘은 마스크, 그리고 손 씻기를 가능하게 해주는 상하수도 시스템에 의존해야만 하는 우리의 상황에서도 여실히 확인할 수 있다.

### 기술과 사회에 대한 코완의 접근법

코완의《엄마에게 더 많은 일을》은 단순히 가사 기술에 대한 후속 연구들을 낳는 데 그치지 않고, 앞서 살펴본 대로 사용 중인 기술에 대한 관심, 그리고 혁신 중심적인 관점에 대한 비판으로 이어지며 약 30년이 지난 지금까지도 큰 울림을 주고 있다. 그런데 본 서평의 대상인《미국 기술의 사회사》는 일견 그러한 연구들을 대폭 반영한 결과물이 아니다. 먼저, 가사 기술에 대한 코완의 연구는 이 책에서 한 장 중에서도 하나의 소절로 다루어지고 있다.(331-340쪽) 게다가 1987년 제안했던 소비

Technology," *History and Technology* 16 no. 2 (1999): 111-136.

10

Lee Vinsel and Andrew L. Russell, *The Innovation Delusion: How Our Obsession with the New Has Disrupted the Work that Matters Most* (Currency, 2020).

접합 개념은 언급조차 되지 않는다. 이는 한편으로는 이 책을 집필할 당시 여러 기술사학자들의 연구 결과물을 종합해 한쪽으로 치우치지 않는 개설서를 만들어낸 코완의 균형감을 보여주지만, 다른 한편으로는 서술 범위를 미국사 전체로 확장하고 이를 미국의 정치사, 사회사, 노동사, 문화사 등과 과감히 연결 지음으로써 기술로 사회를 어떻게 다시 생각해 볼 수 있는지를 폭넓게 제안하는 코완의 대담함을 잘 보여주기도 한다. 후자의 측면을 확인하기 위해서는《미국 기술의 사회사》의 서두에서 내놓은 문제를 코완이 이전 연구들에서 어떻게 극복하고자 했는지 보다 면밀히 살펴볼 필요가 있다.

코완은《미국 기술의 사회사》서두에서 18세기 유럽 분류학자들이 인간을 다른 종들과 구분하는 방식을 둘러싸고 벌였던 논쟁을 소개한다. 정부를 만들 수 있는 영장류라는 의미의 호모 폴리티쿠스Homo politicus, 발정기가 유지되는 영장류라는 의미의 호모 섹수알리스Homo sexualis, 사고하는 영장류라는 의미의 호모 사피엔스Homo sapiens, 물건을 만들 수 있는 영장류라는 의미의 호모 파베르Homo faber와 같은 후보들 중에서 결국 인간은 사고 능력을 차별적 특징으로 인정받게 되었다. 이에 대해 코완은 인류가 발생 초기부터 도구를 사용했고, 언제 어디에서든 기술은 인간 생활의 주요 구성 요소였다는 점을 강조한다. 현대인은 원시 시대에는 인류가 더 '자연적인' 삶을 살았을 것이라 상상하곤 하는데, 돌조각을 부딪쳐 불을 만드는 이 시대의 기술 또한 오늘날 원자핵을 이용해 에너지를 발생시키는 기술만큼이나 인간의 솜씨, 즉 호모 파베르의 산물이라는 것이다. 인류의 구분법에 대한 코완의 언급은 주류의 미국사 서술 방법론에 대한 문제 제기로 이어진다. 미국 기술이 미국 문화의 정수이자 번영에 기여한 주요 요소로 여겨짐에도 불구하고 여전히 미국의 역사는 기술사보다는 사회사, 정치사, 문화사, 지성사의 흐름 속에서 서술되어 왔다는 것이다.

이처럼 기술 혹은 기술 산물을 통해 역사를 재구성함으로써 기존 구도를 되짚어 보는 작업은 코완의 초기 연구에서부터 줄곧 이어져 온 시도이다. 앞서 살펴본 코완의 1976년 논문이 갖는 한 가지 특징은 초반부에서 후반부에 이르기까지 계속해서 가사 노동과 가전 기술의 관계를 논의했던 당시 주류의 사회학적 설명을 비판한다는 점이다. 기능주의 사회학의 설명에 따르면, 산업 혁명을 거치면서 이전까지 자족적인 생활을 유지하기 위해 집 안에서 수행되었던 다양한 생산 활동이 공장 등으로 이전되었고, 가사 기술이 발전하여 이전만큼 많은 노동력이 필요하지 않게 된 가족은 핵가족화되었으며 가족 간 결속력도 약화되었다. 사회학자들이 보기에 20세기 초의 사회적 변화를 잘 보여주는 지표는 바로 당시 이혼율 증가와 여성의 노동 시장 참여 확대였다. 하지만 코완은 이러한 사회학적 설명이 앞뒤가 맞지 않거나 사실과 거리가 멀다고 비판한다. 다수의 보고서와 연구에 따르면, 당시 새로운 기술에 접근하기가 보다 쉬웠던 중산층 및 상류층 여성의 이혼율은 급증하지 않았고, 노동 시장에 참여한 대부분의 여성은 미혼 여성이었으며, 가전제품을 사용하면 할수록 여성이 가사에 투입하는 시간이 오히려 증가했다는 것이다. 코완은 20세기 초 가사 기술의 등장과 가사 노동의 변화를 세밀히 살펴보고, 이를 통해 기존 설명과는 정반대의 결론을 내놓으며 "근대 기술이 가족에 미친 영향에 관한 표준적인 사회학 모형은 분명히 수정이 필요"하다고 주장한다.[11]

이에 대해 코완이 어떤 내용의 답을 내놓음으로써 수정을 가했는지는 앞에서 살펴본 바 있다. 여기에서 더 짚어볼 지점은 기술 또는 인공물을 창으로 삼아 기존의 통념을 뒤엎은 그 방법론에 있다. 코완은 《엄마에게 더 많은 일을》에서 처음으로 '작업 절차work process'와 '기술 시스템technological system'이라는 개념을 제안한다.[12] 전자는 후자에 비해 다소 인지도가 낮고, 후자는 동시대 기술사학자인 토머스 휴스Thomas Hughes가 고안한 개념으로 더 널리 알려져 있다. 코완의 작업은 작업 절차라는 개념에서 기술 시스템의 개념을 도출했다는 점에서 독특하다.[13]

어떤 작업을 단일하고 독립된 것이 아니라 서로 연결된 일련의 작업들로 보는 관점에서 작업 절차 개념이 등장한다. 예를 들어 러그를 청

---

11
Cowan, "The 'Industrial Revolution' in the Home," 22.

12
Cowan, *More Work for Mother*, 11.

13
휴스의 기술 시스템에 대한 논의는 다음을 참조: Thomas P. Hughes, "The Evolution of Large Technological Systems," in *The Social Construction of Technological Systems*, 51-82.

소하는 일은 단순히 그 위에 쌓인 먼지를 제거하는 작업이 아니라, 러그를 옮기는 작업, 러그를 청소하기 위한 기구를 옮기는 작업, 기구를 이용하여 러그 위의 먼지를 제거하는 작업 등이 모두 연결된 일이다. 이렇게 본다면 빗자루에서 진공청소기로 기구가 변화하는 과정은, 청소를 위해 힘이 센 가족 구성원이 러그를 집 밖으로 이동시키는 작업의 부담을 줄이는 반면, 먼지를 제거하기 위해 이동시켜야 할 기구는 더 무거워지고, 또 그러한 작업이 더 자주 필요해지는 과정이기도 하다. 이처럼 서로 연결된 작업 절차들은 집 안에 배치된 각종 기술 산물의 사용을 수반하게 되는데, 이처럼 서로 이어진 채 적절한 기능을 수행하는 기술 산물들의 집합이 바로 기술 시스템이다. 이러한 개념들을 제안함으로써 코완이 극복하고자 한 방법론은 "살아남은 기록된 텍스트들"에만 의존한 채 "아이디어들과 사회적 조건들 간의 정황적인 관계"만을 제시해온 전통적인 사회사, 지성사의 접근법이다. 기술사는 아이디어나 사고방식이 아니라 집안일의 도구들과 같이 "사람들이 삶을 살았던 물리적 제약 조건들"을 분석함으로써, 다시 말해 사람들의 작업 방식을 따라가며 그것과 연결되어 있는 기술 시스템을 이해함으로써, 기술과 사회의 변화를 보다 견고한 경험적 사실 위에서 재구성할 수 있다는 것이다.[14]

### 기술사로 재구성한 미국사

코완은 《미국 기술의 사회사》의 도입부에서 기술사가 "우리가 오랜 기간에 걸쳐 만들어낸 그 모든 사물들, 인공물들의 역사를 서술하려는 노력"이라면, 기술의 사회사는 "여기서 한 걸음 더 나아가 기술사를 인간사의 다른 부분과 통합"하는 것이라 말한다.(19쪽) 실제로 코완은 사물들의 역사를 중심에 두면서 이를 미국의 사회·정치사, 환경사, 노동사, 문화사 등 다양한 장르의 역사들과 엮어내고 때로는 이들을 새롭게 구성한다. 이는 앞서 살펴본 대로 코완이 1970년대부터 지속적으로 천착해온 접근법을 확장해 적용한 것으로, 유럽인들이 이주한 17세기부터 기술 시스템이 대중의 삶을 공고하게 지탱하게 된 20세기에 이르기까

14

Cowan, *More Work for Mother*, 19.

지 미국의 역사를 기술을 통해 다시 이해해 보고자 하는 시도라 할 수 있다.

산업화 이전 식민지 시기를 다룬 1부에서 이러한 시도가 가장 두드러지게 나타나는 지점은 "자족성self-sufficiency"의 신화에 대한 반박이다.(62쪽) 의료 보험이나 총기 규제 등과 같은 현안들에 대한 미국 사회의 반응을 통해서도 엿볼 수 있듯이 미국인에게 있어서 개인의 자족성, 독립성은 중요한 문화적 가치를 지닌다. 복지 제도 등에 의존하지 않은 채 스스로의 노력으로 자신과 가족을 부양하는 자족적인 삶의 상은 식민지 농부들의 이미지로부터 비롯되는데, 코완은 바로 이 시기 농부들이 황야에서 먹고살기 위해 사용했던 도구들을 살펴봄으로써 그러한 신화에 도전한다. 당시 농장 가족들의 생활 수준은 소박했지만, 이조차도 유지하기 위해서는 최소한 사과술 압착기, 쟁기, 직기, 써레 등과 같은 복잡한 도구가 필요했다. 이들을 스스로 만들어낼 수 없었던 농부와 부인은 가정의 생계를 위해 필요한 물품을 대부분 구입했고, 때로는 물물 교환하거나 어떤 일에 특화된 사람에게 일을 맡기기도 했다. 즉 한 가족이 동원할 수 있는 도구들의 생산성으로 그들의 생계를 '자족적으로' 유지하는 것은 불가능했다. 이처럼 식민지 시기 당시에도 자족성은 신화에 불과했으나, 산업화를 거치며 남은 산업화 이전 사회에 대한 향수는 그러한 신화를 더욱 강화했다.

산업화를 본격적으로 다룬 2부에서 코완은 '산업 혁명'이라는 용어에 문제를 제기한다. 산업화는 혁명과 같이 빠르게 지나간 어떤 단일한 사건도 아닐뿐더러, 시작과 끝이 정의될 수 없는 길고 복잡한 역사적 과정이라는 것이다. 이를 서술하는 한 대목으로 코완은 1790년부터 1930년에 이르기까지 이른바 "미국식 생산 체계American system of manufacture"가 형성되는 과정을 여러 측면에서 조명한다. 유럽과 달리 미국에서는 숙련 노동자의 인건비가 높게 형성되어 있었고, 이에 따라 미숙련 노동자도 생산 활동에 참여할 수 있도록 돕는 기계가 필요했다. 이러한 기계는 호환 가능한 부품을 제조하는 기계로, 특정 제품을 완성해 낼 수 없는 미숙련 노동자가 반복적이고 단순한 작업을 통해 다른 제품과 호환이 가능한 부품을 만들어낼 수 있도록 도왔다. 독립 이후 대량의 무기 제조를 위해 이루어졌던 이러한 병기창 관행은 이후 민간으로 확대되었다.

이 밖에 책에서 다루는 도로, 철도, 운하, 석유, 전화 등과 같은 거대 기술 시스템의 건설은 산업화 시기를 서술하는 다른 많은 저작에서도 흔히 볼 수 있는 이야기일 것이다. 하지만 코완이 이러한 산업화 과정을 그려내는 방식은 해당 시기의 변화를 기존 산업화 이야기의 주인공이었던 발명가나 사업가의 일화에 국한하지 않고, 엔지니어, 노동자, 농부, 가정주부, 가사 하인 등 다양한 행위자들의 생활 속 변화로 그려낸다는 점에서 독특하다. 1790년 미국 최초의 특허법이 통과된 이후 발명가의 수는 크게 증가했는데, 이들 중 다수는 공식 고등 교육을 받지 않은 아마추어였다. 하지만 19세기 말 전기와 화학 산업의 과학적 기반이 복잡해지면서 발명은 점차 전문화된 훈련을 필요로 했고, 그러한 발명이 사회적 실체가 되기 위해서는 재원 확보와 판매 등을 도울 수 있는 여러 협력자가 필요했다. 결국 1920년대 들어 독립 발명가의 시대는 저물었고, 산업 연구소에서 봉급을 받고 특허는 기업에 넘겨주는 기업 발명가의 시대가 열렸다.

산업화 시기 가사 노동의 변화에 주목한 한 단원은 부엌 안 화기의 변화가 어떻게 남성을 부엌일에서 해방시키고, 동시에 여성을 더욱 얽매었는지를 선명하게 보여준다. 식민지 시기 개방형 벽난로를 중심으로 조직된 부엌일은 남성과 여성, 아이들의 노동이 모두 필요했다. 남성은 장작 만들기, 가축 도살, 보존 처리 등을 했고, 여성은 최종적인 조리 과정을 맡았으며, 아이들은 물을 나르고 불쏘시개를 모으는 등의 조력자 역할을 했다. 한편 벽난로의 산업화된 대용품인 주철 스토브는 나무뿐 아니라 석탄을 에너지원으로 사용할 수 있다는 특징이 있었다. 나무를 구하기 위해서는 남성의 노동이 필요했지만, 석탄은 여러 중개상을 거쳐 소비할 수 있었기 때문에 현금이 필요했다. 결과적으로 주철 스토브를 사용하는 가정의 남성에게는 입장에서 장작 만들기라는 가사 노동을 수행하는 것보다 집 밖의 산업 현장에 고용되는 것이 더 나은 선택이 되었다. 반대로 여성은 녹슬기 쉬운 스토브를 유지 보수해야 했고, 스토브를 이용해 제공할 수 있는 더 다양한 식단을 준비하기 위해 더 많은 노동을 감수해야 했다. 더욱이 미숙련 여성들을 위한 고용 기회의 확대와 그로 인한 가사 하인의 감소, 제1차 세계 대전으로 인한 이민 중단 등이 이어지며 20세기 초 가정주부의 노동량은 더욱 증가했다. 코완이 지적한 대로, 많은 이들은 산업화를 거치며 우리의 삶이 더 청결해지고 윤택해졌음을 쉽게 인정하지만, 이를 가능하게 한 "제품들이 여성을 위한 노동 절약형 장치라고 생각하는 사람은 거의 없었다".(340쪽)

오늘날 우리가 "아메리칸 드림"이라고 부르는 가치가 형성되는 과정에서 산업화 시기 기술의 낭만화가 중요한 계기를 제공했다고 보는 코완의 서술도 주목할 만하다. 19세기 말 형성된 기술 유토피아는 "기술이 인류의 모든 문제들을 해결해 준 사회에 대한 가상적 설명"으로(359쪽), 산업 기술을 경제적 성장과 민주주의, 그리고 더 나아가 우리의 행복과 동일시하는 입장이다. 20세기 초 미국 낭만주의 미술 속에서 공장의 굴뚝, 교량 등 산업화를 상징하는 구조물은 영감의 대상이 되었고, 문학 속에서 엔지니어는 자연을 정복하고 인간에게 승리를 안기는 낭만주의적 영웅으로 묘사되었다. 동시에 "보통 사람들"에 대한 낭만화 경향도 강하게 나타났다. 기술에 의해 완전히 길들여진 자연, 아름다운 작업장, 행복한 노동을 상상한 19세기 말 산업 옹호자들은 노동 과정에 대한 과학적 관리가 적절히 이루어질 수 있다면 공장 노동자들 역시 예술가나 장인 못지않게 노동, 창조성, 자부심, 숙련, 자유, 독립성 등의 가치를 서로 연결하고 추구할 수 있다고 보았다. 노동 과정에 대한 과학적 관리를 표방한 테일러리즘Taylorism에 따르면, 이를 통해 노동자들은 수동적인 태도에서 벗어나 스스로의 임금과 지위를 향상시키기 위해 창조성을 발휘하고 여가 시간에는 시민으로서의 책임을 감당할 수 있었다. 테일러리즘을 가정에 적용한 가정학 역시 노동의 효율화를 통해 가정주부가 집안일을 최소화하고 자율적인 시민으로 성장할 수 있으리라 기대했다. 미국의 모든 보통 사람은 산업화가 허락한 자유 속에서 개인적 역량을 마음껏 발휘하여 훌륭한 민주 시민으로 성장할 터였다.

이 책의 3부는 20세기 역사에서 지배적인 역할을 수행했던 네 가지 기술 시스템을 통해 기술이 사회에 영향을 미친 양면적인 측면들을 살펴본다. 자동차, 항공, 통신, 생명공학 네 분야를 다룬 각 단원에서 코완은 운송 시스템의 변화와 공해 문제, 항공기 개발과 군사적 후원의 득실, 무선 통신 기술의 발전과 커뮤니케이션 제어, 기술 변화의 불확실성을 논의한다. 3부는 앞선 이 책의 1, 2부에 비해 설명이 소략한 편이고, 구체적인 내용에 있어서도 기술을 통해 기존에 통용되는 관념에 도전하거나 역사를 적극적으로 재구성하는 모습을 보이지 않는다. 이는 일차적으로 코완 본인의 주요 연구 분야인 1900년 전후와 3부에서 다루는 20세기 중후반 사이의 시간적 거리로 인한 한계이면서, 동시에 앞으로 수행될 후속 연구들을 통해 규명되어야 할 숙제이기도 하다.

### 나가며: 한국 기술의 사회사

이 책의 제목을 접하고 바로 연상된 가상의 책 제목은 '한국 기술의 사회사'였다. 하지만 이 책의 부제, '초기 아메리카에서 20세기 미국까지, 세상을 바꾼 기술들'로 눈을 돌리면, 이에 대응될 수 있는 표현이 곧바로 떠오르지 않는다. 기계적으로 '전통 시대부터 20세기 한국까지, 한국을 바꾼 기술들'이라 변환시킬 수 있지만, '세상'을 '한국'으로 치환하는 과정이 어딘지 모르게 껄끄럽다. 물론 제목에 대한 문제는 잠시 제쳐놓고 '한국 기술의 사회사'는 어떤 모습일지 생각해볼 수 있을 것이다. 하지만 어떤 모습을 상상하든 종국에는 '한국 기술'이 무엇인지에 대한 질문을 피할 수 없고, 이는 다시 코완의 책과 대응 구조를 이룰 만한 적절한 부제를 찾지 못하는 상황과 맞닿아 있다. 이처럼 적합한 대응을 만들어내지 못하는 어려움은 《미국 기술의 사회사》와 유사한 방식으로 '한국 기술의 사회사'를 구성하고자 했을 때 겪게 되는 여러 도전 과제들을 함축하고 있다.

《미국 기술의 사회사》가 기술의 역사를 창으로 삼아 "자족성의 신화", "미국식 생산 체계", "아메리칸 드림"과 같은 것들을 설명해냈다면, '한국 기술의 사회사'는 무엇을 설명할 수 있을까, 혹은 설명해야 할까? 이 책의 후반부에서 대표적인 사례로 다루는 자동차, 항공, 통신, 옥수수, 페니실린, 피임약 역시 현대 한국인이 일상생활 속에서 의존할 수밖에 없는 중요한 인공물들이다. 이 외에도 한국 사회에서 광범위하게 사용되고 지대한 영향력을 행사하는 대부분의 기술들이 서구나 일본에서 개발되어 수입된 것이라는 점을 부정할 수 없다. 한국 사회에서 널리 사용되는 물건들, 그리고 사회에서 폭넓게 통용되는 기술 유토피아적인 관념들에 이르기까지 《미국 기술의 사회사》는 미국 사회뿐 아니라 한국 사회도 상당 부분 설명하고 있는 셈이다. 이러한 사실을 받아들인다면, 한국 기술의 사회사는 '미국' 기술의 사회사를 통해서, 그리고 이에 '유럽' 기술의 사회사, '일본' 기술의 사회사 정도를 보충해서 이해할 수 있는 것처럼 보인다. 물론 이에 반대되는 입장 역시 가능하다. 해외에서 개발되고 유입된 것과는 차별화된 '한국적'인 기술을 발굴함으로써 한국 기술의 사회사를 재구성하는 것이 그러한 예이다. 이러한 두 입장 중 "한국 기술의 사회사"는 어떤 모습을 지닐 수 있는가? 두 입장이 너무 극단적이라면, 두 관점을 적당히 혼합하여 '외래적'인 기술과 '한국적'인 기술의 '혼종적'인 특징을 창으로 삼아 한국 사회를 이해할 수 있는가?

이는 현대 한국뿐 아니라 전통 시기 한국 과학사를 분석할 때에도 마주칠 수밖에 없는 문제로, 국내 과학기술학계에서 오래전부터 제기되어 왔다. 전통 시기 한국 과학사 서술과 관련하여 역사학자 김영식은 이를 "중국의 문제problem of China"라고 정의한 바 있다. 조선 지식인들이 했던 논의가 대부분 중국에서 반세기에서 한 세기 더 앞서 이루어졌을 뿐 아니라, 그 내용도 더 얕은 수준의 반복에 지나지 않는다는 것이다.[15] 역사학자 최형섭 역시 20세기 한국의 기술과 관련하여 같은 문제의식을 공유하고 있다. 현대 한국에서 사용되는 대부분의 기술들이 서구로부터 수입된 것이라는 현실 속에서, 기술을 창으로 삼아 사회를 이해하고자 하는 작업은 한국의 사회가 아니라 해당 기술을 수출한 나라의 사회에 대한 이해로 이어진다는 것이다. 최형섭은 이러한 문제에 대한 나름의 해법을 제시한다. 기술의 탄생에 초점을 맞추어 발명가나 혁신가만을 주목했던 기존의 접근법에서 벗어나, 실제 한국에서 일어난, 수입된 기술을 적절히 변용하는 땜장이tinkerer의 기술 실천을 살펴보자는 것이다.[16]

한국사의 단절적 특성은 한국 기술의 사회사를 구성하는 과정에서 극복해야 할 또 다른 어려운 문제다. 코완은《미국 기술의 사회사》를 통해 17세기부터 20세기에 이르기까지 약 300년의 기간에 걸쳐 기술 변화와 사회 변화를 연속적으로 그려내고 있다. 비슷한 시기 한국 사회는 조선 후기, 식민지 시기, 해방, 산업화, 민주화라는 급격한 변화를 겪었

---

15

Yung Sik Kim, "The 'Problem of China' in the Study of the History of Korean Science: Korean Science, Chinese Science, and East Asian Science," *Gujin lunheng* 18 (2008): 185-198. 이를 고려한 방법론에 대한 논의는 다음을 참조하라. 임종태,《17, 18세기 중국과 조선의 서구 지리학 이해: 지구와 다섯 대륙의 우화》(창비, 2012): 26-28.

16

Hyungsub Choi, "The Social Construction of Imported Technologies: Reflections on the Social History of Technology in Modern Korea," *Technology and Culture* 58 no. 4 (2017): 905-920.

다. 이들을 충분히 반영하면서도 약 300년에 걸친 한국 사회의 변화와 기술 변화를 일관된 서술 방식으로 그려내는 방식에 대해서는, 코완의 연구를 비롯하여 이 책에 반영된 서구 기술사학계 논의가 알려주는 바가 충분하지 않다.

이러한 어려움에도 불구하고 최근의 연구들은 한국 기술의 사회사를 재구성하기 위해 우리가 구체적으로 어떤 기술 또는 인공물에 관심을 가져야 하는지, 그렇게 함으로써 무엇을 설명해야 하는지를 다양한 사례 연구들을 통해 보여주고 있다. 초석, 종이, 한글 타자기, 고속 도로, 온돌, 생리대, 한강 유역과 같은 사례들은 각 시기의 사회·문화적, 물질적 맥락 속에서 특정 집단들과 인공물이 어떻게 관계를 맺으며 서로를 변화시켰는지를 다양하게 보여준다.[17] 또한 무엇이 '한국 기술'인지 명료하게 지시할 수 없음에도 불구하고, 오히려 이를 정의하고 이해하고 기술적으로 실천하고자 하는 다양한 시도들은 우리 사회를 이해할 수 있는 한 단면이 될 수 있다. 특히 '기술 도입', '발명', '국산화', '혁신'과 같은 용어는 한국 사회의 기술을 설명하기 위한 용어로 사용될 때에는 지극히 불분명하고 자의적일 수밖에 없지만,[18] 해당 용어가 특정 기술 산

---

17

Hyeok Hwon Kang, "Cooking Niter, Prototyping Nature: Saltpeter and Artisanal Experiment in Korea, 1592–1698," *Isis: A Journal of the History of Science Society* (forthcoming June 2022); Jung Lee, "Socially Skilling Toil: New Artisanship in Papermaking in Late Chosŏn Korea," *History of Science* 57 no. 2 (2019): 167-193; 김태호, 〈'가장 과학적인 문자'와 근대 기술의 충돌: 초기 기계식 한글타자기 개발 과정의 문제들, 1914-1968〉, 《한국과학사학회지》 33권 3호(2011): 395-436; Chihyung Jeon, "A Road to Modernization and Unification: The Construction of the Gyeongbu Highway in South Korea," *Technology and Culture* 51 no. 1 (2010): 55-79; 이근성, 〈현대 한국 아파트 온돌의 형성: 주택공사 아파트를 중심으로〉(석사 학위 논문, 서울대학교, 2011) ; 이영주, 〈일회용 생리대의 도입과 월경하는 몸에 대한 인식의 변화: 1960-1980년대 한국의 경우〉(석사 학위 논문, 서울대학교, 2018); Seohyun Park, "Reassembling Colonial Infrastructure in Cold War Korea: The Han River Basin Joint Survey Project (1966-71)," *History and Technology: An International Journal* 37 no. 3 (2022): 329-354.

18

"발명", "기술도입", "국산화", "혁신" 등을 역사학적 분석의 대상으로 삼은 연구로는 다음을 참조하라. Jung Lee, "Invention without Science: 'Korean Edisons' and the Changing Understanding of Technology in Colonial Korea," *Technology and Culture* 54 no. 4 (2013): 782-814; 임재윤, 〈기술도입, 국내 R&D, 그리고 기술 '국산화': 선경화학 폴리에스터 필름 제조 기술과 그 보호를 둘러싼 논쟁 분석, 1976-1978〉(석사 학위 논문, 서울대학교, 2016); 최형섭, 〈한일 기술 교

물들과 결합하며 어떻게 사회·문화적, 정치적, 경제적 변화를 추동했는지, 혹은 그로부터 영향을 받았는지를 분석하는 작업은 단절적으로만 여겨졌던 한국의 역사를 되돌아볼 수 있는 계기로 작용할 수 있다. 전통 사회의 '중국의 문제'가 20세기에 들어 미국 또는 서구의 문제로 옮겨왔던 것처럼, '한국 기술'과 '외래 기술', 또는 '후진 기술'과 '선진 기술'의 정체를 규정하고 관계를 확립하고자 했던 여러 시도들은 전통 시기로부터 현대 사회에 이르기까지 한국 기술의 사회사를 관통하는 하나의 화두가 될 수 있을 것이다.[19] +

류와 '국산화' 개념의 변화〉, 《일본비평》 13권 1호(2021): 190-211; 박예슬, 〈국산화의 기술정치: 한국 중·경수로 핵연료 국산화 사업의 전개, 1976-1989〉(석사 학위 논문, 서울대학교, 2021); Sangwoon Yoo, "Innovation in Practice: The 'Technology Policy' and the 4Mb DRAM R&D Consortium in South Korea in the 1980s and 1990s," *Technology and Culture* 61 no. 2 (2020) 385-415; Dongwon Jo, "Vernacular Technical Practices beyond the Imitative/Innovative Boundary: Apple II Cloning in Early-1980s South Korea," *East Asian Science, Technology and Society: An International Journal* (2021): 1-24.

19
　　이와 유사하게 조선 후기 청으로의 여행 이후 형성된 "선진 중국과 후진 조선의 이분법"이 20세기 엘리트들의 근대와 전근대의 구획으로 이어졌다고 보는 견해에 대해서는 다음을 참조하라. 임종태, 《여행과 개혁, 그리고 18세기 조선의 과학기술》(들녘, 2021), 281-283.

김기윤. "종교를 통해 세계역사를 바꾸어 놓은 기술".《사이언스타임즈》. 2013년 12월 12일, https://www.sciencetimes.co.kr/news/종교를-통해-세계역사를-바꾸어-놓은-기술/.

김덕호.《세탁기의 배신: 왜 가전제품은 여성을 가사노동에서 해방시키지 못했는가》. 뿌리와이 파리, 2020.

김태호. 〈'가장 과학적인 문자'와 근대 기술의 충돌: 초기 기계식 한글타자기 개발 과정의 문제 들, 1914-1968〉.《한국과학사학회지》33권 3호(2011): 395-436.

박예슬. 〈국산화의 기술정치: 한국 중·경수로 핵연료 국산화 사업의 전개, 1976-1989〉. 석사 학 위 논문, 서울대학교, 2021.

이근성. 〈현대 한국 아파트 온돌의 형성: 주택공사 아파트를 중심으로〉. 석사 학위 논문, 서울대 학교, 2011.

이영주. 〈일회용 생리대의 도입과 월경하는 몸에 대한 인식의 변화: 1960-1980년대 한국의 경 우〉. 석사 학위 논문, 서울대학교, 2018.

임재윤. 〈기술도입, 국내 R&D, 그리고 기술 '국산화': 선경화학 폴리에스터 필름 제조 기술과 그 보호를 둘러싼 논쟁 분석, 1976-1978〉. 석사 학위 논문, 서울대학교, 2016.

임종태.《여행과 개혁, 그리고 18세기 조선의 과학기술》. 들녘, 2021.

_____.《17, 18세기 중국과 조선의 서구 지리학 이해: 지구와 다섯 대륙의 우화》. 창비, 2012.

최형섭. 〈한일 기술 교류와 '국산화' 개념의 변화〉.《일본비평》13권 1호(2021): 190-211.

_____. "The Social Construction of Imported Technologies: Reflections on the Social History of Technology in Modern Korea." *Technology and Culture* 58 no. 4 (2017): 905-920.

Bijker, Wiebe E., Thomas P. Hughes, and Trevor Pinch, eds. *The Social Construction of Technological Systems: New Directions in the Sociology and History of Technology*. MIT Press, 1987.

Chang, Hasok. "Who Cares about the History of Science?" *The Royal Society Journal of the History of Science* 71 (2017): 91-107.

Cowan, Ruth Schwartz. *More Work for Mother: The Ironies of Household Technology from the Open Hearth to the Microwave*. Basic Books, 1983.

_____. "The 'Industrial Revolution' in the Home: Household Technology and Social Change in the 20th Century." *Technology and Culture* 17 no. 1 (1976): 1-23.

Edgerton, David. "From Innovation to Use: Ten Eclectic Theses on the Historiography of Technology." *History and Technology* 16 no. 2 (1999): 111-136.

Jeon, Chihyung. "A Road to Modernization and Unification: The Construction of the Gyeongbu Highway in South Korea." *Technology and Culture* 51 no. 1 (2010): 55-79.

Jo, Dongwon. "Vernacular Technical Practices beyond the Imitative/Innovative Boundary: Apple II Cloning in Early-1980s South Korea." *East Asian Science, Technology and Society: An International Journal* (2021): 1-24.

Kang, Hyeok Hwon. "Cooking Niter, Prototyping Nature: Saltpeter and Artisanal Experiment in Korea, 1592-1698." *Isis: A Journal of the History of Science Society* (forthcoming June 2022).

Kim, Yung Sik. "The 'Problem of China' in the Study of the History of Korean Science: Korean Science, Chinese Science, and East Asian Science." *Gujin lunheng* 18 (2008): 185-198.

Lee, Jung. "Socially Skilling Toil: New Artisanship in Papermaking in Late Chosŏn Korea." *History of Science* 57 no. 2 (2019): 167-193.

_____. "Invention without Science: 'Korean Edisons' and the Changing Understanding of Technology in Colonial Korea." *Technology and Culture* 54 no. 4 (2013): 782-814.

Mohun, Arwen. *Steam Laundries: Gender, Technology, and Work in the United States and Great Britain, 1880-1940*. Johns Hopkins University Press, 1999.

Oldenziel, Ruth and Karin Zachmann, eds. *Cold War Kitchen: Americanization, Technology, and European Users*. MIT Press, 2009.

Park, Seohyun. "Reassembling Colonial Infrastructure in Cold War Korea: The Han River Basin Joint Survey Project (1966-71)." *History and Technology: An International Journal* 37 no. 3 (2022): 329-354.

Vinsel, Lee and Andrew L. Russell. *The Innovation Delusion: How Our Obsession with the New Has Disrupted the Work that Matters Most*. Currency, 2020.

Winner, Langdon. "Technologies as Forms of Life." In *The Whale and the Reactor: A Search for Limits in an Age of High Technology*. University of Chicago Press, 1986.

Yoo, Sangwoon. "Innovation in Practice: The 'Technology Policy' and the 4Mb DRAM R&D Consortium in South Korea in the 1980s and 1990s." *Technology and Culture* 61 no. 2 (2020): 385-415.

유상운

한밭대학교 인문교양학부 조교수. 서울대학교 물리학부를 졸업하고 동 대학원 과학사 및 과학철학 협동과정에서 한국 반도체 기술 개발의 역사를 주제로 박사 학위를 받았다. 한국의 과학기술 정책을 추진한 관료, 연구 개발을 수행한 과학자와 공학자에서 생산 공장의 여공과 정비사, 청계천 전자 상가의 기술자와 상인 등으로 관심을 넓혀가고 있다. 최근에는 공장과 시장을 주 무대로 한국의 과학기술사를 어떻게 그려낼 수 있을지, 그리고 이를 어떻게 동아시아의 맥락 속에 위치지을 수 있을지 고민하고 있다. 이를 반영한 최근의 연구로 〈무전기에서 라디오로: 전자 기술 문화와 반도체 산업 발단의 착종사〉 (조동원 공저)가 있다.

# 전현우

# 중동의, 그러나 사실은
# 우리 모두의 이야기

티머시 미첼,《탄소 민주주의: 화석연료
시대의 정치권력》, 에너지기후정책연구소
옮김(생각비행, 2017)
Timothy Mitchell, *Carbon Democracy:
Political Power in the Age of Oil* (W. W. Norton
& Co Inc, 2011)

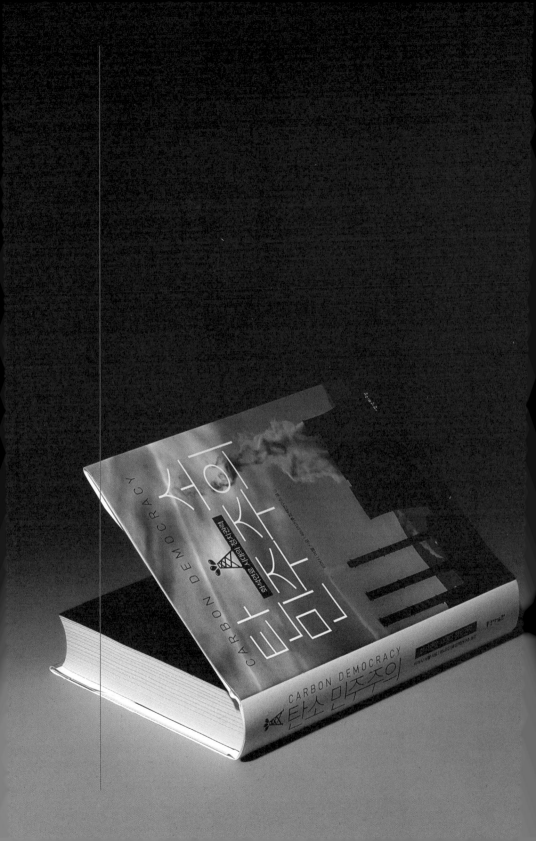

## 불빛, 온기, 화석 연료

어둠에 잠긴 지구 위, 인공광이 도시와 교통로를 중심으로 밝게 빛나고 있는 사진을 본 적이 있을 것이다. 사진 속 한국은 아주 밝게 빛난다. 밤거리를 다니는 차량과 사람을 위해 밝혀놓은 가로등, 차량에서 앞으로 빛을 내뿜는 전조등, 어둠을 밝히기 위해 건물마다 켜놓은 수많은 조명들은 물론, 어선 군집이 내뿜는 휘황한 조명까지, 문명을 증거하는 에너지를 가득 담은 불빛이 이들 사진에 아로새겨져 있다.

2022년, 이들 불빛의 원천은 대부분 화석 연료이다. 자동차의 불빛은 대부분 주유소에서 주입한 연료, 즉 휘발유나 경유에서 온 것이고, 가로등과 건물의 조명은 대부분 석탄과 LNG에서 온 것이다. 어선 역시 유류를 사용한다. 아마도 당신은 이 글 또한 이들 화석 연료에 의존해 보고 있을 것이다.

그렇지만 화석 연료는 이제 시대착오의 대표와도 같다. 기후 변화에 관한 국가 간 협의체IPCC가 화석 연료로 인해 발생한 지구 가열이 인류 문명 전체에 위협이 되고 있다는 자료를 내놓기 시작한 지 이제 30년이 지난 상황이다. 산업화 이전 기온 대비 섭씨 2도 상승이 지금의 인류 문명이 감내할 수 있는 지구 가열의 한계선이라는 규정조차 모자라, 섭씨 1.5도가 그 한계선이라는 규정으로 바뀐 것이 이미 4년 전(2018)의 일이다. 빛을 가져다 주는 석탄 화력 발전소, 이동력의 기반이 되는 내연 기관차, 심지어 겨울의 삭풍에 맞설 온기를 전해주는 천연가스 보일러조차 모두 2030년대부터는 퇴출의 수순을 밟아야 한다는 것이 수많은 국제 기구의 강력한 권고이다.[1]

결국 모든 것이 바뀌어야 한다. 너무나 상투적이지만 그렇다. 《탄소 민주주의: 화석연료 시대의 정치권력》의 주제는 이렇게 바뀌어야 할 모든 것의 기반, 즉 지난 200년 간 구축되어 온 화석 연료 사용 체계이다. 저자 티머시 미첼은 여러 연료 가운데 석유에, 그리고 이들 석유의 원천인 중동에 초점을 맞춘다.

---

[1]

International Energy Agency(IEA), "Net Zero by 2050," IEA, 2021년 5월 수정, https://www.iea.org/reports/net-zero-by-2050.

논의의 출발점은 이것이다. "석유의 저주".(12쪽) 잠깐 저주의 내용을 짚어보자. 거대한 유전이 막 개발되어 막대한 양의 오일 머니가 쏟아져 들어오게 된 산유국 A가 있다고 해보자. A 정부는 이 돈을 방만하게 낭비할 동기가 있다. 국내의 정치적 불만을 해결하는 데 국민에게 직접 돈을 쥐어주어 소비를 하도록 만드는 것보다 확실한 해결책은 없기 때문이다. 하지만 이러한 낭비 끝에는, 반드시 자원의 고갈이 따라온다. 게다가 오일 머니로부터 직접, 또는 이들로부터 파생된 이익을 독점하게 된 계급이 형성되어 사회적 불평등은 더욱 확산된다. 더불어 A 국으로 돈이 쏟아져 들어온 결과, 돈의 가치는 떨어지지만 그에 반비례하여 물가는 폭등하고, A 국의 시민들에게 쥐어준 돈의 효과는 점점 약화되어 이윽고 A 국의 사회 불안은 증폭되고 만다. A 국은 결국 무정부 상태에 이르고 말지도 모른다.

이러한 '석유의 저주'에 걸린 대표적인 나라들이 몰려 있는 곳이 바로 중동일 것이다. 모두가 알다시피, 중동은 석유만큼이나 폭발력 있는 국제, 국내 정치를 가진 곳이다. 이 정치적 혼란 또는 불안을 해소하는 방법으로, 미국은 군사력까지 동원하여 민주주의를 이식하려 했다. 미첼은 미국 관료들이 바로 이렇게 이식된 민주주의가 석유의 저주를 풀 수 있다는 오만한 믿음을 가지고 있다고 지적한다. 석유의 저주를 불러온 메커니즘에 대항해, 각국 인민의 정치 사회적 "역량", 또는 "시민적 덕성"을 강화하여 민주주의를 건설해야 한다는 것이 바로 그 문제의 믿음이다. 이러한 역량 또는 덕성의 핵심에는 A 국의 정부와 시민들이 오일 머니를 적절한 방식으로 사용하는 역량이 자리잡고 있다. 돈을 소비재에 방만하게 낭비하기보다는 생산적 분야에 투자하고, 물가 폭등을 조절하기 위해 재정과 통화 정책을 신중하게 전개하며, 편협한 지역적 전통이 아니라 보편 인권의 확대를 위한 투쟁에 동참하게 만드는 등······.

익숙한 주제일 것이다. 특히 한국인이라면 더욱 그렇다. 경제 개발과 민주주의라는 목표는 한국의 오늘을 가져오는 데 무엇보다도 큰 역할을 한 목표이기 때문이다.《탄소 민주주의》의 기여는 이 두 목표가 어떤 지적, 역사적 배경을 가진 것인지, 단순히 중동과 개별 개발 도상국에게만 여전히 중요한 목표인 것인지 성찰할 수 있는 기반을 제공한다는 데 있다. 화폐라는 거래 수단, 이 수단을 창출하는 원천으로서의 석유, 그리고 이 자원을 적절하게 사용할 수 있는 역량. 언뜻 보면 무결해 보이는 이들 개념의 조합 속에서, 무언가 삐걱거리는 소리를 들어보라는 것이 이 책이 요구하는 성찰의 방향이다.

## 석탄의 부상부터 석유의 황혼까지

책이 요구하는 성찰의 범위는 자못 두텁다. 19세기 초 석탄의 흥기부터 21세기 초 석유의 황혼에 이르는 200년이 이 책 전체를 관통하기 때문이다. 때로는 시간의 흐름을 따라, 또 때로는 서구와 중동 사이를 오고 가면서, 그리고 서구 지식인들의 사유 역시 조금씩 검토하면서, "석유 사용 기구", 다시 말해 석유와 이를 다루는 총체적 시스템에 대한 이야기는 이어진다.

이 이야기의 기반이 되는 석유 사용 기구의 의미를 명확히 파악하려면, 1장 '민주주의의 기구'의 분석을 먼저 눈여겨보아야 한다. 여기에서 미첼은 석유 사용 기구와 대조하기 위해 그 이전 세대의 에너지 활용 시스템, 즉 석탄 사용 기구에 조명을 비추면서 이 책의 핵심 개념인 '기구machine'의 실제 사례를 보여준다. 미첼에 따르면 "석탄 사용 기구"란 석탄이라는 광물을 증기 보일러까지 끌고 오기 위해 필요한 여러 요구 사항들을 실현하기 위한 물적, 사회적 장치이다. 가령 석탄 광산은 채굴을 위해 막장까지 사람을 투입해야 하며, 이렇게 막장에 늘 출근해야 하는 광부들은 일상의 노동과 위험 대응을 위해 끈끈하게 조직화될 수밖에 없다. 석탄을 보일러까지 수송하는 체계 역시 비슷한 노동 조건에 기반하며, 더불어 나무 형태로 이루어져 있어 병목을 통제하면 전체 망의 수송을 좌우할 수 있는 네트워크인 철도를 활용하는 경우가 많다. 이런 노동 조직 방법은 다른 산업에 대해서도 일종의 모델이 되었고, 노동 계급 일반의 이해관계는 그만큼 유사해졌다. 따라서 탄광, 철도 등에서 조직된 노동자의 힘은 파업과 사보타주의 위력을 극대화하여 사회가 창출한 가치를 노동자에게 배분하는 데 압박을 가할 수 있었다. 반면 석유 사용 기구는 이와 모두 대조적이다. 석유는 석유가 담겨 있거나 스며들어 있는 지반에 파이프를 꽂아서 뽑아 올리는 유체이다. 따라서 유정에서 석유를 채굴하는 데는 파이프를 심는 엔지니어와 이 파이프의 압력을 조절하는 오퍼레이터가 필요할 뿐이다. 건설 엔지니어, 그리고 압력

통제실의 오퍼레이터는 막장에서 굴진掘進하는 광부보다는 연구실의 공학자, 또는 본사의 경영 지원 인력과 비슷한 일을 한다고 볼 수 있다. 게다가 석유 수송은 바다가 있는 곳이라면 어디든 자유롭게 갈 수 있는 선박을 이용하는 경우가 많으며, 철도와 유사한 네트워크 구조를 이루는 파이프라인은 육로에서나 제한적으로 이용될 뿐이다. 결국 석유 산업 노동자들의 힘은 분산되었으며 더불어 다른 노동 계급과는 거리가 먼 형태의 이해관계를 가지게 되었고, 이로 인해 파업의 힘은 약화되었으며 파업을 하더라도 노동 계급 일반의 이해관계는 점차 희박해졌다. 결과적으로 석유 사용 기구는 석탄 사용 기구보다 노동 계급이 주도하는 민주주의와는 거리가 먼 기구가 됐다.

이렇게 석유 사용 기구의 특성을 확인한 미첼은, 2장 '요정 나라의 선물', 3장 '피통치자의 동의', 4장 '호의의 메커니즘'을 거치며 20세기 초반까지 중동의 석유가 발견되고 채굴에 이르는 과정에 대해 수정주의적 해석을 전개해 나간다. 가령 2장은 허허벌판에서 노다지를 찾아낸 석유 대기업의 초기 경영진을 영웅화하는 서사가 현지 인민의 저항과 이해관계를 완벽히 무시하는 서사라고 지적한다. 더불어 3장에서는 전간기에 점차 퍼져나가 중동 등에 영향을 미쳤던 민족 자결주의가 현실에서는 민족을 구성하는 인민 전체의 동의에 의한 정치체의 구성이 아니라 다만 현지 군주의 독자적 권한에 대한 식민 정부의 인준으로 해석되었다는 점을 신랄하게 비판한다. 이러한 논조는 4장에서도 이어지며, 더불어 석유의 이익조차 자국으로 귀속시키지 못한 무능한 현지 군주정은 성장하는 노동 운동을 탄압하며 억압적 체제를 이어갔음을 보인다.

경제 개발의 개념을 에너지의 흐름을 통해, 또는 화폐의 흐름을 통해 표상하고자 했던 여러 전통 사이의 경쟁에 대해 이야기하는 5장 '연료 경제', 그리고 오일 쇼크 시기의 상황에 대해 논의하는 7장 '결코 일어나지 않은 위기'에 대해서는 아래에서 더 상세히 논평하려 한다. 여기서는 역사적, 정치적 상황을 검토하는 나머지 장에 대해 간략히 짚어두어, 저자의 난삽한 서술로 인해 논의의 흐름을 잡지 못한 독자들에게 약간의 도움을 주고자 한다. 6장 '사보타주'는 제2차 세계 대전 후, 오일 쇼크 이전까지의 중동을 주제로 한다. 이 시기 중동의 다수 국가에서는 독립 공화국이 형성되었으며, 서방 대기업에 빼앗겼던 석유에 대한 권리를 되찾으려는 시도가 지속되었다. 이 시도는 1960년 석유수출국기구 OPEC의 조직 등으로 부분적으로 성공했으나, 이렇게 얻은 오일 머니는 중동의 정치적 불안을 조장한 미국 등의 서방 무기로 되돌아가는 상황이 계속되었다. 더불어 8장 '맥지하드'에서는 사우디 왕가와 같은 다수의 전제 군주정이 중동에 존재하는 현실 속에서, 여전히 중동 인민의 상당 부분이 과거와 그리 다르지 않은 억압 속에 있고, 더불어 그 중요한 원인은 이러한 억압을 묵인하는 미국과 서방의 비윤리적 태도에 있다고 지적한다.

한편 이 책의 결론과 페이퍼백 개정 후기는 중동에서 머물지 않고, 인류 전체 차원에 걸친 진단을 진행해 나간다. 결론 '더 이상 석유에 의존해서는 안 된다'에서는 기후 위기를 저지하기 위해 억제해야 하는 탄소 배출량은 명확한데 반해, 석유 매장량의 규모는 채굴의 경제성이라는 변수에 의해 달라지는 값이므로 불분명한, 또는 오히려 정치적인 값에 가깝다고 주장한다. 특히 후자의 경우, 어떤 수치를 택할 것인지는 이들 수치를 계산하기 위해 필요한 개념적 전제와 물적, 인적, 사회적 기구에 달린 문제이다. 경제성이라는 변수 자체가 인간의 판단과 가치에 얽혀 있는 것이기 때문이다. 그런데 이러한 매장량에서 나올 수 있는 배출량은 아무리 적게 잡아도 기후를 파멸로 이끌 수 있는 수준임이 분명해지고 있다. 어떤 방향을 선택할 것인지, 그 기로 앞에 인류는 서 있다. 물론, 이 책의 초판이 나온 2011년은 셰일 오일과 가스가 폭발적으로 산출되던 시기이다. 셰일 오일로 대표되는 비전통 석유는 그만큼 위험도 품고 있다는 점(가령, 정치적 위험은 이라크의 유전에서 확인할 수 있고, 채굴 그 자체로 인한 위험은 심해에서, 채굴을 위한 지층 파쇄 및 약품 활용 과정의 위험은 거주지나 농지 주변의 셰일층에서 확인할 수 있다)을 강조할 수 있는 시기였다는 말이다. 이들 위험을 완화하고, 지속 가능하지 않은 삶의 양식을 대체하는 방법에 대해, 다시 말해 미래를 위해 어떤 종류의 에너지 기구를 택해야 하는지 자문하며 미첼은 책의 막을 내린다.

이들 논의를 전개하기 위해 난삽할 정도로 다채롭게 제시되는 수많은 역사적 사실을 하나하나 짚는 것은 서평의 논의를 오히려 혼란스럽게 할 것이다. 나는 아래에서 규범적 성분이 있는 세 가지 주제, 즉 경제 개발의 방법과 에너지 사이의 관계, '성장의 한계', 그리고 이러한 에너지를 통제하는 정치적 기구political machine 그 자체에 조명을 강하게 비추고, 이를 바탕으로 논의를 심화시키는 것이 이 서평에게 주어진 최선의 길일 것이라고 본다.

## 화폐 전통과 에너지 전통

경제 개발이라는 목표에서부터, 다시 말해 경제의 성장이라는 목표에서 다시 출발해 보자. 5장은 이러한 성장, 또는 발전을 나타내는 방법에 대한 두 개의 대안적인 지적 전통을 언급한다. 하나의 전통은, 경제라는 현상 집합을 바라볼 때 인류 문명이 사용하는 에너지 흐름 그 자체를 초점으로 잡아야 한다는 흐름이다(이 글에서는 '에너지 전통'으로 약칭한다). 또 하나의 전통은 그보다는 화폐와 이를 활용하는 거래 관계의 연쇄를 초점으로 잡아야 한다는 흐름이다(이 글에서는 '화폐 전통'으로 약칭한다). 주지하다시피 오늘날 각국의 '경제 당국'이 경제 시스템을 포착하기 위해 우선적으로 채택한 전통은 화폐 전통이다. 총생산은 화폐의 형태로 측정되기 때문이다. 에너지 전통은 화폐 전통의 하부 체계, 하위 파트너(가령 '경제부총리' 산하의 '산업자원부')로 흡수되어 있다고 보아도 좋을 것이다.

이러한 화폐 전통의 승리는 기후 위기로부터 촉발된 오늘의 위기를 사유하는 데 있어 중요하게 검토해야 하는 한계점의 원인으로 지적되고는 한다.[2] 화폐 거래와 그 연쇄는 지수적으로, 그리고 물리적 계산 능력이 뒷받침하는 한 무한히 먼 미래의 시점까지도 팽창할 수 있으나, 바로 이들 거래가 표상하는 물리적 활동은 일정한 한계를 가지고 있기 때문이다. 일정한 단위의 물리적 활동에 들어가는 에너지의 양은 줄이고, 화폐를 통한 거래는 증대시키는 방향으로 '경제 성장'과 에너지 소비량 증대를 탈동조화하는 작업 또한 한계는 있을 것이다. 거래에 필요한 정보의 계산과 유통 과정 역시 물리적 과정인 이상 에너지를 필요로 하기 때문이다. 효율의 증대는 물론, 인류의 물리적 활동 총량의 현실적 한계까지 검토하는 작업이 필요한 것이 오늘의 상황이다.

---

2

다음 저술을 염두에 둔 언급이다. 케이트 레이워스, 《도넛 경제학: 폴 새뮤얼슨의 20세기 경제학을 박물관으로 보내버린 21세기 경제학 교과서》, 홍기빈 옮김(학고재, 2018).

《탄소 민주주의》에서 전개된 미첼의 주장은, 석유 활용 기구의 확대가 이러한 필요를 인식하기 어렵게 만들었다고 말한다는 데서 흥미롭다. 석유 활용 기구가 화폐 전통의 승리에 기여했다는 것이 그의 주장이기 때문이다. 대체 어떻게? 다음 세 요인이 미첼이 제시하는 메커니즘이다.

첫째는 국제 거래의 팽창이다. 석유는 미국, 중동 등에 밀집해 있었으며, 석유가 없는 나라가 이를 구매하기 위해서는 공통의 결제 수단이 필요했다. 비교적 수송이 용이하다는 특징으로 인해 국제 결제의 규모는 지속적으로 팽창했다. 그 양이 제한적인 금을 결제 수단으로 사용하는 것은 결국 어려워졌고, 물질에 기반한 화폐 제도를 유지하기는 점점 더 어려워졌다. 이에 따라 금본위제가 형해화되면서 에너지 전통이 주목하는 실재의 물리적 한계와 화폐를 통한 거래라는 수리적 과정은 점차 탈동조화되었다.

둘째는 유가의 지속적 하락이다. 이러한 화폐-물질 사이의 탈동조화 속에서, 석유의 공급량은 지속적으로 증대되었고 전후 60년대까지 석유의 가격은 지속적으로 하락했다. 이 현상은 석유의 공급 한계라는 사실을 괄호 쳐 놓은 채, 화폐를 통한 거래량의 증대에 주목하는 사고방식을 강화시킬 수 있었다.

셋째는 농업, 물질 자원의 '공업화'이다. '공업화'란, 작물이나 자원을 인간이 쉽게 통제할 수 있는 기술적 수단을 통해 쉽게 재생산할 수 있다는 뜻이다. 석유 화학은 농작물의 생산량 한계, 그리고 자원의 매장량 한계가 이 공업화라는 방법으로 극복될 수 있다는 희망을 주었다. 값싼 합성 비료와 플라스틱은 값싼 석유의 선물이었기 때문이다.

화폐 전통은 이들 세 메커니즘이 작동해 인류의 물질문명을 근본적으로 변화시키던 시대, 즉 20세기 중반에 등장했다. 자원의 고갈이라는 상황을 염두에 두지 않는 표상 체계를 통해 경제 성장을 나타내도 무방했던 시점에 등장한 이 전통은, 특히 2차 대전 전후 이른바 '국민 경제'를 손에 잡히는 수치로 나타낼 때 활용되었다. 이 수치의 이름은 바로 국내 총생산GDP이다. 이 값은 인간 사회 외부의 고갈되는 자원이 아니라 그 내부에 존재하는 규약에 의존하는 거래 규모를 나타내고 있다.[3] 에너지 전통의 우려는 앞서 제시한 세 메커니즘에 의해 뒷전으로 밀려났다. 결국 "경제 성장"은 화폐를 활용한 거래에 대한 안정적 관리와 같은 말처럼 간주되었다.

나는 화폐 전통이 "경제 성장"의 의미를 장악하는 과정에서 석유 사용 기구가 수행한 역할에 대한 미첼의 주장을 조금 더 강하게 받아들이고 싶다. 석유의 저주에 빠진 것은 단지 중동뿐만이 아니다. 경제 성장의 의미를 놓고 이루어진 지적 전통 사이의 경쟁에서 화폐 전통이 승리하고, 이를 기반으로 인간의 물질문명을 조율하기 시작한 순간, 인류 문명 전체가 석유의 저주에 빠져들기 시작한 것은 아닐까.

### 오일 쇼크와 '성장의 한계'

물론 인류 전체가 석유의 저주에 걸렸다고 하려면, 개별 국가 A가 걸린 저주에 대해 제시한 것과는 조금 다른 설명을 제시할 필요는 있다. '석유의 저주'라는 이야기 구조는 A 국이 석유를 수출하여 외화를 끌어오고, 이를 통해 소비재를 수입하는 외국을 전제로 한다. 그렇지만 인류 전체를 하나의 단위로 생각하면, 외국이란 존재할 수 없으므로 전형적인 석유의 저주 이야기를 적용하기는 어렵다. 그러나 방금 확인했듯, 경제 발전을 설명하기 위해 화폐 전통만을 활용해야만 하는 필연적인 이유는 없다. 그리고 경제 발전이라는 현상을 에너지 전통을 활용해 서술한다면 전형적인 석유의 저주와 비슷한 설명을 제시할 수 있게 된다.

설명은 이런 식이다. 중동의 석유 등을 개발하여 거의 무한대의 에너지를 사용하게 된 인류가 있다. 인류는 이 에너지를 방만하게 낭비할 동기가 있다. 이를 통해 사회 구성원에게 대규모의 에너지를 나누어 주어 안락한 삶을 꿈꾸게 만들면 다른 종류의 사회적 갈등은 봉합될 것이기 때문이다. 그러나 이러한 봉합은, 에너지가 고갈되거나 다른 이유로 사용할 수 없게 되는 그 날이 오면 터져버리고 말 것이다. 남은 에너지를 독점하여 다른 자원을 수탈하려는 자들이 넘쳐나고, 사회는 이러한 수탈의 시도로 인해 질서가 무너져 혼란에 빠질 것이다. 이런 혼란을 막기 위해서는 안락한 삶을 보장하는 다른 종류의 에너지원을 찾아내거나, 다른 방식으로 사회적 갈등을 조정할 정교한 메커니즘을 정착시켜

---

3

자연인에게 지불되는 임금, 법인의 당기 순이익, 설비의 감가상각비가 주요 구성 요소이다.

야만 할 것이다.

이런 이야기가 단순한 상상 이상이라는 것을 보여주어, 설득력을 높일 수 있는 사건이 있다. 바로 오일 쇼크, 그리고 그로 인한 '에너지 위기'와 '성장의 한계'에 대한 담론이다. 석유의 저주가 선진국 시민들에게도 명확히 가시화된 것은 오일 쇼크(1차 1973년, 2차 1979년) 시기였다. 오일 쇼크는 석유의 대규모 공급에 의한 저렴한 에너지의 미래에 대한 약속이 사라졌던 사건이었고, 원자력과 재생 에너지 개발의 기폭제가 되었으며, 자원 고갈과 '환경'이라는 주제가 대중의 주목을 받게 된 사건이기도 했다. 한국 역시 오일 쇼크 이후 늘어나는 오일 달러를 노리고 중동의 건설업에 본격적으로 진입한 이상, 한국에게도 석유의 저주(또는 그 이전 단계인 산유국의 풍요)는 바로 이 시기에 가시화되었다고 할 수 있을 것이다.

7장에서 미첼은 이 사건을 둘러싼 여러 층위의 선입관을 공격한다. 가령 석유수출국기구 국가들이 더 많은 오일 머니를 노리고 오일 쇼크를 발생시켰다는, 서구에서 대중적인 해석 대신, 팔레스타인 문제 등 중동 내부의 국제 정치적 문제를 서구 인민에게 각인시키려는 시도의 결과가 오일 쇼크였다는 주장이 바로 그런 공격의 시도이다. 그러나 이런 해석은 한국의 독자에게는 다시 언급할 필요가 없는 상식적 내용이라고 믿는다. 중동 전쟁과 이란 혁명이 반제국주의 운동의 일부라는 것은 식민지 경험이 있는 나라의 인민에게는 상식이니 그렇다. 나는 미첼의 주장 가운데 석유 자본이 이른바 '환경' 담론을 일으키는 데 기여했다는 점, 그리고 이를 통해 인간의 물질문명이 취해야 할 방향에 대해 에너지와 자원의 한계를 언급하는 전통을 특정한 영역에 가두는 데 성공했고, 이를 통해 일종의 지적 할거 구도를 만들고 고착화시켰다는 주장에 초점을 맞춰보고 싶다.

석유가 인류의 에너지 포트폴리오에 등장한 20세기 벽두 이후 1950년대까지, 석유 자본은 중동에서 무한정으로 확인할 수 있는 석유의 공급을 최소한도로 억제하여 자신들의 이익을 극대화하려 했다. 그러나 1950년대 이후, 영국 및 프랑스 제국주의의 붕괴와 함께 현지 국가는 점차 석유에 대한 통제권을 강화하게 된다. 석유수출국기구 국가의 생산량 통제는 이러한 흐름의 한 정점이었고, 1973년과 1979년에 오일 쇼크는 세계를 강타하게 된다. 한국의 유가 역시 당시 최대 10배 올랐다.

　　오일 쇼크의 결과는 크게 두 가지였다. 첫째, 총체적 수준에서 환경 담론이 등장했다. 오일 쇼크는 1960년대 후반부터 지적 담론의 일종으로 등장했던 이른바 '성장의 한계'가 가시적으로 나타난 사건으로 받아들여졌다. '환경'은 오염물이나 특정 건조물로 인한 국지적 파괴를 넘어 문명 전체를 제약하는 조건으로 인정되었고, 경제 발전 전체를 제약하는 총체적 조건으로 평가되었다. 둘째, 대체 에너지 개발 시도가 확대되었다. 1970년대부터 재생 에너지 개발이 시작되었을 뿐만 아니라 원자력 투자에도 가속도가 붙었고,[4] 천연가스 역시 널리 퍼졌으며 탈석탄 과정이 중단되는 효과까지 있었다. 이 시기 직후에 개혁 개방 정책과 고속 성장을 시작한 중국은 자국 내 석탄에 주로 의존하여 경제 개발을 진행하는 등, 개도국의 개발은 자국 내의 에너지를 가능한 한 사용하는 방향으로 전개되기도 했다.

　　이 흐름 속에서, 석유 자본은 두 방면에서 자신의 역할을 찾아낸다. 첫째, 화석 연료 매장량 자체를 보존의 대상으로 편입하는 것이다. 석유는 자연의 산물이기에 유한하고, 언젠가 오게 될 오일 피크의 시점을 가능한 한 뒤로 미루어 위기를 미래로 지연시킬 필요가 있다. 그리고 이 속에서 수요 관리를 위해 고유가를 활용하는 기법은, 비록 판매량은 줄어들더라도 총 판매액을 증대시킬 경우 석유 자본에게도 이익이 될 수 있다. 둘째, 석유 화학의 대체 불가능성을 강조하는 것이다. 플라스틱을 비롯한 재료공학의 대체 불가능한 재료로서, 석유는 다른 어떠한 물질도 하지 못하는 역할을 하고 있다. 이 역할을 지속적으로 수행하기 위해, 석유는 보존되어야 한다.

　　이것은 결국 오늘날의 석유 수요, 그리고 이를 통한 풍요의 약속만이 석유에 대한 담론을 지배하지 못하게 만드는 계기로 오일 쇼크가 작용했다는 뜻이다. 오일 쇼크로 인해, 석유는 미래의 퇴장까지 감안하지 않고서는 사용할 수 없는 물질임이 명확해졌다. 석유와 석유 산업은 수십 년 이상, 아마도 100년 가까이 보존되어야 할 역량이자, 대체 에너지와 대체 물질 화학공학이 나올 때까지 보존되어야 할 대상이 되었다. 이

---

4

　　다만 1979년 스리마일 섬, 1986년 체르노빌 원전 사고 이후 서구의 원자력 투자는 한풀 꺾인다. 이 틈을 적극적으로 활용했던 것이 바로 한국의 원자력 산업이었다는 서술이 가능하다.

는 곧 무한정한 에너지 공급의 원천으로 간주된 석유를 이제는 보존의 언어로 서술할 수 있으며, 이를 통해 성장의 한계를 반영하는 경제 개발이 이루어져야 한다는 생각이 석유 자본의 행동에도 반영되었다는 뜻이다.

물론 보존의 언어가 모든 것을 지배한다고 보기는 어렵다. 특히 선진국을 벗어나 개도국으로 넘어오면 그렇다. 인류의 에너지 소비량은 2022년 지금도 무섭게 늘어나고만 있다. 성장의 언어가 보존의 언어를 계속해서 바깥으로 밀어내고 있다고 할까. 그러나 여기서 무엇을 해야 하는지에 대한 미첼의 주장은 모호하다. 이 모든 것이 자연과 사회 사이의 어중간한 공간인, 화폐 전통에 따른 경제를 인류의 발전을 서술하는 가장 기본적인 틀로 선택한 정치적 의사 결정의 결과이고, 이 어중간한 공간 역시 오늘의 결정에 의해 변형될 수 있다는 것이 그가 반복하는 주장이지만, 이 주장은 지속 가능성을 담보한 민주적 개발의 공간을 열기 위해 필요한 소극적인 조건을 보여줄 뿐 무엇을 적극적으로 해야 할 것인지 분명히 말하고 있다고 보기는 여전히 어렵다.

나는 그 한가지 방향이, 보존의 언어와 에너지 전통의 언어를 개발의 언어 및 화폐 전통의 언어와 함께 사용하는 더욱 더 다양한 방법을 찾는 데 있다고 생각한다. 지금까지의 논의에 따르면, 보존과 에너지 전통은 이를 넘어서면 화폐 거래의 팽창으로 나타낼 수 있는 개발이 지속되기 어려운 일종의 한계선을 표시하는 역할을 한다. 아마도 이 한계선이 포괄하는 범위를 계속해서 팽창시킬 것인가, 아니면 축소할 것인가가 기후 위기 시대의 가장 첨예한 논쟁일지 모른다. 한계선을 축소해야만 하는 이유, 또는 팽창시키더라도 그것을 별충할 수 있는 방법, 이들 쟁점에 대한 체계적인 논의가 무엇보다도 필요하다. 이를 위해서는 에너지와 보존의 언어를 계속해서 사용하는 방법을 상상하는 작업이, 그리고 이를 통해 화폐 전통의 독점적 지위를 침식시키는 작업이 지속되어야 하지 않을까. 바로 이런 작업이 충분히 누적되지 않는다면, 보존과 성장 사이의 지적 할거를 넘어선 미래는 단지 몽상에 지나지 않을지 모른다.

성장과 보존, 또는 '경제'에 대해서는 일단 이쯤 해두자. 이 책의 또 다른 쟁점인 민주주의로 넘어가기 위해서이다. 여기서도 출발점은 '석유의 저주'이다. 석유의 저주는 피통치자의 동의를 얻기 위한 메커니즘을 언급하면서, 이 메커니즘이 말하자면 일종의 대중 추수주의populism에 불과하다고 주장하기 때문이다. 화폐든 에너지든, 이들 자원을 지나치게 많이 분배받으면 사회 구성원들은 중독에 빠질 수 있고, 이렇게 중독된 사람들은 자원의 가치가 떨어지거나 고갈되어 더 이상 자원을 사용할 수 없는 상황에 빠지면 무력해져 정상적인 상태에서는 납득할 수 없는 판단을 하게 된다는 것이 이러한 스토리의 결말이다.

아마도 이런 대중 추수주의의 비극이 현실에 나타날 가능성이 없다고 말할 수 있는 사람은 아무도 없을 것이다. 대중이 원하는 것을 무비판적으로 따를 때 생기는 문제를 극복하는 것은 민주주의의 영원한 숙제이니 그렇다. 그렇지만 미첼은 특히 8장에서, 역사를 논거로 들어 오히려 지난 100년간의 중동에서 확인할 수 있는 것은 대중의 열망을 현지의 전제 군주 권력이 짓밟는 광경이라고 갈파한다. 주지하다시피 사우디아라비아는 국왕을 견제할 의회조차 존재하지 않는 나라이다. 사우디 왕정과 유사한 전제 군주정이 수립된 토후국emirate은 아라비아 반도에 여럿 존재한다. 이들에 대한 인민의 항의는 2010년대 후반에 들어서야 마지못해 체제 내부에 조금씩 받아들여지고 있다. 전제 군주가 중요한 행위자로 건재하는 지역에 대해 대중 추수주의의 위험을 운운하는 것은, 자신을 대표할 대표자를 선택할 권리를 빼앗긴 이들 나라의 인민이 가진 잠재력에 대한 모독에 가까울지도 모른다.

미첼은 이처럼 인민이 권리를 빼앗기고 억압받기 쉬운 상태로 전락되고 만 이유를 석유 사용 기구가 가진 특징 그 자체에서 찾는다. 석유 사용 기구는 상대적으로 소수의 엔지니어와 오퍼레이터에 의해 생산이 통제되므로, 이해관계가 보통의 대중과는 구별되는 사람들에 의해 운용된다고 할 수 있다. 더불어 수송을 위해 상대적으로 분산된 해로를 이용하므로 노동의 조직된 힘으로 수송을 통제하여 대중의 요구를 증폭시키는 데 사용하기도 어렵다. 석유 사용 기구를 통제하는 기업은 결과적으로 대중과는 유리된 전문가들의 집단이 될 가능성이 높다. 이들 전문가는 최악의 경우 서구의 제국주의자 또는 국내의 전제 군주와 이해관계를 같이 하는 귀족이 되고, 그나마 나은 경우에도 관료가 되어 대중과는 유리되고 만다. 거대한 규모의 노동을 집약해야 운용이 가능했던, 그리고 수송과 배분의 단계에서도 수많은 노동력을 필요로 했던 석탄 사용 기구와는 달리, 석유 사용 기구는 귀족정 또는 전제정의 수립과 확립을 노리는 자들에게 좀 더 유리한 것 같다.[5]

그렇지만 석유 사용 기구가 자동으로 이처럼 권위적인 정치 제도와 연동되는 것은 아니다. 미첼은 끊임없는 저항의 시도가, 그리고 이를 통해 피통치자의 동의 내용을 결정하는 과정에 노동자들이 참여하려는 시도가 있었다는 점을 보여주고 있다. 이러한 시도를 현지의 전제 군주정이 쉽게 분쇄할 수 있었던 이유의 적어도 일부분은 외부의 힘, 즉 20세기 초반의 영국과 후반 이후의 미국이 강하게 작용했다는 것이 미첼의 지적이다. 가령 사우디 국영 석유회사 아람코Aramco의 이름은 아라비안-아메리칸 석유회사ARabian-AMerican oil COmpany의 약자이며, 캘리포니아 스탠다드 오일(현 셰브론Chevron)의 자회사로 출발한 기업이다. 이런 기업의 이권을, 그리고 결국에는 석유 위에 올라타 있는 미국민의 삶을 보호하기 위해 미국은 지속적으로 중동 정세에 개입할 필요가 있었다.

억압과 저항 사이에서 중동을, 나아가 세계를 가득 채우며 반복되는 비극의 구체적인 사례를《탄소 민주주의》가 짚어주는 대로 몇 가지 검토해 보자.

첫째, 오일 달러의 행방이다. 중동 열국은 세계적으로 중요한 무기 구입처이다. 그런데 이들 무기의 공급처는 바로 미국을 비롯한 서방 선진국이다. 서방은 석유수출국기구의 탄생 이후 잃게 된 독점 이익을 현지 권력의 입맛에 맞게 회수할 적당한 방법으로 무기에 주목했고, 내부의 분쟁을 꾸준히 일어나게 만들어 계속해서 무기를 팔았다. 아마 한국

---

5

이 글을 수정하는 동안 러시아의 푸틴은 약 20만 명의 병력을 동원해 우크라이나를 침략하기 시작했다.(2022년 2월 24일) 비록《탄소 민주주의》는 러시아에 거의 주목하지 않지만(이런 누락은 21세기 초반 유럽의 에너지 시장에서 러시아가 갈수록 점유율을 높여왔다는 것을 감안하면 납득하기 어려운 일이다), 자국에 매장된 대규모의 가스와 원유를 유럽 등지에 판매한 자금을 통해 자신의 친위 세력을 만들고 인민의 불만을 줄여온 21세기 초 푸틴의 행보는 석유를 활용해 자신의 권력을 다지는 전제 군주의 전형이라고 해도 지나치지 않을 것이다.

도 여기서 주요 조연으로 보아야 할 것이다. 정주영과 이명박이 1970년 대 중공업과 건설 업계에서 도약할 수 있었던 종잣돈은 바로 이 오일 달러에서 온 돈이니 그렇다.

둘째, 관리된 분쟁이다. 미첼은 이란-이라크 전쟁, 이라크의 쿠웨이트 침공, 미국의 이라크 침공 및 점령, 아프가니스탄 내전, 이스라엘-팔레스타인 분쟁에서 미국의 역할을 언급하고 있다. 이들 사건은, 중동 내부의 갈등을 미국이 자신들의 이익을 위해 활용한 사건들이라는 점에서 공통점을 가진다. 가령 이란-이라크 전쟁은 1978년 이란 혁명의 결과 미국의 우세가 무너진 상황을 반전시키는 데 기여했고, 적어도 미국이 이를 적극적으로 말리려고 하지는 않았던 상황이다. 사담 후세인 Saddam Hussein의 쿠웨이트 침공 이후, 이라크군 격퇴부터 이라크 점령에 이르는 상황에서 미국은 누구보다도 적극적인 역할을 했다. 더불어 아프가니스탄 내전에서도 미국은 소련을 견제하기 위해 현지의 이슬람 세력, '무자헤딘'에게 지원을 제공했다. 이스라엘-팔레스타인 분쟁에서 이스라엘과 미국 사이의 밀월 관계는 공공연한 것이다. 물론 이들 분쟁은 모두 중동 내부의 갈등에서 시작된 것이니 미국이 없었다 해도 일어났을 분쟁일 수 있다. 그러나 미국이 없었다면 그토록 파괴적인 수준까지 증폭되지는 않았을지 모른다.

셋째, 다수의 반란과 이슬람주의의 귀환이다. 20세기 초중반까지 중동의 변혁 세력은 세속주의적 세력이 다수였다. 그러나 영국과 사우디 왕가의 결탁을 시작으로, 복고적인 이슬람주의 세력은 계속해서 활동 범위를 넓혔다. 이란 혁명, 무자헤딘, 그리고 이집트의 무슬림 형제단까지……. 이들의 세력 역시 이슬람 사회 내부의 동력에 뿌리내리고 있는 것이지만, 미국의 다양한 오판이 없었다면 지금처럼 세속주의적 정체가 취약해지는 상황은 오지 않았을 가능성이 있다. 복고주의적인 전통 추구 운동은 외국의 부당한 압력에 대한 인민의 반감에 많은 부분 기반을 두고 있는 것이니 그렇다.

이렇게 난삽한 기록을 통합하는 것이 필요하다. 나는 두 방향으로 논의를 진행해야 한다고 생각한다. 먼저 필요한 것은, 미국을 비롯한 서방(물론 싼 석유를 찾아, 오늘도 전 세계의 원유를 최적 비율로 섞고자 하는 한국을 포함한다)이 석유에 대한 의존과 집착을 내려놓는 일일 것이다. 그리고 이를 위해서는, 결국 우리의 현대적 삶을 가능하게 하는 모든 에너지 활동에 변화가 있어야만 한다. 더불어 중동 내부의 정치적 기구에 대해서도 논의가 진전되어야 한다. 통속적인 석유의 저주 속에서 언급되는 대중 추수주의, 그리고 실제로 중동을 지배하고 있는 폭압적 전제정과 같이 다수의 실패한 정체政體 유형이 석유 사용 기구와 근연성을 가진 것으로 지적된다는 사실에 주목해야 한다. 이토록 위험한 기구라면, 이를 장악한 전제 군주(참주), 폭민 또는 과두적 귀족 집단[6]을 억제하는 방향의 메커니즘 역시 반드시 필요하다. 일국 내 차원에서든, 국제주의적 관여engagement의 차원에서든 그렇다. 석유 사용 기구의 구체적인 작동은 결국 정치적 과정에 의해 이뤄진다는 미첼의 진단만으로는 부족하고, 민주주의를 넘어(석유 생산 기구의 구동을 위해서는 전문가, 즉 일종의 귀족이 필요하다는 것이 기술적인 조건인 이상) 일종의 혼합 정체가 필요하다는 제언까지, 나아가 이 혼합 정체의 방향에 대한 제언까지 더해져야 한다.

이 혼합 정체를 위해 필요한 것은, 아마도 (혼합 정체에 대한 고전적인 이상과 마찬가지로) 석유 생산 기구를 둘러싼 여러 행위자들 사이의 견제와 이를 통한 균형일 것이다. 그리고 이런 행위자에는 효율적인 석유 생산을 추구하는 전문가 집단과 석유를 통해 얻은 자원을 최대한 많이 분배받기를 원하는 오늘의 산유국 인민 이외에도, 보존을 통해 이익을 얻게 될 미래 세대 인류가 포함되어야 한다. 아마도 대멸종의 위기에 처한 비인간 생태계까지도 대표할 방법을 찾아보아야 할 것이다. 이렇게 혼합 정체의 목적은 각자의 이익을 넘어 공동의 이익을 안정적으로 대변하는 방식으로 석유 생산 기구를 조율해 나가는 데 있어야 한다. 균형잡힌 혼합 정체의 이상, 다시 말해 공화주의적 이상을 지향하는 구체적인 방법은 나라마다, 시대마다 다르겠지만, 억압의 가능성을 품고 있는 위험한 기구를 안전한 범위 내에서만 작동하도록 통제하는 기본 방향은 이 혼합 정체를 공유하는 모든 정치적 공동체가 공유해야만 한다.

---

6

혼합 정체론에 대한 폴리비오스의 아이디어를 따르고 있다는 언급이다. 이 논의에 대한 내 지식은 다음 문헌의 소개에 기반한 것이다. 안토니오 네그리·마이클 하트, 《제국》, 윤수종 옮김(이학사, 2001), 409-412.

이러한 중용7의 덕목을 갖춘 혼합 정체를 중동에 건설하는 방법을 여기서 논의하는 것은 오만한 일일 것이다. 분명한 것은, 중동과 같은 화석연료의 생산 지대에 대해 과도한 개입을 할 동기 자체를 줄이기 위해, 그리고 미래 세대를 위해 지구 가열의 주 원인인 탄소 배출량을 줄이기 위해 석유를 축으로 하는 화석 연료의 사용량을 줄여야 한다는 점뿐이다. 결국 이것은 석유 생산 기구는 곧 해체 수순을 밟아야 한다는 뜻이다. 얼마 안 가 해체되어야 할 대상에 대해, 이를 유지하면서 도달할 수 있는 공화주의적 이상이 무엇인지를 고민해야 할 필요는 없을 것이다. 석유 생산 기구가 약화된 중동은, 결국 석유의 저주에서 풀려날 것이고, 이제부터는 인민의 자발적인 지적 역량과 재생 에너지에 기반한 성장을 추구해야 하는 인류 공통의 과제에 동참하지 않을 수 없을 것이다.

이렇게 석유 생산 기구의 운명을, 그리고 그와 함께 변화할 중동의 운명을 감안하면, 석유의 저주에서 출발한 지금까지의 논의를 다시 점검하기 위한 무대는 결국 나와 독자 모두가 어느 정도 정보를 가진 공동체, 그리고 당연하게도 앞으로도 지속되어야 할 공동체인 한국이 되어야 할 듯하다.

오늘의 한국은 하나의 진지한 농담의 무대이다. 반도체로 인해 한국 역시 산유국과 비슷한 지위에 도달했다는 농담이 바로 그것이다. 이 농담은 대규모의 돈이 외국으로부터 유입되어 들어온다는 데 착안한 것이다. 이 돈으로 인해, 한국은 번영과 더불어 석유의 저주 가운데 일부분을 겪을 수 있게 되었다. 특히 화폐 가치의 하락과 물가 상승, 그리고 특정 집단을 중심으로 하는 불평등의 확대와 같은 현상을 '반도체의 저주'라는 말로 지시할 수 있을지도 모른다.

다행인 것은, 반도체는 고갈될 우려가 크지 않다는 점이다. 반도체의 원료는 기본적으로 흔하디흔한 규소이고, 불순물은 그리 많은 양을 필요로 하지 않으니 그렇다. 반도체 산업의 기반은 실제 물리적 가공 공정을 유지할 역량과 이 공정을 고도화할 연구 개발의 역량이다. 이런 엔

---

7
아리스토텔레스 윤리학을 염두에 둔 말이다.

지니어링 역량은 결국 사람에 대한 투자를 필요로 하고, 이렇게 얻은 인재들을 묶어둘 만한 정주 여건을 필요로 한다. 이런 인적 투자, 그리고 정주 여건을 포함하는 모든 요소들을 포함하는 집합을, 미첼과 《탄소 민주주의》를 따라 반도체 생산 기구라고 부를 수 있다.

그런데 인적 투자와 정주 여건까지 반도체 생산 기구 속에 포함시켜 생각한다면, 이것은 한국의 도시 체계 전체가 결국 반도체 생산 도구의 일종이라는 말과 크게 다르지 않게 된다. 그리고 한국의 도시 체계는, 대부분의 에너지를 화석 연료에 의존하고 있다는 점에서 아주 취약한 체계이다. 미래 한국의 도시가 화석 연료에 의존하도록 방치하는 것은 곧 한국을 기후 악당으로 몰아가는 방향인 만큼, 이 취약성은 곧 현실이 되어 한국의 미래를 옥죄게 될지 모른다. 더불어 정주 여건이나 인적 투자 역시, 줄어드는 청년층의 숫자와 함께 약화될 가능성도 배제하기 어렵다. 뒤집어 말하자면, 반도체 역시 바로 이들 에너지 체계, 그리고 인구학적 취약성으로 인해 분명 고갈의 위험이 존재하는 자원인 셈이다.

물론 반도체는 화석 연료와는 달리 퇴장을 상상할 만한 자원은 결코 아니다. 이것은 정보를 처리하는 처리 장치의 일부라는 이유에서 자원으로 작용하는 만큼, 아마도 문명의 종말까지는 함께할 부품이니 그렇다. 그렇지만 그와 무관하게, 한국에서 반도체 생산 기구를 유지하는 데 필요한 자원이 고갈될 가능성은 열려 있다. 자원이 고갈되면 그에 기반한 모든 활동 역시 중단될 것이고, 한국의 번영도 어제의 일이 되고 말 것이다. 한국은, 기후 위기와 인구의 위기라는 취약성을 모두 극복할 만한 공화주의적 균형을 찾을 수 있을까? 《탄소 민주주의》를 읽은 내 머릿속에 마지막으로 남는 질문은 바로 이것이었다. +

참고 문헌

네그리, 안토니오, 마이클 하트. 《제국》. 윤수종 옮김. 이학사, 2001.
레이워스, 케이트. 《도넛 경제학: 폴 새뮤얼슨의 20세기 경제학을 박물관으로 보내버린 21세기 경제학 교과서》. 홍기빈 옮김. 학고재, 2018.
International Energy Agency(IEA). "Net Zero by 2050." IEA. 2021년 5월 수정. https://www.iea. org/reports/net-zero-by-2050.

전현우
교통, 철학 연구자. 과학철학을 연구하던 와중, 대규모의 자원과 에너지를 소모하면서도 사람들을 매일같이 끌어들이는 교통 시스템의 마력 덕에 본격적으로 교통을 탐구하기 시작했다. 오늘의 거대도시 속에서 이동력을 제공하는 철도망이 어떤 조건 아래에서 존재하고 번창할 수 있는지 따져보는 책인 《거대도시 서울 철도》를 썼고, 이 책으로 제61회 한국출판문화상 저술상 학술부문상을 수상했다. 현재 서울시립대학교 자연과학연구소에서 교통에 대한 관심을 더 발전시키면서, 앞선 저술에서 누락되거나 충분히 해명하지 못한 쟁점을 검토하는 새 책을 몇 권 준비중이다.

않는가
견과 무지

질병과 함께 춤을

# 서보경

# 페미니즘과
# 거대한 규모의 의학

마야 뒤센베리, 《의사는 왜 여자의 말을 믿지
않는가: 은밀하고 뿌리 깊은 의료계의 성 편견과
무지》, 김보은·이유림·윤정원 옮김 (한문화, 2019)
Maya Dusenbery, *Doing Harm: The Truth
About How Bad Medicine and Lazy Science
Leave Women Dismissed, Misdiagnosed, and Sick*
(HarperOne, 2018)

앤 보이어, 《언다잉: 고통, 취약성, 필멸성,
의학, 예술, 시간, 꿈, 데이터, 소진, 암, 돌봄》,
양미래 옮김 (플레이타임, 2021)
Anne Boyer, *The Undying: Pain, Vulnerability,
Mortality, Medicine, Art, Time, Dreams, Data,
Exhaustion, Cancer, and Care* (Farrar, Straus
& Giroux, 2019)

다리아·모르·박목우·이혜정 지음, 다른몸들
기획, 조한진희 엮음, 《질병과 함께 춤을:
아프다고 삶이 끝나는 건 아니니까》 (푸른숲,
2021)

## 어떤 출혈

전 세계적으로 많은 여성들이 코로나19 백신 접종 이후 자신의 월경 주기와 어긋나는 비정기적인 출혈을 경험했다. 2021년 9월 2일까지 보고된 바에 따르면 영국에서는 3만 명이 넘는 여성들이 백신 접종 이후 월경 주기가 변화하거나 갑작스러운 출혈을 경험했다고 신고했고, 미국에서는 월경 이상에 대한 온라인 설문 조사에 약 10만 명에 달하는 사람들이 응답할 정도로 월경 이상 증세는 많은 관심을 불러일으킨 바 있다. 이 중 미국 설문 조사의 전체 응답자 가운데 약 4만 명 정도를 추려 분석해 보니, 월경이 규칙적인 편이었다고 응답한 사람 중 42%가 백신 접종 이후 출혈량이 증가했다고 답했다.[1] 한국에서 역시 월경 이상을 경험하는 경우에 대한 언론 보도가 이어졌지만, 백신 이상 반응 보고 시스템에 해당 사항이 체계적으로 포함된 것은 아니라 그 규모를 정확히 알기 어렵다. 《한겨레》의 2021년 보도에 따르면, 9월 27일까지 '기타' 항목에 보고된 월경 관련 이상 반응은 712건에 이른다.[2]

이 숫자를 과연 어떻게 해석해야 할까? 우선 한국에서 월경 이상이 과소 보고되었다는 점은 분명해 보인다. 질병관리청이 운영하는 접종 관련 웹페이지에서 이상 증상을 보고할 수 있기는 하지만, 월경에 대한 항목 자체가 없어서 여전히 기타 항목에 접종자가 직접 관련 증상을 작성해야 하는 방식이기 때문이다. 문제 제기가 커지면서 질병관리청은 코로나19 백신 접종과 월경 이상 사이의 연관성에 대한 Q&A 항목에서 다음과 같이 안내하고 있다.[3]

---

1

Katharine MN Lee, et al. "Characterizing Menstrual Bleeding Changes Occurring after SARS-CoV-2 Vaccination," *medRxiv* preprint, 2021. 10. 12.

2

최윤아, "백신 접종 뒤 '월경 이상' 712건, 온라인 호소 이어지는데… '기타 항목'으로 묶인 여성만의 고통", 《한겨레》, 2021년 9월 28일, https://www.hani.co.kr/arti/society/women/1013036.html.

3

"코로나19 예방접종 후 이상반응", 코로나19 예방접종, 질병관리청, 2022년 2월 7일 접속, https://ncv.kdca.go.kr/menu.es?mid=a12208000000.

> **Q** 코로나19 예방접종 후 월경 시 과다출혈, 주기변동 등 여성 생리장애 증상이 알려진 백신의
> 이상반응인지요?

> **A**
> □ 코로나19 예방접종이 대규모로 이뤄지면서 영국 의약품규제청(MHRA)의
>   이상반응신고시스템에 4만여건('21.10.27일까지 총 4,940만 접종건 중)[1]이 신고되었습니다.
>
> – 보고된 생리장애 증상은 일시적이었으며, 코로나19 예방접종 이후 생리장애 발생률은 코로나19 발생 이전
>   에 조사된 일반적인 생리장애 발생률보다 낮았습니다[2]
>
> □ 만약 코로나19 예방접종 후 예상치 못한 질 출혈을 경험하거나 장기간 또는 심각한 생리장애가
>   우려되는 여성은 의료기관을 방문하여 진료를 받으시기 바랍니다.
>
> □ 해외 보고에 따르면 임상시험 중 백신을 접종한 집단과 접종하지 않은 집단 사이의 의도하지
>   않은 임신은 비슷한 비율로 발생하였으며[2], 관련 연구에서 가임력 측정 및 임신율 또한 두 개
>   그룹 간 비슷하게 나타났다는 보고가 있었습니다[3,4]. 이는 코로나19 예방접종이 생식력에
>   영향을 미치지 않는다는 근거로 이해될 수 있습니다.
>
> [1] 영국 의약품규제청(MHRA) 보고서, '21.11.4.
>
> [2] Male V. (2021) Are covid-19 vaccines safe in pregnancy? Nat Rev Immunol 21:200-1.
>
> [3] Orvieto R, et al. (2021) Does mRNA SARS-CoV-2 vaccine influence patients' performance during IVF-ET cycle?
> Reprod Biol Endocrinol 19:69.
>
> [4] Bentov Y, et al. (2021) Ovarian follicular function is not altered by SARS-Cov-2 infection or BNT162b2 mRNA
> Covid-19 vaccination. medRxiv 2021.04.09.21255195.

코로나19 백신 접종 후
월경 이상에 관한 질병관리청의 안내

    위의 안내는 몇몇 연구 결과를 요약해서 알려주고 있기는 하지만,
정확한 답을 주지는 않는다. 영국의 이상 반응 신고 건에 대한 짤막한
분석은 대규모 접종 이전이나 이후에 월경 장애의 발생률에 차이가 없
으니 백신 부작용이 아닐 수도 있다는 의견을 간접적으로 제시하고 있
다. 그러나 동일한 자료에 대해 임페리얼 칼리지 런던의 재생산 면역학
reproductive immunology 전문가는 보다 주의 깊은 관찰과 연구가 필요한
심각한 현상이라고 논평한 바 있다.[4]

    안내문을 몇 번씩 다시 읽어도 질문은 꼬리에 꼬리를 문다. 백신
접종 이후 갑자기 주기에 어긋난 월경을 하거나, 더 많이 아프거나, 출
혈량이 늘거나, 혹은 출혈 기간이 길어지는 부작용이 생길 수 있다는 사

---

4

Victoria Male, "Menstrual Changes after Covid-19 Vaccination," Editorials, *BMJ* 374 no.
2211, 2021.

실은 백신 임상 시험 단계에서 이미 밝혀진 것이었을까? 만약 이미 알려진 증상이었다면 왜 미리 안내해 주지 않은 걸까? 위의 안내처럼 월경 이상은 일시적이고 건강상의 중대한 위해를 끼치는 일은 아니니 그저 지나가기를 기다리면 되는 일일까? 문제가 길어져서 진료를 받으면 과연 치료는 가능한 것일까? 호흡기 감염병에 대한 백신을 맞았는데, 도대체 어떤 기전으로 월경 주기에 변화가 생기는 걸까? 여하튼 생식력에 큰 영향을 끼치지만 않으면 월경 이상은 정말 별 문제가 아닌 걸까? 월경은 어차피 난소와 자궁 같은 생식 기관이 있고 배란이 주기적으로 일어나는 사람이라면 늘 경험하는 일이니, 임신하는 데 문제만 없으면 더 아프든, 더 많은 피를 흘리든, 갑자기 피를 흘리든 별일 아닌 걸까?[5] 도대체 누구 입장에서 별일이 아니라는 걸까?

이 질문들은 어쩌면 불손한 반동으로 읽힐 수도 있을 것이다. 중대한 보건 위기 속에서 월경 이상과 같은 '사소한' 일로 백신 접종이 야기할 수 있는 문제점을 캐묻고 들추는 일은 결국 백신에 대한 불신을 키우고, 여성들이 접종을 꺼리게 하여 개인과 사회 전체에 더 큰 위험을 야기할 수 있다. 이는 매우 타당한 지적이다. 월경 이상이 일어난다는 사실 그 자체가 백신 접종을 하지 말아야 할 이유가 되어서는 안 된다. 이때 접종을 권하는 것보다 더 어려운 일은, 불확실한 영역에 대한 질문을 신경증으로 치부하지 않고 최선을 다해 진지하고 성실하게 답하는 일이다. 새로 개발된 의약품의 효능, 효과, 부작용에 불확실한 영역이 존재한다는 것은 의학의 결함이 아니라 숙명에 가깝다. 따라서 핵심은 피할 수 없는 불확실성에 대해 더 많은 질문을 던지고, 더 나은 답에 함께 다다르는 것이다.

접종과 이상 반응 사이의 인과 관계를 아직 충분히 답할 수 없다면, 이와 같은 '미확인'의 영역, 무지의 구간을 우리는 어떻게 살아내야 하는 것일까? 마거릿 애트우드Margaret Atwood 풍으로 이 모든 혼란을 바라본다면, 우리는 어쩌면 이미 거대한 전조를 지나쳐 왔는지도 모른다. 당

---

5

월경 이상에 대한 대규모 온라인 연구를 진행한 캐스린 클랜시Kathryn Clancy의 연구팀은 호르몬 치료를 받고 있는 비수술 트랜스 남성의 경우 백신 접종 이후 갑작스런 월경으로 인해 더 큰 심리적 충격과 어려움을 겪을 수 있다는 점을 강조하고 있기도 하다. Katharine MN Lee, et al. "Characterizing Menstrual Bleeding Changes Occurring after SARS-CoV-2 Vaccination".

연하게 여긴 일들, 무심히 넘어간 어느 날의 출혈이 어떤 가까운 미래를 예고 없이 결정했는지도 모른다. 이는 음모론의 필수 요소인 예언적 미래에 대한 이야기가 아니다. 바로 지금, 현재의 입장에서 이 '알 수 없는' 미래를 어떻게 살아갈 것인가에 대한 질문이며, 지금 당장 어떻게 응답해야 할지 모를 크고 작은 상처와 수난들을 어떻게 헤아리고 치유하며 살아갈 것인가의 문제이기도 하다.

원인을 알 수 없다고 간주되기에 응답받지 못하는 고통과 상처는 여성만의 문제는 아니나, 오랜 시간 많은 여성의 삶을 관통하는 질문이었다. 이 글에서 나는 여성의 질병과 고통을 다룬 3권의 책《의사는 왜 여자의 말을 믿지 않는가: 은밀하고 뿌리 깊은 의료계의 성 편견과 무지》,《언다잉: 고통, 취약성, 필멸성, 의학, 예술, 시간, 꿈, 데이터, 소진, 암, 돌봄》,《질병과 함께 춤을: 아프다고 삶이 끝나는 건 아니니까》와 함께 왜 어떤 종류의 불확실성은 해소되기보다는 양산되는지, 그리하여 어떤 고통은 답해지지 않는지에 대한 질문들을 따라, 의과학의 무응답을 문제시하고 변혁하는 데 페미니즘이 얼마나 중요한 역할을 하고 있는지 살펴보고자 한다. 이 책들은 모두 질병 세계의 시민권자인 여성들이 쓴 고발서이자 질병 수기이며, 동시에 정치적 선언문의 성격을 각기 다른 정도로 공유한다.

나는 이 글에서 이 '알 수 없음'에 대한 탐구가 과학만의 일이 아니라 고통받는 사람들 모두의 일이 될 수 있음을 드러내고, 페미니즘의 교차성 이론이 의학을 산업이 아닌 정치, 즉 "거대한 규모의 의학"을 갱신하는 데 어떤 기여를 할 수 있는지 논의하고자 한다. "의학은 하나의 사회과학이며, 정치는 거대한 규모의 의학과 다르지 않다"라는 루돌프 피르호Rudolf Virchow의 유명한 경구는 사회 의학과 비판적 의료 인류학의 기틀을 이루는 데 중요한 의미를 지녀왔다. 의학에는 정치가, 정치에는 의학이 깃들어 있다면, 거기에는 반드시 페미니즘의 개입이 필요하다.

### 고통의 젠더는 무엇인가?

미국의 저널리스트 마야 뒤센베리의《의사는 왜 여자의 말을 믿지 않는가》는 우리가 왜 백신 접종과 월경 장애의 인과성에 대해서 제대로 답할 수 없는지에 대해 보다 넓은 시야에서 상세히 알려주는 책이다. 질병관리청의 간단한 안내문이 질문과 답의 형식을 택하고 있지만, 실상

답을 제공해 줄 수 없는 현실은 현대 의학이 처한 중대한 난제와 긴밀히 연결되어 있다. 현대 생명 의료 기술은 신종 감염병에 대한 백신을 초유의 속도로 개발할 수는 있지만, 이 새로운 의약품이 여성과 남성에게 어떻게 다른 영향을 끼치는지에 대해서는 충분히 설명하지 못한다. 코로나19 백신과 월경 이상의 관계에 대해서 우리가 충분히 알지 못하는 현실은 성차性差, sex and gender differences에 따른 이상 반응의 여부가 백신 개발과 임상 시험의 전 과정을 비롯해 접종 계획 단계에서도 충분히 고려되지 않았음을 반영한다.[6] 이는 코로나19 팬데믹이라는 급작스러운 사건과는 전혀 별개의 일이다. 생의학biomedicine에 기반한 의료 체계 전반은 역사 발전 과정에서 오랫동안 '성인 (백인) 남성'을 인간의 생물학적 기본형으로 간주했으며, 여성과 남성의 차이에 별다르게 유의하지 않았기 때문이다. 섹스와 젠더에 따른 차이가 질병의 발생부터 치료, 예방의 전 과정에 걸쳐 어떤 영향을 일으키는지를 체계적으로 간과한 결과, 여성이 경험하는 질병 경험과 여성에게만 발생하는 질병에 관해서는 거대한 무지가 자리 잡게 되었다. 성차를 문제 틀 자체에 포함하지 않을 때, 백신 접종 이후 경험하는 월경 이상은 사소한 일, 죽지는 않으니 별 것 아닌 일이 된다. 도대체 어떻게, 왜 이런 이상 반응이 발생하는지에 대해, 우리에게 주어진 지식은 질병관리청이 제공하는 짤막한 답변의 수준을 넘지 못한다. 마치 무언가 알고 답하는 것처럼 보이지만, 실상은 제대로 알지 못하면서도 더 알 필요가 없다고 말문을 막는 체계화된 무지만이 남게 된 것이다.

뒤센베리의 책은 이 구조적 무지가 어떻게 여성을 '해치고 있는지'를 광범위한 자료를 통해 제시한다. 이 책의 원제 '해를 끼치다Doing

---

6

이 글에서 나는 '성차'를 섹스와 젠더에 기반한 차이를 모두 포괄하는 의미로 사용한다. 섹스는 염색체, 호르몬, 생식 기관의 차이 등 몸의 특질을 기반으로 하는 성별 범주를, 젠더는 남성과 여성의 구별에 근거하여 특정 사회에서 형성된 규범 및 행동 양식을 폭넓게 지칭한다. 자연과 문화를 이원적으로 구별할 때는 섹스와 젠더 역시 상호 독립적으로 구별된 영역으로 상정되지만, 이 구분은 자연-문화의 이원론이라는 인식론적 틀 안에서만 유효한 것이며, 이 두 범주에 속한 여러 특질은 물질적으로 영향을 주고받으며 간섭한다. 또한 성차는 남성과 여성의 이원적 구별에만 한정되지 않으며, 자연문화natureculture에서 둘 이상의 복수 범주로 등장할 수 있다. '자연문화'란 자연과 문화가 언제나 긴밀히 연결되어 서로의 일부를 이루고 있다는 점을 강조하기 위해서 도나 해러웨이Donna Haraway가 도입한 용어이다.

Harm'는 의료 윤리의 가장 중요한 강령인 '해를 끼치지 않는다Do no harm'를 비튼 것이다. 이 책이 제시하는 큰 그림은 여성 환자에 대한 의사의 의도적인 무시나 불신에 그치지 않는다. 성차에 대한 체계화된 무지와 편향적 태도가 현대 의학에 중대한 공백을 키워왔으며, 많은 여성 환자들에게 더 큰 고통을 안겨주고 있다는 사실을 통렬하게 보여준다. 뒤센베리는 여성에 대한 편견이 마치 여성에 대한 과학적 탐구인 것처럼 위장된 역사를 추적하고, 방대한 분량의 학술 논문과 연구 보고서, 보건학, 인류학, 사회학 분야의 책을 통해 성차별이 현대 의학에 미치는 영향을 검토한다. 그리고 이 무지와 편견이 현대 미국을 살아가는 여성들에게 어떤 심각한 위해를 끼치고 있는지를 다양한 계급적, 인종적 배경을 지닌 여성들의 목소리를 빌려 솜씨 좋게 들려준다.

이 책을 관통하는 핵심적인 문제 인식은, 여성이 경험하는 여러 불건강의 증상이 흔히 진짜가 아니라 여성의 과민함 때문이라고 평가절하되어 왔으며 이러한 성차별의 역사가 기술적으로 고도화된 현대 의학에서도 여전히 이어지고 있다는 것이다. 여성의 병을 우울이나 불안과 같은 정신적 스트레스 탓으로 돌리며 실체가 없는 것으로 치부하는 관행에 대한 문제 제기는 페미니즘 정치의 중요한 일부분을 이뤄왔다. 히스테리 이론, 즉 자궁이라는 신체 기관 자체를 질병의 원인이자 여성의 신체적 열등성의 증거로 바라보는 고대 의학의 관점은 인체에 대한 해부학적 이해가 크게 발전한 이후에도 완전히 사라지지 않고 끊임없이 변주되어 왔다. 여성이 호소하는 병적 증상을 건강 염려증과 같은 신경증으로 치부하거나, 병리적 증상이 신체적으로 나타난다고 하더라도 그 원인을 마음과 정신의 문제로 보거나, 아니면 고통의 호소에도 불구하고 의학적으로는 정상이라고 간주하는 것, 유독 예민하고 까탈스러운 여자여서 암이나 희귀 질환에 걸린다고 여기는 태도 모두 성차별의 구조와 연결되어 있다.

뒤센베리는 의료 현장의 남성 중심성으로 인해 여성의 고통이 간과되는 현실을 짚으면서, 이러한 경향이 단순히 의료인 개인이 지닌 태도의 문제가 아니라 현대 의학 전반을 조직하는 의약품 생산의 정치 경제학적 구조와 깊이 연결되어 있으며, 더 나아가 성적 차이에 대한 과학적 이해의 지체遲滯와도 결부되어 있다는 점을 여러 질병의 사례를 통해 폭넓게 제시한다. 특정 종류의 심장 질환은 물론 다양한 종류의 자가 면역 질환과 그에 따른 만성 통증, 섬유 근육통, 만성 라임병, 화학 물질 과민증은 여성에게 더 많이 발생하며, 동시에 진단이나 치료가 적절히 이뤄지지 못하는 대표적인 질병들이다. 뒤센베리는 여성의 병증 호소가 심인성에 따른 것으로 쉽사리 무시되면서 진단이 늦어지게 되고, 이에 따라 많은 여성이 더 큰 불건강을 경험하게 된다는 사실을 광범위한 자료 조사를 통해 보여준다.

이 책이 드러내는 편견과 무지는 정치 경제학적으로 구조화된 것이자, 과학적으로 승인되는 종류라는 점에서 현대 의과학의 속성을 파악하는 데 매우 중요하다. 많은 의사들에게 이 책의 제목 "의사는 왜 여자의 말을 믿지 않는가"라는 추궁은 매우 억울하게 다가올 것이다. 왜냐하면 의사들 역시 의도적으로 여성 환자의 말을 무시하는 것이 아니라, 많은 경우 들으려고 해도 제대로 들을 수 없는 어려움에 봉착해 있기 때문이다. 진단과 치료의 전 과정에서 표준화된 대응을 강조하는 현대 의학의 속성을 가리켜 '근거 중심 의학evidence-based medicine'이라고 부르는데, 이는 진료실에서 의료인이 만나는 환자 각각은 모두 고유한 존재라고 하더라도, 이에 대한 대응은 과학적 근거에 기반한 표준적 대응이어야 함을 의미한다. 역으로 말해, 진단 체계에 들어오지 못하는 증상은 환자의 몸에는 존재할 수 있으나 의학에는 존재할 수 없는 것, 몸으로 경험되고 말해지지만 기존의 지식 틀로 이해할 수 없기에 들을 수 없는 것이 된다. 예를 들어 백신 이상에 따른 월경 장애를 여성 환자가 토로할 때, 의사는 단순히 여성의 말을 믿지 않는 것이 아니다. 원인이 미확인된 병증에 대한 표준화된 대응이 존재하지 않는 상황에서 의사가 할 수 있는 일은 거의 없다. 물론 이때 의사가 진료실에서 얼마나 환자의 말을 잘 들으려고 했느냐는 별개의 문제이지만 말이다.

진단명 없음 혹은 표준 치료법상의 제약은 본질적으로 의료인 개별의 자질이나 성찰적 태도의 결여에 따른 것만은 아니다. 진단-검사-처방 및 치료 체계를 이끄는 것은 대규모의 임상 시험을 통해 진단 체계와 치료제를 개발 및 판매할 수 있는 다국적 제약 회사이며, 이들은 다시 시장화된 병원, 보험 회사, 의료 관련 산업체와의 긴밀한 연관 속에서 거대한 의산 복합체medical-industrial complex를 구성하고 있다. 병이 생겨서 약이 나오는 것이 아니라 약이 나와야 병이 생긴다는 말은 현대 의학의 핵심을 꿰뚫는다. 기존의 진단 체계와 이미 확립된 치료법을 통해 치료할 수 있는 성질의 병증이어야만 의료 체계 내에서 환자의 자격이 주어지며, 환자됨의 구성 요소는 전통적인 의사-환자 관계의 역학을 훌쩍 뛰어넘어 전 지구적인 형태의 지식 생산 및 판매 체계를 통해 상당 부분 결정된다. 질병의 진단과 치료 체계의 표준화는 여러 학제에서의 실험적 탐색과 이에 대한 학술적 토론, 의약품 개발을 위한 여러 차례의 임상 시험, 임상 시험 결과에 대한 학계의 검증, 의약품 규제 기구의 검증과 승인의 복잡한 과정을 통해 이루어지기 때문이다.

이 과정에서 성차가 제대로 다루어지지 않는 이유는 무엇보다 이 과정에서 인간 여성과 암컷 동물에 대한 연구가 충분히 시행되지 않기 때문이다. 임상 시험에서 수컷 편향성은 어떤 차이를 어떻게 구별하여 분석할 것인가에 대한 여러 복잡한 이론적 논쟁을 포함하고 있지만, 결과적으로는 효율성의 논리에 크게 좌우된다.[7] 성에 따른 생물학적 비균질성을 고려할 경우 발생하는 여타의 부가적인 비용을 절감하기 위해, 성차 자체를 유의미한 변수에서 삭제해 버리는 것이다. 암컷 동물을 시험체로 사용할 경우, 혹은 세포주 실험에서 XX 염색체와 XY 염색체의 차이를 모두 고려할 경우, 임신 가능성이 있는 여성 및 임신부를 임상 시험에 포함시킬 경우, 실험 설계의 복잡성이 증가하고, 이는 곧 연구 개발의 시간과 비용을 증대시킨다. 또 인간 대상 연구의 경우, 임신 가능성이 있는 여성 피험자에게 시험의 위험을 충분히 고지하고 장기적 영향에 대한 적절한 후속 조치를 취하며 그에 따른 적절한 보상을 제공할 방법을 충분히 논의해야 한다. 이 모든 과정을 고려하면 결국 남성과 수컷 동물만을 연구하는 것이 가장 싸고 빠른 방법이 된다. 다국적 제약 회사가 의약품 개발에 필요한 대규모 임상 연구를 주도하는 상황에서, 결국 자본의 이익에 부합하는 절차의 비용 효율성이 공공의 이익보다 우선시되어 온 것이다.

그러나 과정이 복잡해지고 더 많은 시간과 비용이 든다는 점이 의과학에서 성차를 고려하지 않을 이유가 될 수는 없다. 외려 성차가 중요

---

[7]
의과학 연구에서 성차를 고려하기 어려운 상황의 근저에는 경제적 이유뿐만 아니라 성차라는 변수를 어떻게 정의하고, 그에 따른 영향을 어떻게 평가 및 검증할 수 있을 것인가에 대한 이론적, 방법론적 정교화가 아직 충분히 이루어지지 않았다는 문제가 동시에 존재한다.

한 변수일 수 있음에도 불구하고 이를 충분히 고려하지 않을 경우, 남성만을 연구 대상으로 삼은 반쪽짜리 지식에 기반한 처치가 모든 인간에게 마땅히 적용될 수 있는 표준으로 여겨지는 모순은 더욱 커질 뿐이다. 또한 이 모든 과학적 지식의 생산 과정은 기술 독점에 기반한 후기 자본주의의 자본 축적에서 핵심적인 양식인 동시에, 엄청난 규모의 공적 자원을 투여함으로써 유지된다. 따라서 의과학의 땅에서 여성이 시민권을 가진다는 것은, 단순히 연구 대상에 포함되는 것을 넘어 최신 과학 지식의 발전과 의약품 생산 과정에서 여성이 더 큰 사회적 통제권을 발휘하도록 하는 공공성의 확대를 필요로 한다. 뒤센베리는 미국의 국립 보건원과 같은 공적 연구 지원 기관이 생의학 연구에서 여성을 시험 대상에 포함하도록 하고, 젠더 편향을 교정하기 위해 애써온 여러 여성 건강 연구자들의 노력을 되짚어 주는 동시에 권고 이상의 더 큰 변화가 필요하다는 점을 암시한다.

### 소리내어 정말 아프다고, 고통 말하기

의학계와 연구 공동체 전반에서 여성에게 편중되어 나타나는 질병이 제대로 연구되지 않는 것은 물론, 성차에 따라 다르게 나타날 수 있는 여러 증상들이 제대로 파악되지도 못한다면, 의료인도, 과학자도 아닌 보통의 여성 환자는 도대체 무엇을 해야 하는 것일까? 이 중요한 질문에 뒤센베리는 우선 더 많은 여성이 자신의 고통을 말하고, 자신의 말을 듣게 해야 한다고 강조한다. 더 많은 여성들이 "많이 배운 의료 서비스 소비자"(444쪽)가 되어 환자 단체를 조직하고, 의료계를 압박하고, 필요한 연구의 방향을 제시해야 한다는 것이다. 이 제언은 그간 미국의 의료 운동을 이끌어온 가장 중요한 흐름을 반영한다. 소비자 운동과 환자 운동을 결합시키고, 이를 통해 더 많은 권리를 이끌어내는 것 말이다.

미국 작가 앤 보이어의 《언다잉》은 2020년 퓰리처 논픽션 부문 수상작으로, 자신의 질병에 대해 배울 만큼 배운 여성 환자-소비자가 미국의 최첨단 의료 시장에서 살아남는 일이 얼마나 고된지를 뜻밖의 언어로 벼려낸다. 세계적으로 유방암은 페미니즘이 소비자 운동과 환자 운동 사이에서 강력한 결합을 끌어낸 성공적인 질병 사례이다. 하지만 이 셋의 결합이 신자유주의 체제의 자기 관리 논리로 흡수될 때는, 여성성을 토큰화하고 질병의 원인은 개인적 실패로 돌리는 퇴축이 일어나기도 한다. 시인이자 불안정한 비정규직 교육 노동자이고, 10대 딸을 키우는 비혼 여성이기도 한 저자는 예후가 나쁘다고 알려진 유방암 치료 경험을 페미니즘 정치와 문학의 자장 속에서 다양한 형식으로 변주한다. 일종의 질병 서사이지만 하나의 일관된 서사를 제공하기를 끝끝내 거부하는 이 책은 엄습하는 죽음에 대한 혼자만의 글쓰기가 어떻게 만인에 관한 글쓰기가 될 수 있는지를 보여준다.

유방암과 같이 젠더화된 질병에서 여성은 더 이상 뒤로 밀려나지 않는다. 오히려 병든 몸에서 최대한의 이윤을 끌어내려고 하는 공격적인 의학 시장의 격전지가 된다. 여성-소비자-환자는 온갖 실험적인 치료법의 범람 속에서 생존율과 부작용에 대한 온갖 넘쳐나는 데이터를 스스로 비교 검색하여 선택하고, 그 선택을 온몸으로, 자기 생명으로 감당해야 한다. 동시에 아무리 치명적인 질병이라도 관리하고 노력하면 극복할 수 있다는 생존의 환상이 유독 여성에게 권위에 대한 순응을 강요하는 성차별적 문화와 결합할 때, 여성-환자는 가장 적극적인 소비자가 되어야 하는 동시에 생존자가 되어야 한다는 젠더화된 도덕적 책무를 부여받는다. 그 과정이 아무리 잔혹하고 과도할지라도 불굴의 의지로 치료에 순응해야 하며, 그로 인한 죽음 역시 종국에는 다시 그들의 허약함과 도덕적 실패로 환원된다. 또한 삶을 유지하는 돌봄이 이성애 중심주의에 기반한 중산층 가족주의의 좁디좁은 울타리로 한정될 때, 불안정한 노동 조건이 회복을 위한 시간을 허락하지 않을 때, 정상성의 규범에서 조금이라도 이탈한 여성이 암을 살아낸다는 것은 젠더와 섹슈얼리티, 계급, 인종에 기반한 억압과 박탈의 무게가 더욱 가혹하게 증식한다는 것을 뜻한다.

몸의 고통이든 고통에 대한 이야기이든 가리지 않고 하나의 상품으로 만들어내는 물신주의와 소비자주의의 얄팍한 장막을 걷어낼 때, 뒤셴베리와 보이어는 매우 다른 언어로, 그러나 결합 가능한 지향을 공유한다. 여성이 자신의 고통을 말하게 하여, 혹은 여성으로서 자신의 고통을 말하여 사회의 변화를 이루겠다는 정치적 목표는 실로 심대한 것이기 때문이다. 저널리즘의 고발과 상실을 말하기 위한 문학이 모두 더불어 제 역할을 해야 할 만큼 이 목표는 크고 넓다. 고통은 죽음보다 먼저 고립을 불러온다. 고통이 고통받는 사람의 세계를 스스로 어찌할 수 없는 내 몸 하나의 세계로 압축시킬 때, 비명이나 신음이 아니라 잊을 수 없는 목소리로, 고유한 이야기로, 자신에게, 다른 몸들에게, 그리하여 그 몸들이 매개하는 여럿의 세계에 가닿겠다는 것은 얼마나 야심 찬 일인가.

질문하기를 멈추지 않을 때

앤 보이어는 브레히트를 인용하며, 암에 대해 쓴다는 것은 암이 주는 고통에 대한 기록이 아니라 더 큰 진실을 쓰는 일이라고 말한다. 나를 연민하기 위해서가 아니라 "누군가를 위해, 그 진실을 가지고 무언가를 할 수 있는 누군가를 위해"(154쪽) 쓸 때, 질병에 대한 글쓰기는 질병을 넘어선다. 내가 경험한 고통에 대해 말하는 일이 타인에게도 쓸모 있는 것이 되고, 그리하여 우리 모두를 위한 것이 될 수 있는 가능성은 어디에서 오는 것일까? 5명의 여성 조한진희, 다리아, 모르, 박목우, 이혜정이 함께 쓴 《질병과 함께 춤을》 역시 이 모두를 위한 진실 말하기를 용기 있게 감행하는 책이다. 이 책의 저자들은 생식 기관 관련 질병, 정신 장애, 만성 통증, 희귀 난치성 질환과 함께 여성으로 살아간다는 것이 어떤 깊은 진실을 담보하는지를 곡진하게 들려준다. 이 책 역시 고통을 받아본 사람만이 쓸 수 있는 언어로 질병의 원인과 결과를 갱신하고 있으며, 자신이 겪어낸 고통을 강제하는 권력의 불평등한 구조와 폭력을 날카롭게 비판한다. 그리하여 아픈 여성들의 일상에서부터 더 큰 진실을 요구하는 정치적 선언문을 이끌어낸다.

저자 중 한 명인 이혜정은 뒤센베리와 마찬가지로 류머티즘성 관절염을 진단받은 여성이다. 이 두 여성은 모두 자가 면역 질환이 발병부터 진단, 치료의 전 과정에 걸쳐 젠더화되어 있다는 사실을 직접 경험했으며, 바로 그 지점에서 자신만의 글쓰기를 각기 다른 방식으로 시작한다. 이혜정은 수치화할 수도, 타인이 대신 경험하게 할 수도 없는 만성 통증이 어떻게 자신에게 찾아왔는지, 그리고 이 통증이 무엇이며 어떻게 다루어야 하는지 알게 되기까지의 분투를 담담하게 들려준다. 두려움과 자포자기를 넘어, 통증이 해일처럼 몰려오는 몸의 척박한 기후를 자신이 발붙이고 사는 땅의 현실로 살아내겠다는 그의 '지금'은 공저자 중 한 명인 모르가 "통증맞이"(173쪽)라고 부르는, 고통받고 있지만 고통이 자기 자신을 완전히 집어삼키도록 허락하지 않는 사람들의 높은 자존을 드러낸다.

　　이혜정의 글은 질병 경험에 대한 성찰과 함께 자신의 경험을 결정지어 온 제도와 구조에 대한 날카로운 이해를 포괄하고 있다. 저자는 류머티즘성 관절염이 한국의 의료 보험 체계에서 본인 부담 치료비를 경감시키도록 되어 있는 질병임에도 불구하고, 오직 류마티스 인자라고 알려진 항 CCP 항체Anti-Cyclic Citrullinated Peptide가 발견된 환자에게만 이 혜택이 주어진다는 점을 지적한다. 류머티즘성 관절염은 단 하나의 인자로 진단할 수 없으며, 해당 인자가 발견되지 않는다고 하더라도 질병 활성도나 예후에서 별다른 차이가 없다는 점이 여러 연구에서 밝혀지고 있지만, 한국에서는 오직 이 하나의 생체지표인자biomarker만을 가지고 질병의 경중을 매긴다는 것이다. 이와 더불어 저자는 자신이 경험한 반복된 성폭력이 류머티즘성 관절염이라는 자가 면역 질환의 발병과 깊이 연관되어 있다고 추론한다. 여성에게 자가 면역 질환이 더 많이 발생하는 기전에는 여성이 경험하는 차별과 폭력의 경험이 반드시 연결되어 있을 것이라는 이 확신은 고통받는 사람의 자기 예언적 확신일까? 아니면 의과학이 아직 밝히지 못한 구조화된 무지의 한 부분인 것일까?

　　항 CCP 항체 음성 류머티즘성 관절염을 겪고 있으며 성폭력 생존자이기도 한 여성의 삶에는 서로 어긋나는 지식 체계의 틈이 여럿 드러난다. 단 하나의 지표만을 가지고 질병의 특성을 온전히 구별할 수 없다는 사실은 이미 알려져 있지만, 과거의 지식에 기반한 의료 보험 체계는 이를 받아들이지 않는다. 여성이 경험하는 구조적 폭력의 높은 강도와 자가 면역 질환에서 두드러지게 나타나는 여성의 높은 발병률 사이에 어떤 관계가 있는지 역시 '미확인'의 영역으로 남아 있다. 뒤센베리의 치밀한 조사를 통해 드러나는 것처럼, 이 답해지지 않은 질문에 답하기 위해서는 성차가 인간 신체의 변화와 질병 경험에 어떤 영향을 끼치는지를 치밀하게 연구할 수 있는 의과학의 진일보가 필요하다. 따라서 이 여성적 추론의 영역은 원한이나 집착, 환상과 같은 미혹迷惑의 영역이 아니다. 이 영역은 외려 지성의 첨단, 새로운 지식의 탄생을 예비하고 있는 창조성의 지평이다.

## 병든 여성이라는 상황

만성 통증 환자였던 작가 알퐁스 도데Alphonse Daudet는 〈고통의 땅에서〉라는 글에서 다음과 같이 쓴다.

> 고통이여, 너는 필시 내 전부일지어다. 너로 인해 나로서는 디뎌보지 못할 이국의 그 모든 땅을 네 안에서 찾을 수 있게 해다오. 내 철학이, 내 과학이 되어다오. (《언다잉》, 231쪽에서 재인용)

여성이 경험하는 고통을 새로운 지식을 찾을 수 있는 과학의 영역으로 만들려는 시도는 성차를 다면적으로 풍부하게 이해하는 과정을 필수적으로 수반한다. 몇몇 페미니스트 과학자들은 이를 '생물사회적 전회biosocial turn'라고 부르자고 제안하기도 한다.[8] '생물사회성biosociality'은 그간 생물 인류학은 물론 인류학 전반에서 역시 자연적인 것과 사회적인 것의 구별을 넘어서기 위한 중요한 이론적 기획으로 자리 잡아왔다.[9] 우리는 흔히 섹스와 같은 생물학적 특성은 주어진 것이자 내재하는 것, 고정된 것이고 따라서 법칙 정립적 과학의 대상이 된다고 생각하고, 젠더와 같은 사회적 특성은 자연적인 것이 아니기에 가변적이고 법칙적이지 않은 것, 심지어 실재가 아닌 것처럼 여기기도 한다. 생물사회적 관점은 생물학적인 것과 사회적인 것이 별개의 영역이 아니라 끊임없이 서로 간섭하고 있으며, 따라서 서로 얽혀있는 묶음으로 사고해야 한다는 점을 강조한다.

의과학 연구에서, 또 의료 체계 전반에서 성차를 진지하게 고려하기 위해서는 서로 구별되지만 동시에 상호 연루된 범주들의 얽힘을 충분히 파악할 수 있어야 한다. 남성과 여성의 성적 차이는 생식 기관의 외형적, 기능적 차이나 특정 호르몬 및 염색체에 따라 완전히 고정되는

---

8

관련 연구 경향의 흐름을 살펴보기에는 다음의 논문이 유용하다. Heather Shattuck-Heidorn and Sarah S. Richardson, "Sex/Gender and the Biosocial Turn," *The Scholar and Feminist Online* 15 no. 2 (2019).

9

Tim Ingold and Gísli Pálsson (eds.), *Biosocial Becomings: Integrating Social and Biological Anthropology* (Cambridge University Press, 2013).

것이 아니며, 한 사회에서 여성과 남성에게 각기 다른 행동 양식이 기대
될 때 이러한 경험의 누적은 사회적으로만 일어나는 것이 아니라 생물
학적 차원에까지 심대한 영향을 끼친다. 질병과 건강은 생물학적 특질
과 사회적 특질의 역동적인 상호 작용 속에서 경험된다. 앤 파우스토스
털링Anne Fausto-Sterling의 표현을 빌리자면, 허파가 산소를 취하듯 뼈도
"문화를 흡수한다".[10] 페미니즘의 교차성intersectionality 이론이 강조해 온
젠더, 인종, 계급의 상호 작용은 건강의 생물사회적 결정 요인에 다름
아니며, 신유물론new materialism의 근저를 이룬다.

　《언다잉》의 저자 보이어는 암에 관한 역사학적 연구를 인용하며
"암은 발진하는 기술 진보의 궤적을 따라 이동하는 것이지, 몰역사적인
몸속에서 영속하는 고정불변의 무언가가 아니다"(41쪽)라고 쓴다. 다
양한 자가 면역 질환과 만성 통증에 대한 뒤센베리의 끈질긴 추적은 질
병의 유동성이 부정되고 탐구되지 않을 때, 어떤 위해가 불평등하게 발
생하는지를 보여준다. 《질병과 함께 춤을》이 마지막으로 제시하는 '아
픈 몸 선언문'은 오직 의학만으로는 질병의 역사를 변화시킬 수 없다는
사실을 꿰뚫으며, 아픈 몸으로 세상의 역사를 변화시키겠다고 선포한
다. 고통을 살아낸 여성들의 문학적 통찰력과 사회 분석, 정치적 연대
의식이 서로를 지탱하며 새로운 길을 넓히고 있다. 《질병과 함께 춤을》
이 전하는 저항적 질병 서사는 이에 응답하는 저항적 질병 연구를 기다
리고 있다.

　페미니즘에 기초한 이론과 방법론, 개념이 의학에 더 큰 영향을 끼
칠 수 있을 때 의학은 고통에 관한 복잡한 이야기를 더 잘 듣고 이해할
수 있게 될 것이며, 이를 통해 더 큰 책임-능력response-ability을 발휘할 수
있게 될 것이다. 만약 여성의 고통에 대한 글쓰기가 일종의 대통일 이
론, 어떤 공통성을 요청하고 있다면, 그것은 여성에 대한 그 어떤 환원
주의적 접근도 허용하지 않는다.[11] 여성은 성과 관련된 과학적 담론과

---

10

Anne Fausto-Sterling, "The Bare Bones of Sex: Part 1 - Sex and Gender," *Signs: Journal of Women in Culture and Society* 30 no 2, 2005.

11

'여성 고통의 대통일 이론'이라는 표현은 레슬리 제이미슨, 《공감 연습: 부서진 심장과 고통의 상처와 당신에 관한 에세이》, 오숙은 옮김(문학과지성사, 2019)에서 빌려온 것이다.

사회적 관습, 실천을 통해 형성되는 복합적인 범주이며, 모든 지식이 그러하듯이 성차에 대한 지식 역시 특정한 앎의 장치가 놓인 역사적 상황 속에서 만들어진다. 앎의 형식이 바뀐다면 존재의 형식도 달라진다.[12] 병든 여성이라는 상황은 성차를 생물사회적 얽힘으로 파악할 수 있게 해주는 앎의 장치들이 더 정교해지는, 그리하여 건강과 질병 경험에서 부정의한 불평등과 위해를 야기하는 여러 힘들의 역학을 명확히 이해하고, 마침내 변형시키기 위한 모멘텀이다. +

---

12
Karen Barad, *Meeting the Universe Halfway* (Duke University Press, 2007)를 한 예로 들 수 있다.

참고 문헌

최윤아. "백신 접종 뒤 '월경 이상' 712건, 온라인 호소 이어지는데…'기타 항목'으로 묶인 여성만의 고통". 《한겨레》. 2021년 9월 28일. https://www.hani.co.kr/arti/society/women/1013036.html.

Barad, Karen. *Meeting the Universe Halfway*. Duke University Press, 2017.

Fausto-Sterling, Anne. "The Bare Bones of Sex: Part 1 - Sex and Gender." *Signs: Journal of Women in Culture and Society* 30 no.2 (2005).

Ingold, Tim, and Gísli Pálsson eds. *Biosocial Becomings: Integrating Social and Biological Anthropology*. Cambridge University Press, 2013.

제이미슨, 레슬리. 《공감 연습: 부서진 심장과 고통의 상처와 당신에 관한 에세이》. 오숙은 옮김. 문학과지성사, 2019.

Lee, Katharine, Eleanor Junkins, Urooba Fatima, Maria Cox and Kathryn Clancy. "Characterizing Menstrual Bleeding Changes Occurring after SARS-CoV-2 Vaccination." *medRxiv* preprint. 2021. 10. 12.

Male, Victoria. "Menstrual Changes after Covid-19 Vaccination." Editorials. *BMJ* 374 no. 2211. 2021.

Shattuck-Heidorn, Heather, and Sarah S. Richardson. "Sex/Gender and the Biosocial Turn." *The Scholar and Feminist Online* 15 no. 2 (2019).

"코로나19 예방접종 후 이상반응". 코로나19 예방접종. 질병관리청. 2022년 2월 7일 접속. https://ncv.kdca.go.kr/menu.es?mid=a12208000000.

서보경

인류학자. 연세대학교 문화인류학과 부교수. 한국에서는 HIV 감염에 대해, 태국에서는 보편적 건강 보장과 빈곤, 포퓰리즘에 대해 주로 연구해왔다. 불평등, 고통의 결, 퀴어 정치, 감염되는 것과 감염되지 않는 것의 차이에 많은 관심을 가지고 있다. 논문으로는 〈'역량강화'라는 사회과학의 비전〉, 〈가운뎃점으로 삶과 죽음이 뭉쳐질 때〉, 지은 책으로는 《마을 병원에 서로 기대어: 태국의 공공 의료가 만들어가는 돌봄 정치*Eliciting Care: Health and Power in Northern Thailand*》, 《마스크가 답하지 못한 질문들》(공저), 《아프면 보이는 것들》(공저)이 있다.

# 권용란

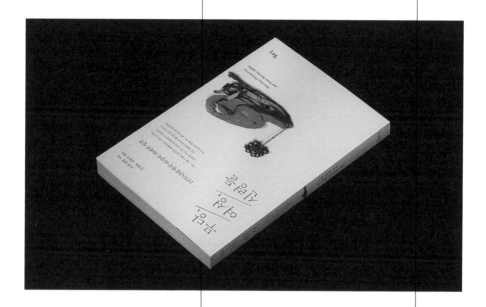

# 서양 인류학자의
# 시선으로 본 한국의
# 여성 의례

로렐 켄달,《무당, 여성, 신령들: 1970년대
한국 여성의 의례적 실천》, 김성례·김동규
옮김(일조각, 2016)
Laurel Kendall, *Shamans, Housewives, and
Other Restless Spirits: Women in Korean Ritual
Life* (University of Hawaii Press, 1985)

맘짐, 여성, 장소 맞멈

1970년대 한국 여성의 일과 삶

강원혜 지음 · 강위원 사진

굿을 한 번이라도 접한다면 누구라도 강렬한 인상을 받게 된다. 무당의 옷차림부터 역동적인 춤사위, 사용하는 도구, 노랫가락, 무당의 입을 통해 신령들이 말하는 공수, 작두 타기 등 사람들을 사로잡는 요소들이 많기 때문이다. 그래서 나는 《무당, 여성, 신령들: 1970년대 한국 여성의 의례적 실천》이라는 책 제목만 보고 외국 학자가 굿의 신비스럽고 이국적인 모습에 매력을 느껴 쓴 글이라 예상했다. 책의 부제를 보았음에도 '여성'보다는 '무속'이 먼저 떠올랐다. 무당이 대부분 여성이니 무당의 이야기로만 짐작했던 것이다. 내가 그동안 무속에서 무엇을 주로 보고 생각했는지 확인되는 순간이다.

이 책의 중심 주제는 '한국의 여성 의례'이다. 하지만 저자가 관찰한 대부분의 의례에서 무당이 주부와 신령의 매개자로서 행하는 역할이 매우 중요하고, 여성으로서의 무당의 삶에도 주목한다는 점에서 책의 주제는 '한국의 여성 의례'와 '무당' 두 가지라 할 수 있다. 이 책에서 다루는 '여성'은 주부housewife와 무당(남성 무당은 포함하지 않는다)을 모두 포함한다. 전통 시대의 여성은 결혼하여 아이를 낳고 한 가정의 살림을 맡게 되면서 사회 구성원으로 인정받는다. 집안의 신령들을 모시고 굿을 의뢰하는 등 가정을 위한 의례를 주관하는 위치가 되는 것이다. '여성 의례'는 무당의 도움 없이 주부가 단독으로 가정의 신령들을 모시는 가정 의례와 무당의 굿을 모두 포함하며, '신령들'은 가정 신령들, 조상, 귀신을 통칭한다.

저자 로렐 켄달은 미국의 인류학자이자 뉴욕의 미국 자연사박물관 큐레이터이다. 이 책은 켄달이 1970년대 한국의 영송리(가명)에 살면서 수행한 현지 조사를 바탕으로 쓴 박사 학위 논문을 출간한 것으로, 가장 젊은 시절의 학문적 열정을 쏟아낸 연구 성과이다. 저자는 1970년대 평화봉사단으로 한국에 방문한 것을 계기로 지금까지 한국 사회, 특히 한국 여성과 무속에 대한 연구를 꾸준히 이어가고 있다.[1] 서문에서

---

1
켄달은 지금까지 한국 무속과 여성을 대상으로 지속적인 연구를 진행하고 있다. 대표적인 후속 작업으로는 무당에 관한 연구 *The Life and Hard Times of a Korean Shaman Of Tales and Telling Tales* (University of Hawaii Press, 1988), 한국 여성과 결혼에 관한 연구 *Getting Married in Korea: Of Gender, Morality, and Modernity* (University of California Press, 1996), 그리고 1990년

켄달은 "내가 한국의 여성 의례에 관심을 갖게 된 이유는 아연할 정도의 여러 가지 색깔과 소리, 그리고 다양한 의복들로 가득한 굿이었다"고 고백하는데, 이 경험은 저자 평생의 연구 내용과 방향을 결정하는 사건이 되었다. 나아가 이 경험은 굿을 하는 무당부터 굿을 의뢰하고 참여하는 사람, 그리고 굿을 구경하는 사람까지도 대부분 여성이라는 점에 대한 의구심으로 이어졌다. 유교적 세계관의 영향권 아래 있는 한국 여성이 주도권을 가지고 의례를 행할 뿐만 아니라, 의례를 의뢰하고 적극적으로 참여하는 모습이 의아했던 것이다. 저자의 연구 계기와 대상은 이렇게 무당에서 한국 여성으로 확장되었다. 내부인은 당연하게 여겨 잘 보이지 않는 부분이 외부인에게는 평생의 연구 방향을 결정하는 학문적 동기가 된 것이다.

이 책은 저자가 직접 수행한 인터뷰와 관찰을 바탕으로 한다. 첫 번째 자료는 무당 '용수 엄마'(가명)의 집에서 점사[2]와 소규모 의례 들을 관찰하고, 굿을 따라다니며 기록한 것, 그리고 용수 엄마의 집에 찾아온 손님들을 인터뷰하고 그 손님들의 집을 방문하여 각각의 사례를 인터뷰한 것이다. 두 번째 자료는 마을 여성들과의 인터뷰로, 각 가정의 의례적 전통을 다룬다. 인터뷰 참가자 중에는 기독교인도 있고, 자신은 무당과는 무관하다고 한 사람들도 있을 정도로 그 구성이 다양하다. 세 번째 자료는 서울을 비롯한 여러 지역에서 각 지역의 특성을 지닌 굿을 관찰하고 기록한 것이다.

이 책의 의미는 세 가지로 볼 수 있다. 첫째, 한국 여성 의례에 대한 새로운 접근과 해석이다. 그동안 한국 종교 문화에 대한 연구는 유교의 조상 의례를 중심으로 하는 남성 의례에 무게가 쏠려 있었기에, '여성 의례', '여성의 종교 경험'이라는 표현조차 흔히 등장하지 않았다. 무속에 대한 연구는 꾸준히 있었지만, 의례 주체자로서의 '여성' 즉, 무당을 포함한 여성의 역할과 경험은 충분히 주목받지 못했던 것이다. 무속 연구조차 종교 전문가로서 '무당'의 역할에만 집중해 온 경향이 있었다.

---

대 한국의 상황과 무당, 무속에 대한 연구 *Shamans, Nostalgias and the IMF: South Korean Popular Religion in Motion* (University of Hawai'i Press, 2009)가 있다.

2
무당이 점을 치는 행위.

그 이유는 무속이 다루어진 시대적인 배경과 연구의 역사에서 찾아볼 수 있다.

역사적으로 살펴보면, 조선 시대는 무속을 이중적인 태도로 다루었다. 유교 이념으로 건국된 조선은 불교, 도교와 함께 무속을 이단, 즉 그릇된 문화적 유습으로 취급했다.[3] 조선은 벽이단론闢異端論이라는 이념적 틀을 기준으로, 각 종교의 의례를 '정사正祀, proper ritual'와 '음사淫祀, improper ritual'로 구분했다. 불교나 도교에 비해 의례의 측면이 두드러진 무속은 사람들을 속여 미혹시키고 풍속을 어지럽힌다는 혹세무민의 주범으로 지탄의 대상이 되곤 했다. 하지만 무속 의례를 행하던 관습은 근절되지 못했고, 심각한 기근이 들어 국가에서 기우제를 할 때면 무당을 부르기도 했다. 조선 왕실 내명부에서는 무당을 불러 국가의 평안을 위해 별기은別祈恩이라는 산 기도를 하기도 했다. 국가는 이처럼 공식적으로는 무속을 배척했지만 필요에 따라서는 수용하기를 반복했기에 무속은 유교와 공존했고, 조선 후기부터는 서서히 분리되기 시작했다. 그러나 민간에서는 무속과 유교 의례가 공존하며 현재까지 이어져 왔는데, 이를 잘 보여주는 대표적인 예가 강릉 단오제이다. 단오제 기간에는 성황당에서 유자들이 유교식 의례를 행한 다음, 동일한 공간에서 무당이 굿을 하는 것을 볼 수 있다. 해방 이후에 무속은 근대 국가를 건설하는 데에 있어서 미풍양속을 해치는 구습으로 간주되기도 했다. 현대에 들어서는 한국의 전통 신앙 또는 전통 예술이라 간주하여, 일부 무속인과 굿을 무형 문화재 또는 전통문화 전수자로 지정하기도 했다.

---

3

음사와 정사를 구분하는 고전적 근거로는 두 가지가 있다. 첫째, "제사할 바가 아닌 것에 제사 지내는 것을 음사라고 하며, 음사에는 복福이 없다."(《예기》, 〈곡례〉) 둘째, "신은 제사 지내지 못할 만한 자의 제사를 흠향하지 않으며, 백성들은 자기 친족이 아닌 대상에게 제사 지내지 않는다."(《좌전》, 〈희공〉 10년) 이는 의례 주체와 제사 대상의 자격과 그 범위에 관한 규정이다. 유교의 원칙과 질서인 예禮 안에서 제사를 지내야만 신도 그 제사를 받으며, 제사 지내는 사람도 복을 받는다는 것이다. 여기에 더해 국가의 공인 여부가 또 하나의 기준이 되었다. 국가의 공식적 의례 규범의 승인을 받지 못한 비공식적인 의례는 음사가 되었다. 또한 조선에는 무속을 통제하기 위한 정책들이 있었다. 서울 안에 무당이 거주하지 못하게 한 것, 사족士族이 노비나 땅을 무당에게 바치지 못하게 한 것, 무당에게 세금을 내게 한 것, 전염병이 발발하면 성 밖 동서활인서에 소속시켜 병자들을 돕게 한 것, 질병에 걸리거나 사람이 죽었을 때 행하던 야제野祭를 금지한 것, 조상의 신주를 무당의 집에 맡기거나 조상을 위호하는 노비를 무당의 집에 맡기던 관습을 금지한 것, 무녀의 주도하에 해오던 산 기도를 금지한 것 등이다.

무속에 대한 연구 또한 이중적이었다. 무속 연구가 시작된 것은 일제 강점기 서양 선교사들과 일본인들에 의해서였다. 선교사들은 선교를 목적으로, 일본인 학자들은 식민화를 목적으로 무속을 연구했다. 이들은 무속을 한국인의 고유 신앙이자 종교 심성의 근원으로 보면서도, 사회 발전에 역행하는 미신이자 사라져야 할 구습으로 평가했다. 해방 이후 1960년대 후반부터는 무속에 대한 한국 학자들의 관심이 증가했고, 1970년대부터는 다양한 연구가 이루어졌다.[4] 이는 대중문화에서도 단적으로 나타났다. 1977년부터 1989년까지 방영된 TV 시리즈 '전설의 고향'은 각 지역의 전설과 민간 설화를 취합해 만든 드라마다. 여기에는 무당이 등장해 원혼의 한을 풀어주기도 했고, 숨겨진 일을 해결하기도 했다. 양반가의 남자들이 등장할 때는 무당의 말을 듣지 않다가 화를 당하고 뒤늦게 후회하는 이야기가 대부분이었다. 1970-1980년대는 이처럼 전통 시대를 최대한 기억하고 기록하려 했던 때였고, 실제로 여러 학문 분야에서 많은 성과를 이룬 시기이기도 하다.

무속을 중심으로 한 여성의 종교 경험에 초점을 맞춘 대부분의 연구는 이를 사회적 억압으로 인해 억눌린 감정이 분출된 카타르시스 현상으로 설명했다. 켄달은 이런 해석이 지배적인 이유가 체계적인 민족지적 접근이 부족했기 때문이라고 보았다. 무속과 여성, 그리고 의례에서 모시는 신령들조차 남성 중심적 문화와 연구의 역사에서 소외되어 그 '종교적 역할'과 '의미'가 제대로 평가되지 못했음을 강조한다. 무속에 대한 조명은 꾸준하게 있었지만, 여성 주체의 목소리를 담아내지 못했기 때문에 한국인의 종교 경험에서 가려진 이야기가 되었다는 것이다. 가려진 이야기를 드러내기 위해 켄달은 여성의 자리에서 이야기할 필요성을 제시한다. 이는 무속 연구를 비롯한 한국 여성의 종교 경험에 대한 새로운 접근일 뿐만 아니라, 한국 종교 문화를 다각도로, 폭넓게 이해할 수 있게 한다는 점에서 의미가 크다. 한국 종교와 사회를 균형

---

4

해방 이후의 외국 학자의 한국 종교 연구 가운데 주목할 만한 것으로는 로렐 켄달의 연구 외에도 로저 자넬리·임돈희, 《조상의례와 한국사회》, 김성철 옮김(일조각, 2000)이 있다. 이 연구는 1973-1974년과 1978년 경기도 한 양반 동족 마을에서 이루어진 현지 조사를 바탕으로 하며, 조상 의례와 무속 의례의 갈등 구조에 초점을 맞추고 있어 켄달의 연구와 다른 관점을 보여준다.

있게 이해하기 위해 역사를 재구성하고 평가하는 것은 학문적 과제이다. 과거는 현재, 그리고 예상할 수 없는 미래의 한국 종교 문화를 상상해 볼 수 있는 하나의 거울이자 렌즈가 된다.

이 책의 두 번째 의미는 연구 자료로서의 가치이다. 1970년대 한국에서는 범국민적 지역 사회 개발 운동인 새마을 운동이 한창이었고, 농어촌의 근대화를 추진하면서 많은 것들이 바뀌었다. 저자는 그 변화의 기준을 '지붕'으로 보았고, '초가 지붕'을 전통의 잔재로 여겨 전통 가옥을 선택했다. 한국의 전통 가옥 구조에 주목한 이유는, 가정 신령들이 곳곳에 거하는 곳이자 굿을 하는 제장祭場이기 때문이다. 이 책은 근대화 이전의 여성 의례뿐 아니라 생활사 또한 세밀하게 담아내고 있다.

1970년대는 과거의 자취뿐 아니라 변화 중인 한국 사회와 가정을 들여다볼 수 있다는 점에서 중요한 시기이다. 이 책에 등장하는 무당 용수 엄마는 텔레비전과 휴대용 녹음기를 가지고 있고, 미션 스쿨에 다니는 아들이 있다. 등장하는 사람들의 직업들도 다양하다. 지금과 비교해 기록 기술이 다양하지 못했던 시절의 관찰 기록은 연구 자료로서 가치가 충분하다. 예전과 비교해서 무속 의례를 쉽게 접하기 힘들고, 연구자의 입장에서 참관하는 것은 더욱 어려운 시대라는 점을 생각하면 더욱 그렇다. 전통 시대와 변화 과정 중의 시대상을 담고 있는 자료라는 이 책의 가치는 무속 연구뿐 아니라 인류학, 사회사, 종교학, 그리고 여성학에도 열려 있다.

이 책이 가지는 세 번째 의미는 기술 방법과 내용이다. 기술 방법에는 저자의 관점과 의도가 담겨있기 마련인데, 그런 점에서 이 책의 서술 방식은 이채롭다. 책은 총 8장으로 구성된다. 첫 장은 전씨 가족의 굿을 기술하면서 시작한다. 마치 문제의 장면을 던져놓고 이 장면을 어떻게 생각하며, 왜 그렇게 생각하는지를 묻는 것 같다. 2장부터는 굿과 여성에 대한 학문적, 사회적 인식이 한 방향으로 치우쳐 있다는 문제를 제기하고, 여성 의례가 왜 어떤 이유로, 언제, 어디서, 어떻게 이루어지는가를 보여준다. 즉 의례가 이루어지는 '과정'을 그대로 보여준다. 현장 연구의 결과를 제시하며, 의례 자체의 구조 혹은 무당의 역할에만 집중해서 설명하는 방식이 아니다. 저자는 자신이 관찰한 여러 사례를 일반화하기보다는 상황과 사연 하나하나가 가지는 '풍경'을 보여주려 했다. 대상자의 목소리를 그대로 듣고 담아낸 세밀화를 그리고자 했다. 때문에 이 책의 기술 방법은 보고서처럼 단조롭지도 않고, 과장된 표현이나 추측을 하지도 않는다. 그러면서도 그냥 지나칠 수 있는 것들을 다시 생각하게 한다.

이 책은 의례의 과정을 보여주기 위해 왜, 어떤 문제로 의례를 결정하게 되었는지부터 의례 비용, 가족들의 반응, 의례 과정에서 오가는 말들, 실랑이, 무당과 구경꾼과 신령들 사이의 긴장 관계, 신령과 줄다리기, 무당들 간의 알력 관계, 의례 이후의 이야기 등을 구체적으로 기술한다. 또한 신내림 이야기, 신내림을 받아 학습을 받는 무당의 어려움과 학습 과정, 시행착오, 생활 환경, 다양한 집안 내력과 몸주신主神 이야기, 손님들의 여러 반응, 단골이 되는 과정, 그리고 약을 사 먹으라는 무당 등 종교 전문가로서 굿에 임하는 무당만이 아니라 한 인간으로서 무당의 삶의 모습도 구체적으로 기술한다. 일상과 비일상을 나누어 보기보다는 일상 속에 녹아있는 비일상적인 삶의 모습을 자연스럽게 보게 한다. 마치 영화 〈만신〉(2013)이나 〈영매: 산 자와 죽은 자의 화해〉(2002)를 보는 것처럼, 재미있는 이야기와도 같은 사례들이 이어진다. 여성 의례의 단단한 구성 요소인 무당과 주부 그리고 신령의 관계가 생생하고 실제적으로 느껴진다. 내가 그동안 읽었던 인류학 책들은 다른 문화의 이야기라 공감할 수 있는 부분이 많지 않았다면, 이 책은 과거의 친숙한 기억을 소환하게 만들고 내가 살고 있는 종교 문화의 토대를 다시 보게 했다. 한국의 독자라면 직접 경험이 없더라도 여러 매체를 통해서 만났을 무당, 어머니, 주부의 이야기에는 공감할 수 있으리라 본다.

이 책은 인류학적 방법론을 바탕으로 수행한 현지 조사의 결과물로, 무속 연구의 전문가인 김성례, 김동규의 번역을 거쳤기 때문에 이론적인 검증과 해석은 불필요할 것이다. 나는 이 책의 내용을 따라가면서 종교를 연구하는 입장에서 생각했던 것들을 논의하고자 한다.

### 부부유별, 부부 일심동체의 공간: 집

한국 사회에서 젠더 문제를 논할 때, 그 원인이자 토대로 거론되는 것은 조선 시대의 유교 이념이다. 특히 남성 우월주의와 가부장제의 근거로 유교의 다섯 가지 윤리 규범인 오륜―부자유친, 군신유의, 부부유별, 장유유서, 붕우유신―의 하나인 부부유별이 지목된다. 오륜은 아버지와 아들, 임금과 신하, 남편과 아내, 어른과 아이, 친구의 관계에서 지켜야 할 규범으로 유교 사회의 질서, 즉 예禮의 척도가 된다. 오륜의 질서는 어긋나거나 깨트려서는 안 되는 성스러운 교리와 같은 것이다. 문명과 야만을 나누는 경계이자 '인간다움'의 기준, 신성한 영역으로 유교의 종교성을 이룬다고 할 수 있다.[5] 부부유별은 단순히 성차를 말하는 것이 아니라, 남편은 '외'의 영역을, 아내는 '내'의 영역을 담당한다는 사회적인 역할 구분을 의미한다. 구분은 본래 차별을 의미하는 것이 아니라 서로 보완하여 온전히 하나가 되는 것이지만, 남성이 여성의 삶을 규정하는 명분이 되면서 남녀 차별의 근거가 되었다.

부부유별의 윤리가 실현되는 곳은 '집'이다. 남편과 아내의 일이 구분되는 집은 남성과 여성 모두에게 중요한 의미를 가진다. 첫째, '집'은 가족들이 사는 물리적인 공간이다. 한 남편과 아내가 있는 독립된 가정을 의미할 수도 있으며, 원래 한집에 살던 사람들이 독립하여 꾸린 가정을 모두 포괄하는 '가족'이 거하는 공간을 의미하기도 한다. 둘째, 집은 인간 일생의 통과 의례를 행하는 공간이다. 태어나고 자라서 성인이 되고 결혼하여 아이를 낳고 환갑 등을 거쳐 죽음을 맞이하기까지, 일생동안 새로운 상태로 넘어가는 인생의 변곡점을 경험할 때마다 겪어야 할 의식을 행하는 공간이다. 집은 안과 밖, 삶과 죽음, 위험과 안전을 가르는 경계가 되어 인생의 변화를 경험할 때마다 안전한 방어막이 되어준다. 셋째, 집은 신들을 제사하는 공간이다. 남성 의례와 여성 의례는 동일한 집에서 행해진다. 남성에게는 남계친을 중심으로 한 조상에게 제사하는 사당이며, 여성에게는 가정 신령, 조상, 귀신(구제받지 못한 신령)을 제사하는 공간이다. 넷째, 가정 신령들이 거하는 만신전이다. 집 대청 위 대들보에는 성주신, 안방에는 삼신할머니, 뒷마당에는 터줏대감, 집 뒤편 장독대에는 본향 산신과 칠성신, 부엌에는 조왕신, 변소에는 변소 각시가 자리 잡고 있다. 만신전의 제사는 여성이 주관한다.

부부유별의 윤리는 실생활뿐 아니라 초자연적 세계에도 적용된다. 켄달은 한 집에 두 개의 전통, 즉 남성과 여성의 종교 생활이 공존하는 현상을 실생활에서의 역할 분화가 반영된 것이라 보았다. 그리고 각 영역을 남성은 '가족family', 여성은 '가정household'이라고 구분한다. 남성의

---

5

양혜원, 《종교와 페미니즘 서로를 알아가다》(비아토르, 2020), 179-181.

조상 의례가 남계친 가족을 유지하고 보호하기 위한 것이라면, 여성의 의례는 남계친의 가족을 포함한 더 넓은 범위의 가족 구성원의 안위를 위한 것이다. 저자는 여성이 담당한 가정의 범위를 '의례적 가족'이라고도 표현한다.

집 안 곳곳에 거주하는 가정 신령들에게 때마다 잊지 않고 제사를 지내주고, 언제든 집안에 침범할지 모르는 악한 기운과 귀신들을 관리하고, 고통과 갈등의 원인이 되는 조상들을 달래며 관계를 회복시키는 역할은 여성의 몫이다. 신령들을 보살피고 대접하는 방법은 시어머니와 무당에게 배운다. 의례적 가족을 보호하려면, 무당을 통해 고통의 원인을 알아내고 어떤 신령에게 의례를 지내야 하는지 알아야 한다. 여성 의례는 무당과 연합해야만 완성될 수 있다. 신령들을 본래 자리로 돌려보내야 엉클어진 초자연적 세계의 질서를 회복할 수 있고, 현실 세계의 문제도 해결된다. 여성 의례는 남성 의례의 그늘 밑에 있지 않은 여성 주도적인 영역이다.

의례를 통한 치유와 관계 회복은 매우 중요한 '종교적인 역할'이자 종교적인 힘이다. 여성 의례의 효과는 '집' 전체, 가족과 가정 모두를 위한 것이자 남성 의례에도 적용된다. 저자는 남성 의례와 여성 의례가 상보적인 관계임을 역설한다. 상보적인 관계는 중심과 주변의 차별 구도로서의 부부유별이 아니라, '집'을 살리기 위한 부부 일심동체를 의미한다.

한 집에서 남성과 여성 의례는 반목하거나 갈등하기보다는 공존해왔다. 조선 시대 서예가이자 문인이었던 이문건1494-1567이 쓴《묵재일기》[6]를 보면 무속에 대한 당시 양반 사대부 남성의 인식을 엿볼 수 있다. 이문건은 손녀와 손자가 아플 때 아내가 무당을 불러 병의 원인을 묻는 것을 묵인하고, 병이 낫지 않자 자신이 직접 무당에게 묻기도 한다. 자신의 집에서 부리는 노비가 병이 낫지 않을 때 무당이 굿을 하는 것을 묵인하기도 하고, 죽은 딸을 위해 무당을 불러 굿을 하기도 한다. 그러면서도 유배지에서 기거하던 집주인이 굿판을 벌이려 하자 이를 허락하지 않고 무녀를 꾸짖는 이중적인 태도를 보인다.

---

6

이복규,《묵재일기에 나타난 조선전기의 민속》(민속원, 1999).

한국에 선교사로 왔던 호머 헐버트Homer Hulbert, 1863-1949는 한국 종교의 독특성을 잘 언급했다. 그는 한국인들이 신봉하는 서로 다른 의식들이 논리적으로는 충돌하지만, 한국인들의 내면에서는 아무런 적의를 느끼지 않고 오히려 오랜 역사 동안 서로 익숙해져 혼성물(혼합)을 이루었다고 언급했다. 또 한국인은 사회적으로는 유교도이고 철학적으로는 불교도이며 어려움에 처하면 정령 숭배자가 된다고 하면서, 한국인의 밑바탕에 깔려 있는 믿음은 정령 숭배라고 했다.[7] 정령 숭배는 무속을 포함한 민간 신앙을 통칭한 표현이다. 한국 종교의 이런 혼합적 양상은 헐버트 이외의 선교사들도 한국 종교의 특성으로 동의하는 부분이다.

## 여성, 남성, 그리고 왕실의 조상

한 '집'안에서 가족과 가정을 담당하는 남성과 여성에게 공통된 신은 '조상'이다. 남성의 조상 의례는 물론이고, 여성 의례에서도 조상은 큰 비중을 차지한다. 조상은 여타 다른 신들과 달리 혈연을 중심으로 한다는 점에서 인간에게 가장 친근한 신이자 보편적인 신이다. 조상이라는 주제는 산 자(후손)와 죽은 자(선조)의 관계를 전제로 한다는 점에서 죽음관, 영혼관, 내세관 등의 세계관을 알 수 있는 통로가 된다. 또한 계승 및 상속과 연관된 사회 구조 및 질서를 이해하는 통로로 사회학, 경제학, 인류학 등 여러 학문 분야의 주제가 된다.

남성과 여성 의례의 조상은 혈연을 중심으로 한다는 점에서는 공통적이다. 그러나 조상의 자격과 범주는 다르다.[8] 일상적으로는 나의 이

---

7

H. B. 헐버트, 《대한제국멸망사》, 신복룡 옮김(집문당, 1999), 468-469.

8

한국 종교 연구에서 '조상' 개념, 즉 조상의 자격 및 범위에 대한 관점은 두 가지로 나뉜다. 최길성은 포르테스M. Fortes의 정의를 빌려, "조상은 살아있을 때 일정한 계보 관계로 맺어진 자손이 있는 사자로 모든 죽은 자를 의미하는 것이 아니라 조상 숭배의 대상이 되는 사자"라고 정의한다. 이는 조선 시대 유교 국가의 제사권을 중심으로 한 정의로, 조상의 자격은 제사권을 가진 부계 혈통을 중심으로 주어진다. 이와 달리, 장주근은 《세계대백과사전》의 내용을 근거로 "조상 숭배는 농경 민족 사이에 뚜렷한 종교 형태로서, 숭배의 대상인 조상에는 시조, 조상신, 죽은 자, 사령 등 일정한 범위가 없고, 주로 조상의 영이나 사자의 영에 대한 제사"라고 정의한다. 이는 죽은 자를 모두 포괄하는 광의의 대중적, 민속학적 정의이다. 최길성, 〈한국 조상숭

전 세대를 조상이라고 총칭하지만, 종교적 의미의 '조상'은 의례에서 모시는 존재이다. 즉, 조상의 개념과 범주는 의례를 통해서 확인된다. 의례에서 모시는 조상이 누구냐를 통해 가족, 가정, 친족의 개념 및 이들과의 관계 등이 반영된 신앙 체계가 드러난다.

먼저, 남성 중심의 유교의 조상은 남계친을 중심으로 한다.[9] 유교의 죽음관에 의하면, 사람이 죽으면 혼魂은 하늘로 돌아가고 몸인 백魄은 땅으로 돌아간다. 조상의 정신과 혼백은 이미 흩어졌어도 일부는 자손의 정신과 혼백으로 이어져 있어서, 자손이 정성과 공경을 다하여 제사를 지내면 조상의 혼백에 이른다. 즉, 후손은 죽은 자와 동일한 기氣를 가지고 있어서 흩어졌던 혼백이 모여 감응하여 소통할 수 있다. 동일한 기는 남계친에만 해당되며, 보통 4대까지 이른다.

잘 알다시피, 남성 의례의 '조상' 자격과 개념은 조선 시대 사회 제도에서 비롯된다. 유교 이념으로 건국된 조선은 부계 혈통을 중심으로 한 조상 개념과 조상 의례를 수용했고, 적장자를 중심으로 조상을 섬기는 종법 제도를 통해서 이를 실현시키려 했다.[10] 종법 제도에 따라 제사를 지내줄 적장자를 세우는 것은 왕실을 비롯해 일반 대중에게까지 적

---

배 연구의 회고와 전망〉,《한국문화인류학》20권(1988): 155-156.

9

유교의 조상 의례가 들어오기 전 조상은 가정 의례에서 가정 신령家神 중 하나였으며, 여성이 봄가을에 주기적으로 모셨다. 조상은 안방의 윗목에 위치한다고 여겨졌다. 조상을 나타내는 신체神體는 단지, 주머니, 종이로, 단지에 쌀을 넣고 한지로 입구를 봉하여 시렁 위에 안치하는 것이 일반적이다. 쌀을 넣어두었다가 매년 가을에 신곡新穀이 나면 햅쌀로 바꿔 넣으며 묵은 쌀로 밥이나 떡을 만들어 가족끼리만 나눠 먹는 것이 원칙이었다. 유교의 조상처럼 개체로서가 아니라 집단으로서의 조상을 섬겼고, 호칭도 "조상 단지", "귀신 단지", "귀신 토방구리", "불 단지", "제석 단지", "세존 단지" 등 지역별로 다양했다. 이두현·장주근·이광규,《한국 민속학 개설》(일조각, 2004), 171-173.

10

조선 초기는 왕실은 물론 사대부와 민간인들에게도 유교 의례가 충분히 적용되지 못한 시기였다. 태종 대에 대사헌 이지李至는 가묘의 법이 잘 지켜지지 않는 것을 지적하면서, 사대부기에서는《주자가례》에 따라 가묘 실립을 너무 엄격하게 할 것을 상소했다(《태종실록》2권, 태종 1년 12월 기미). 조선 초기부터 가묘 설립에 대한 법은 있었지만, 그 대상은 아직 사대부가에 한정되어 있었다. 세종 대에 이르러 2품 이상은 10년까지, 6품 이상은 12년까지, 9품 이상은 15년까지 가묘를 건립하게 했다. 그러나 이것도 실제적으로 잘 지켜지지는 않았다. 사림이 등장하는 성종 대에도 이에 대한 규제와 처벌을 내세웠지만 잘 지켜지지 않았다. 유교의 조상 의례가 정착한 시기는 17세기 중반 이후부터이다.

용되었다. 이는 가족을 유지하고 결속을 다지며 사회와 국가의 질서를 유지하기 위한 제도적 장치였다. 유교에서는 조상이 생명의 근원이라는 점이 강하게 부각된다. 그래서 자신의 근원을 돌이켜 보고 그 은혜에 보답한다는 '보본반시報本反始'(《예기》, 〈교특생〉)를 비롯해, 조상이 예禮의 세 가지 근본—하늘과 땅은 모든 생명의 근본이고, 선조先祖는 종족의 근본이고, 임금과 스승은 다스림의 근본—(《순자》, 〈예론〉) 중 하나라는 것은 유교 조상 의례의 이념적 근거가 된다.

남성 의례와 비교하면 여성 의례의 조상 범주는 매우 광범위하여 시대과 친정 모두를 아우른다. 여러 가지 이유로 안식을 취하지 못한 조상, 통과 의례를 거치고 온전히 죽었어도 이 세상에 미련이나 가족에 대한 애착을 가진 조상, 자신이 이루지 못한 것에 대한 욕망을 드러내는 조상(조상말명), 대접받지 못한다 여기고 서운함과 분노를 품은 조상 등이다. 가족 구성원 중 무당이었던 사람이나 높은 사회적 지위를 누리던 사람이 그 집안의 조상이 되기도 한다. 비명횡사하거나 결혼하지 못해 자식이 없는 자들(영산)도 있다. 남계친의 조상들도 가정 신령들을 대접하기 위한 자리에 오기도 한다. 따라서 정확한 경계를 짓기 어려운데, 저자는 이들을 "친족의 신령들"이라고 표현한다. 친족의 신령들은 의례의 동기가 되며, 의례를 통해서 자신들의 존재를 드러낸다. 여성의 입장에서는 예상치 못한 조상들인 경우가 다수이다. 자신들의 억울함, 분노, 미련, 슬픔을 알리면서 존재감을 드러낸 조상은 이 책의 제목처럼 ('신령들'의 원어는 'restless spirits'이다), 쉬지 않고 자신들의 요구를 표현하며 불시에 찾아온다.

저자는 남성과 여성의 조상이 다른 이유를 삶에 비추어 설명한다. 남성은 자신이 태어난 집에서 남계친 형제들과 친밀한 관계를 맺고 산다. 여성은 결혼하여 시댁 및 그 친척들과 관계를 맺는다. 여성은 가정이 어려운 상황에 처하면 친정과 시댁 친척들 모두에게 도움을 구하는 역할을 도맡아 한다. 남성과 달리 친정에서 시댁으로 이동하는 여성의 삶의 경험과 실생활은 초자연적 영역인 조상의 영역에도 반영된다. 저자는 자신의 현장 연구를 근거로 여성의 생활이 남계친에 더욱 치중한다고 보았다. 결혼으로 시댁에 온 여성의 입장에서 가정은 결국 남편의 가정 신령들과 조상들의 계보가 있는 곳이기 때문이다.

전통 시대 남녀의 사회적 역할이 조상의 개념 및 범주에 반영되었다면, 왕실은 어땠을까? 유교 이념을 가장 잘 준수해야 하고 백성들의 모범이 되어야 했던 왕실의 여성과 남성 의례는 어땠을지 궁금해진다. 왕실 조상은 하늘과 인간의 중간에서 사계절의 순환 및 홍수와 가뭄, 전염병, 전쟁 같은 재난 상황을 돕는 신으로 여겨져, 국가의 재난이 발생하면 종묘에서 제사를 지냈다. 하늘과 인간 사이를 매개하는 왕의 역할이 사후에도 반영된 것이다.

그런데 '왕실의 조상'으로 종묘에 모셔진 이들의 계보를 보면, 혈통이 아닌 왕통을 기준으로 되어있다. 원칙적으로는 왕의 생물학적 아들이 다음 왕위에 올라야 했지만, 그렇지 못한 경우가 다반사였다. 조선 시대 적자 계승으로 왕위에 오른 경우는 문종, 단종, 연산군, 인종, 현종, 숙종, 순종 일곱 왕뿐이었다. 이와는 반대로, 제사를 지내줄 아들이 있고 정상적인 죽음을 맞이한 경우인데도 아들이 왕이 되었다는 이유로 제사를 받지 못한 경우도 있었다. 아버지 사후에 아들이 선왕의 양자로 입적되어 왕통을 이은 경우이다. 아들이 왕이 되었기 때문에, 아버지와 아들의 관계가 신하와 왕의 관계로 바뀐 것이다. 이런 경우에는 왕위에 오른 아들이 효도를 명분으로 자신의 생부를 왕으로 추존하여 종묘에 신주를 모시기도 했는데, 성종의 생부 덕종, 인조의 생부 원종, 정조의 생부 장조, 헌종의 생부 문조가 그 경우이며, 이는 정치적, 사회적으로 커다란 쟁점이 되었다.

가장 파격적이라고 할 만한 사례는, 조선의 제21대 왕 영조의 생모 숙빈 최씨가 후궁이었음에도 사당 '육상궁'을 건립하고 공식적인 국가 의례를 책정한 것이다. 후궁은 종묘 의례에서 모셔질 수 없었을 뿐 아니라, 후궁의 신주는 그 어떤 공식적 공간에서도 봉안될 수 없었다. 사후에 아들이 왕위에 올라가도 마찬가지였다. 중전 이외의 어떤 여성도 왕실 조상으로 모셔질 수 없었다. 그러나 영조는 "아들의 신분에 의해서 어머니가 귀하게 여겨진다"(《춘추》, 〈공양전·은공 원년〉)는 경전 내용을 근거로 국가의 공인을 받는다. 왕 영조를 낳은 공덕과 생모에 대한 효가 합법적인 명분으로 받아들여진 것이다. 유교에서는 백성에게 큰 공을 세운 인물을 신으로 모셨는데,[11] 왕실 조상은 일반 백성의 조상과

11
유교의 신들은 기본적으로 제사를 받는 대상에 따라 하늘의 신인 천신天神, 땅의 신인 지

는 달리 왕을 낳았다는 것이 공덕으로 인정받았다.[12] 왕실 조상이 되기 위한 자격은 공식적인 국가의 공인이라는 기준이 주요했다.

## 영혼 빌미와 조상 의례

여성의 조상 의례는 조상, 무당, 여성의 삼자대면을 통해 이루어진다. 대면의 과정과 진행은 무당을 통해 각본 없는 드라마처럼 연행된다. 무당은 조상을 모시고 달래며 때로는 회유하기도 한다. 그 과정은 무당의 화려한 춤, 신령과의 신경전, 거래, 대접 등 실제적인 만남을 상징하는 것들로 이루어진다. 무당은 조상들이 찾아온 이유를 알아내고 제자리로 보낼 방법과 화해의 방법을 조언한다. 그리고 그들이 가야 할 곳으로 보내줌으로 가정과 분리시킨다. 조상은 가정을 돕는 동반자로 돌아선다. 그 결과 이승과 저승의 질서가 재정립되고, 치유와 회복, 화해가 이루어진다. 의례를 통해 변화를 경험하고 안심을 얻는 것이다.

현실의 고통과 질병, 갈등의 원인으로 조상을 지목하는 '영혼 빌미설'은 유교와 여성의 조상 의례가 대별되는 지점이다. 빌미를 풀어주는 것, 즉 원혼을 달래고 풀어주는 역할은 무속 의례의 특성으로 여겨지기도 한다.[13] 남성의 조상 의례는 정해진 날에 후손이 조상을 청함으로 이

---

기地祇, 인물 신인 인귀人鬼로 나뉘며, 조상은 인귀의 영역에 속한다. 인귀로 제사를 받는 기준은 백성에게 법을 베푼 자, 죽기 전까지 나라의 일을 열심히 한 자, 국가를 위해 힘을 아끼지 않고 안정시킨 자, 큰 재앙을 물리친 자, 큰 환란을 막은 공로를 세운 자이다.

12
이것이 전례가 되어 이후 숙빈 최씨처럼 왕의 생모였던 후궁 7명을 국가에서 제사했다. 1753년(영조 29년)부터 1912년까지 숙빈 최씨를 비롯해 인빈 김씨(1555-1613), 희빈 장씨(?-1701), 정빈 이씨(?-?), 영빈 이씨(?-1764), 수빈 박씨(1770-1822), 순헌황귀비 엄씨(1854-1911)가 모셔졌다. 고종 대에 일곱 사당을 한 곳으로 통합하면서 '칠궁'이라 했으며, 현재 청와대 영빈관 서쪽에 자리하고 있다. 칠궁은 조선 시대 묘사廟祠 제도의 표본으로 여겨져 1966년 3월 2일 사적 제149호로 지정되었다. 2002년 11월 18일에 전주 이씨 종친회인 대동 종약원에서 처음 제사를 지냈으며, 이후 매년 10월 넷째 주 월요일에 행한다.

13
질병이나 재해의 원인을 '여厲'로 생각하는 영혼 빌미설과 그 해결 방안으로 제사를 지내는 행위는 불교에서도 볼 수 있다. 불교에서도 일생 의례를 마치지 못한 비정상적인 죽음을 맞은 영혼은 복을 주는 조상으로 자리 잡지 못한다고 여겨졌다. 이러한 영혼을 위한 불교의 의례로는 수륙재가 있다. 수륙재는 물과 육지를 헤매는 영혼과 배고픈 아귀를 달래고 위로하기 위해 불법을 강설하고 음식을 베푸는 의례이다. 무속이나 유교와 다른 점은 부처님의 가르침을 통해 영혼을 달래고 깨우치게 하여 구제한다는 것이다.

루어지는 만남과 교제이다. 제사의 동기와 목적은 축문의 내용과 음복의 행위를 통해서 잘 드러난다. 축문은 신에게 감사하고 기원하는 마음을 담은 일종의 기도문이다. 그리고 조상에게 올린 술과 음식을 먹고 마심으로 복을 받는다. 이러한 의미를 담아 유교에서는 조상 의례를 길례吉禮라 하는데, 길례는 신에게 제물과 음식을 올려 감사하고 신의 흠향을 청한 후 신이 주는 복을 받는 길하고 상서로운 제사라는 의미이다.

영혼의 빌미로 인해 가정에 문제가 생기면, 남성 의례와 여성 의례는 그 경계를 넘어 혼합되기도 한다. 빌미가 된 원혼의 한을 풀어주는 진혼 의례나 영혼 결혼식을 통해 정상적인 죽음으로 되돌린 후, 천도 의례를 통해 조상으로 안착시킨다. 이런 이중적인 의례는 갑작스러운 죽음을 맞이한 영혼을 위로하기 위한 것이기도 했지만, 원귀가 질병이나 좋지 않은 일의 빌미로 작용하리라는 두려움인 병인론에 근거한 것이기도 했다. 의례를 통해 영혼이 조상으로 안착되면, 이후에는 다시 유교적 의례로 모시기도 한다.

영혼 빌미의 원인으로 의례를 행한 것은 여성 의례에서만 볼 수 있는 것은 아니다. 남성 의례에서 조상이 되기 위한 조건은 두 가지다. 제사를 지내줄 아들이 있어야 하고, 통과 의례—탄생, 성인, 결혼, 출산, 환갑, 죽음—를 모두 거치고 집 안에서 생을 마감하는 정상적인 죽음good death, 好喪이어야 한다. 하지만 두 조건을 모두 충족한다는 것은 다소 비현실적이다. 오늘날에 비해 전쟁과 질병, 자연재해에 취약했던 시대였음을 생각해 보면 더욱 그렇다. 그럼, 두 가지 자격 조건을 충족하지 못한 비정상적인 죽음bad death, 惡喪은 어떻게 처리되었을까? 가장 일반적인 방법은 양자를 세워 제사를 받는 것이다. 비록 후사 없이 죽었더라도 양자를 세워 제사를 지내준다면 길례의 대상이 될 수 있으며, 이것이 유교 의례의 원칙이었다.

하지만 전쟁이나 전염병 등으로 죽은 자들은 이조차 여의치 않기에 국가가 직접 나서서 구제해 주었는데, '여제厲祭'라는 의례를 지내주는 방법이었다. '여厲'는 제사를 받지 못하는 귀신을 일컫는 말로, 여러 이유로 인해 양자도 들이지 못하는 상황에 있는 죽은 자들을 총칭한다. 유교의 죽음관에 의하면, 제명에 죽지 못한 자는 그 기가 뭉쳐져서 혼과 백이 아직 흩어지지 않은 상태에 머물러 있다. 이들은 이승에서 여러 재해와 질병의 원인이 된다고 여겨졌다. 통과 의례의 도식으로 보면, 이들은 죽어서 이 세상과 분리된 상태이지만 죽음 의례, 즉 매장 의례와 장례 의례를 거치지 못한 상태로, 이승도 저승도 아닌 임계적 단계에 머물러 있는 위험한 존재이다. 여제는 성종 때에 국가 의례로 정식 채택하여 매년 봄 청명일과 가을 7월 15일, 10월 초 1일에 서울과 각 지방에서 행하도록 했다. 국가가 제주祭主가 되어 조상의 자격과 범위를 벗어난 죽은 자들을 합동 의례로 처리해 준 것이다.[14] 국가 의례로서 유교의 여제는 영혼 빌미설이 무속의 병인론에 한정해서 볼 수 없다는 실증적인 예가 된다.

## 끝나지 않은 이야기

얼마 전, 수업을 준비하다가 《신령님이 보고 계셔: 홍칼리 무당 일기》라는 책의 소개 글이 나의 눈길을 끌었다. "한복 대신 청바지를 입고 신당 대신 카페에서 점을 보는 퀴어 페미니스트 비건 지향 전업 무당, 네이버로 예약을 받고 카카오톡으로도 상담을 하고, 유튜브를 통해 주별 운세를 알려주며, 월-금요일, 하루 9시간 근무한다"라는 내용이었다.[15] 내가 그동안 가지고 있던 무당의 이미지와는 너무 달랐다. 저자가 1990년생이라는 것을 생각하니, 무당 칭호를 빼고 보면 이 시대를 사는 30대 청춘이다. 얼마 전 읽은 논문에 따르면, 오늘날에는 신어머니와 신딸이라는 도제식 전승이 쇠퇴하여 무당이 되기 위해 사설 학원에서 배우기도 한다. 무속 학원의 홍보는 인터넷 홈페이지와 소셜 네트워크, 블로그, 유튜브 등 다양한 방식으로 이루어진다고 한다. 또한 무당의 길을 어쩔 수 없는 운명으로 경험하게 되는 신병을 앓지 않고 스스로 선택하는 젊은 무당의 사례가 늘고 있다고 한다. 《무당, 여성, 신령들》이 보여주는

---

14

현대에도 사회적으로 억울한 죽음, 불행한 무연고자들의 죽음을 달래기 위한 의례를 공기관에서 주관하기도 한다. 광명시는 2021년 10월, 무연고 사망자의 공영 장례 지원을 위해 관내 3대 종교 단체(기독교, 불교, 천주교)와 업무 협약을 맺었다. 무연고자 사망자를 위로하기 위해 종교 단체는 무연고 사망자 장례를 종교 의식으로 진행하고, 광명시는 공영 장례를 위한 행정적 지원을 한다고 한다. 국가를 비롯해 여러 사회단체나 종교 단체에서 주관하는 (합동) 위령 제도 동일선상에서 이해할 수 있다. 오재호, "광명시, 무연고 사망자 장례지원 업무협약 체결", 《도민일보》, 2021년 10월 20일, http://www.dmilbo.com/news/articleView.html?idxno=356971.

15

홍칼리, 《신령님이 보고 계셔: 홍칼리 무당 일기》(위즈덤하우스, 2021).

1970년대의 모습과는 전혀 다른 세상의 이야기 같다. 그런가 하면 한쪽에서는 무속 이야기가 한국적인 문화 콘텐츠의 소재로 부각되고 있다. 최근에는 김동리의 단편 소설 〈무녀도〉(1936)를 뮤지컬 애니메이션으로 제작한 〈무녀도〉(2021)가 개봉했다. 무속에 한국의 전통적인 요소와 정서가 실려있다고 여겨진다는 의미일 것이다.

변화는 여성 의례에만 있지 않다. 2021년 5월 정부가 발표한 4차 가족 실태 조사 결과에 따르면, 20대의 64%가 제사를 지내지 않는 것에 동의했고, 일가 친척이 아닌 각자의 가족과 명절을 보내는 것에도 20대의 48% 이상이 동의했다고 한다. 이 결과는 코로나19라는 변수가 반영된 것이기도 하겠지만, 제사 문화의 변화는 오래전부터 예견된 일이다. 몇 년 전, 텔레비전에서 어느 종가집의 제사 문화를 특집으로 방영한 적이 있었다. 일반 가정과는 달리 차려지는 음식은 물론 참여하는 사람들의 숫자도 많았다. 문중 어른들이 모두 모인 모습을 보자니 조상 의례가 남성 의례임을 새삼 확인할 수 있었다. 하지만 가장 인상 깊었던 것은 마지막에 종손이 한 말이었다. 결국 당신 가문의 제사를 지금까지 지킨 것은 종손 며느리들이었다는 말이었다.

수업 시간에 앞으로 한국의 제사 문화가 어떻게 될 것인가를 물었을 때, 대부분의 학생들은 없어질 것이라는 의견을 냈다. 가장 큰 이유는 제사를 지낼 이유가 없다는 것이다. 조상에게 복을 받는다고 생각하지도 않으며, 여성 차별의 잔재이고, 친척들이 명절 때에 모이지 않는다는 등의 이유를 들었다. 과거의 명분은 더 이상 유효하지 않아 보인다. 그럼에도 무속은 사라지지 않을 것 같다는 의견이 대부분이었다. 사회가 혼란스럽고 생활이 어려워질수록 그 어려움의 까닭과 해결책을 묻고자 하는 사람이 늘어나 수요가 더 많아질 것 같다는 것이다.

2022년 현재는 코로나19가 여전히 창궐하고 많은 사회 문화적 변화가 일어나고 있다. 젠더 문제, 환경 문제, 정치 문제, 경제 문제 등 변화를 따라가기 힘들 지경이다. 제3의 성 등장, 미혼의 증가, 상속법의 변화, 1인 가구의 증가 등 가족 구조가 변화하면서 가족의 개념도 바뀌고 있다. 여성의 사회적 역할과 위치도 달라졌다. 더 이상 전통 가옥에 거하던 가정 신령들에 대한 제사를 보기는 힘들고, 무당과 여성 들의 단골 관계도 흔한 일은 아니다. 여성 의례의 중요한 요소였던 집도 가족 구조도 변화되었다. 굿을 통해 시댁과 친정의 조상들을 모시는 일도 여성만의 역할이 아니다.

그러나 여전히 무당을 찾는 사람들이 있고 무업巫業에 종사하는 사람도 적지 않다. 전통 시대 무속의 생명력이 무당, 여성, 신령 들의 관계와 만남에 있었다면, '여성'의 자리가 달라진 현대 무속의 생명력은 어디에서 나올 수 있을까? 나의 물음은 궁극적으로 '종교란 무엇인가'라는 어쩌면 진부한, 그러나 끝나지 않은 질문으로 이어진다. 그래서 이제 무속이 사라질 것인가 말 것인가가 아니라, 지금, 여기 한국 사회와 문화 속에서 어떤 이야기를 만들어가고 있는가를 생각하게 된다. +

참고 문헌

양혜원.《종교와 페미니즘, 서로를 알아가다》. 비아토르, 2020.

오재호. "광명시, 무연고 사망자 장례지원 업무협약 체결".《도민일보》. 2021년 10월 20일. http://www.dmilbo.com/news/articleView.html?idxno=356971.

이두현·장주근·이광규.《한국 민속학 개설》. 일조각, 2004.

이복규.《묵재일기에 나타난 조선전기의 민속》. 민속원, 1999.

이욱.《조선시대 재난과 국가의례》. 창비, 2009.

이종우.〈현대 한국무속의 무당 재교육 양상:'무당학교'를 중심으로〉.《종교연구》 81집 3호 (2021): 137-165.

최길성.〈한국 조상숭배 연구의 회고와 전망〉.《한국문화인류학》 20권(1988): 167-171.

최종성.《조선조 무속 국행의례 연구》. 일지사, 2002.

홍칼리.《신령님이 보고 계셔: 홍칼리 무당 일기》. 위즈덤하우스, 2021.

헐버트, H. B.《대한제국 멸망사》. 신복룡 옮김. 집문당, 1995.

자넬리, 로저, 임돈희.《조상의례와 한국사회》. 김성철 옮김. 일조각, 2000.

권용란

서울내학교 종교학과에서 박사 학위를 받고 서울대학교, 한신대학교 강사를 지냈다. 현재 서울대 인문대학 참여연구원으로 있다. 지은 책으로《조선시대 왕실 조상신에 대한 연구》, 논문으로〈조선시대 '개화改火' 의례 연구〉,〈조선시대 "해괴제解怪祭" 연구〉,〈조선왕실 문희묘文禧廟 의례의 형성과 특징〉등이 있다.

# 최치원

# 막스 베버의 '방법론' 번역과 문화자본

막스 베버, 《문화과학 및 사회과학의 논리와 방법론》(막스 베버 선집 1), 김덕영 옮김 (길, 2021)

Max Weber
막스 베버 선집 1

문화과학 및 사회과학의 논리와 방법론

Zur Logik und Methodik der Kultur- und Sozialwissenschaften

막스 베버 선집 1
문화과학 및 사회과학의
논리와 방법론

김덕영이 옮긴 막스 베버Max Weber의 논문 선집《문화과학 및 사회과학의 논리와 방법론》1부에서 4부에는 베버가 1904년부터 1907년까지 발표한 논문이, 그리고 5부에는 미완성 유고작이 실려 있다. 독일 유학파에 속하는 2세대 베버 연구자[1]로서 김덕영은 현재 베버를 포함하는 독일 사상가들에 관한 다양한 저서와 번역서뿐만 아니라 한국의 현실을 비판적으로 성찰하는 글을 발표해 온 학자이다. 이 글에서 나는 본 번역서에 대한 본격적인 서평으로 들어가기 전에 우선 인간 베버의 모습을 보여주고, 그다음에 현재의 번역서에 실린 베버의 글이 이러한 모습 속에서 어떤 위상을 차지하는지에 관해 간략하게 논의하고자 한다.

　　인간 베버의 모습과 관련하여 제기될 수밖에 없는 물음은, 그가 어떤 사상을 가지고 있었고 또 어떤 관점과 문제의식 속에서 자신의 삶을 살아갔는가 하는 점이다. 이를 위해서는 그 삶의 구체적 표현물이라 할 수 있는 주요 작품들을 살펴보아야 한다. 그의 작품은 크게 인간의 사유와 관련되는 이론적인 것, 그리고 행위와 관련되는 실천적인 것으로 대별될 수 있다. 후자의 측면에서 그의 삶의 모습을 직간접적으로 보여주는 대표작으로는 세 가지가 있다. 즉 사실상 직업 노동Arbeit als Beruf의 문제를 다루고 있다는 점에서 '직업으로서의 노동'이라는 제목으로 칭해도 무방한《프로테스탄트 윤리와 자본주의 정신 Die protestantische Ethik und der Geist des Kapitalismus》(1904/1905),《직업으로서의 학문 Wissenschaft als Beruf》(1919/1920),《직업으로서의 정치 Politik als Beruf》(1920)가 그것이다.

　　이렇게 본다면 베버의 삶의 관심 영역은 크게 '노동', '학문(과학)', 그리고 '정치'라는 세 영역을 중심으로 구성되고 전개되었다고 볼 수 있다. '노동'은 작업 혹은 생산의 영역과 관계하고, '학문'은 사유의 영역과 그리고 '정치'는 판단 및 행위의 영역과 관계한다. 베버에게 (니체와 더불어) 정신적으로 중대한 영향을 미쳤던 카를 마르크스Karl Marx의 용어로 표현하면, 노동은 '하부 구조'에 그리고 '학문'과 '정치'는 '상부 구조'

---

1

최치원, 〈막스 베버의 정치사상에 나타나는 전통과 혁신〉,《한독사회과학논총》29권 4호 (2019): 180-185 참조.

에 해당한다.

각각의 세 영역 혹은 마르크스적 의미의 두 영역에는 특수성과 보편성이라는 이중적 맥락이 교차한다. 첫째, 베버에게 당대에 가장 긴요한 문제가 된 것이 독일 부르주아지의 윤리적 쇄신이었다는 점에서, 각각의 작품은 특수하게는 바로 이들 부르주아지의 주요 구성 범주인 경제인(노동), 학자·지식인(학문), 그리고 정치인(정치)의 삶의 운용에 대한 베버의 근본적 문제의식을 담고 있다. 무엇보다 그는 자신을 독일 부르주아지 계급의 일원으로 의식하며, 학자·지식인으로서뿐만 아니라 정치인으로서도 역동적인 삶을 전개했다. 둘째, 그러나 베버의 문제의식이 집약된 이 세 영역은 보편적인 인간 실존의 문제를 반영하고 있기도 하다. 즉 베버가 세 작품을 통해 역설한 것이 삶의 각 영역에서의 직업적 소명의 윤리라고 했을 때, 이러한 윤리는 독일인에만 해당되는 것이 아니라 보편적 인간을 염두에 둔 것이라 할 수 있다. 그것이 바로 '노동'의 영역에서 근면함, '학문'의 영역에서 성실성과 명료함Nüchternheit, 그리고 '정치'의 영역에서 책임감 등으로 표현되는 보편적인 가치이다. 이러한 이중성은, 베버가 한편에서는 독일 '네이션Nation'의 이해관계를 사유의 중심에 두고 그것의 실현을 위해 헌신한 독일인의 삶을 영위했으면서도 다른 한편에서는 '네이션'을 초월해 인간을 중심으로 사유하는 삶을 영위했다는 사실에서 확인된다.

이 서평은 후자의 보편적 측면에 맞추어 진행된다. 우선 번역서의 전반적인 체제와 구성 그리고 특징을 살펴보고, 5편의 번역 글에서 베버가 전개했던 핵심적 테제들을 개괄한다. 이어 현재의 번역서와 원본의 관계 그리고 현재의 번역서와 기존의 유사 번역서들의 관계를 비교해 설명하면서 장점과 한계 등을 다룬다. 마지막으로는 전체 논의의 맥락에서 현재의 번역서의 의의와 가치를 핵심적으로 제시한다.

### 책의 체제와 구성 그리고 특징

김덕영이 해제를 포함하여 800쪽이 넘는 방대한 분량으로 번역해 출간한 베버의 논문집에 수록된 글들은, 학자로서의 삶을 마무리 짓는 강연 '직업으로서의 학문'에 나타난 베버의 관점과 문제의식이 투영된 것들이라 할 수 있다. 그래서 이는 학문을 직업 내지는 소명으로 여기고 살아가야 하는 학자에게 무엇보다 필요한 것이 지적 '성실성'이자 '명료함'

임을 몸소 보여주는 학자 베버 자신의 삶의 기록물인 것이다. 베버가 글에서 사용한 각종 개념과 주장 그리고 논리 및 문제의식 등을 보고 있노라면, 우리는 곧 학자로서 베버의 삶에 드러난 그 자신만의 독특한 개성이 무엇이었는지를 알 수 있게 된다.

옮긴이 김덕영은 해제에서 '아버지 살해'라는 프로이트의 정신분석학 용어를 사용하고 있다.(642쪽) 이 용어는 자기 삶의 기록으로서의 베버의 글이 과거의 지적 전통 맥락에서 어떤 성격을 가지는지 보여주는 극적인 효과를 갖는다. 그러나 이 용어에는 베버의 사상을 다소간 단순하고도 극단적으로 이해하려는 의도가 다분히 반영되어 있다.

베버가 선천적으로, 그리고 가족을 포함한 주변 사람과의 관계 속에서 형성되는 무의식적 심리에 얼마나 영향을 받았는지의 문제와, 그것이 그의 연구 방향과 내용에 얼마나 반영되어 나타났을지의 문제는 분명하게 구분될 필요가 있다. 또한 양자 간의 관계를 설정하는 것은 그리 쉬운 작업은 아니다. 내가 말하고자 하는 것은, 베버의 사상을 논리적으로 설명 불가능한 인간의 비합리적 무의식에 기대어 이해하는 것에 문제는 없는가 하는 점이다. 다시 말해 그의 학자적 문제의식과 사상의 내용을 추동한 원동력을 '아버지 살해'가 아니라, 그가 학자로서의 삶을 마감할 때까지 강조했던 지적 '성실성'이나 '명료함'으로 보는 것이 보다 적절한 접근 방법이라는 것이다.

독일에서는 이미 2005년에 출간된 요아힘 라트카우Joachim Radkau의 《막스 베버: 사유의 열정Max Weber. Die Leidenschaft des Denkens》이라는 베버 전기를 둘러싸고 논쟁이 벌어진 적이 있다.[2] 논쟁의 핵심은 베버의 학자적 삶이 예컨대 '사랑과 증오Hassliebe' 혹은 '본성Natur'과 '신경Nerve'의 '압제Tyrannei'나 '복수Rache'와 같은 용어에 의지해 '정신 병리적으로psychisch' 해명되는 것이 얼마나 의미가 있는가 하는 것이었다. 라트카우의 문제의식이 옮긴이에게 얼마나 투영되어 있는지는 모르겠다. 물론 옮긴이가 '아버지 살해'라는 용어에 특별한 가치를 부여하려는 의도가

2

Nils Freytag, Uta Gerhardt, Barbara Hahn, Gangolf Hübinger, Joachim Radkau, "FORUM: Joachim Radkau: Max Weber. Die Leidenschaft des Denkens," *Historische Sozialforschung* 33 no. 2 (2008): 331-350.

아니라, 베버의 사상에 내재한 단절적, 파격적인 측면을 의식적으로 부각시키려는 관례적 의미의 수사로 사용했다면 문제는 달라질 것이다.

베버의 사상의 전반적인 특징을 요약할 수 있는 두 단어는 '전통'과 '혁신'이 아닌가 한다.[3] 이 점에서 나는 베버를 '창조적 절충주의자'로 이해하는 옮긴이의 입장에는 전적으로 동의한다.(653쪽) 이는 학자 베버의 학문 세계의 특징과 본질을 좀 더 객관적으로 포착하는 가장 적절한 개념인 것 같다. 김덕영이 강조하듯, 절충과 창조의 측면은 그가 당대의 인물뿐 아니라 학자(철학, 역사학, 경제학, 법학, 문헌학, 심리학, 신학, 통계학 등), 예술인, 정치인, 저널리스트 등 다양한 부류의 인물과 시대를 초월한 지적 교류를 나누고 비판적으로 대면함으로써 형성되었다는 사실에서 확인된다.(655-656쪽)[4]

이 맥락에서 주목할 필요가 있는 부분이, 베버와 관련이 되는 주요 인물들을 성실하게 정리해 놓은 '인명목록'이다.(733ff.) '인명목록'은 기존의 번역서들에서는 찾아볼 수 없는 이 책만의 커다란 장점으로, 베버가 시대를 초월하여 (부정적으로든 긍정적으로든) 관계했던 모든 사람과의 사상적 접점을 파악하는 데 많은 도움을 준다. 또한 독자는 베버의 논문을 직접 접하지 않고서도 인명목록을 통해 간접적으로나마 그의 사상의 폭과 깊이를 알 수 있다. 아쉬운 점이 있다면 인명 원어가 함께 나와 있지 않은 것이다. 익히 잘 알려진 인물들이야 문제가 없겠지만, 그렇지 않은 경우에 연구자들이 연구를 수행할 때 이들의 원어 인명을 일일이 알파벳으로 적어 찾아봐야 하는 불편함이 수반될 수 있기 때문이다.

여기서 하나 강조할 점은, 베버는 상아탑에 안주하며 학문의 세계에 파묻혀 있었던 초연한 학자는 아니었다는 사실이다. 그는 동료 학자가 인종이나 학문적 지향 등을 이유로 대학에서 부당한 대우를 받거나 국가의 교육 정책을 통해 학문과 사상의 자유가 억압받으면 이에 항거

---

3
최치원, 〈막스 베버의 정치사상에 나타나는 전통과 혁신〉, 177-224 참조.

4
김덕영은 이러한 설명을 2016년 출간된《막스 베버의 잊혀진 동시대인들*Max Webers vergessene Zeitgenossen*》에 의존하고 있다. 655쪽 각주 117참조.

하기도 하고, 특히 학자의 본분을 망각하고 국가 정책을 무비판적으로 지지하는 학자들에 대해서는 냉소와 철저한 비판을 가했던, 정의감이 충만한 사람이었다. 그는 나이와 상관없이 자신을 찍어 누르려고 하는 사람들과 학문적 허세를 부리는 부류의 학자들을 비웃고, 이들과 기꺼이 논쟁을 벌이려 했던 사람이다.

순서가 뒤바뀌기는 했지만, 이제 '문화과학 및 사회과학의 논리와 방법론'이라는 번역서의 제목에 관해 살펴보자. 내가 처음 번역본을 입수하여 제목만 보았을 때는 제목이 신판과 거의 같았기 때문에, 당연히 신판의 글이 번역된 거라고 생각했다. 그러나 이것이 곧 틀렸음을 알게 되는데, 옮긴이 김덕영이 구판의 제4판(1973)에 실린 5편의 논문을 '완역'하긴 했지만, 신판을 '대본'으로 삼았다는 점을 밝히고 있기 때문이다.(721-722쪽)

제목은 신판을 따르는 듯하고, 번역된 논문은 구판을 기준으로 하면서도 신판을 대본으로 했다는 것이 도대체 무엇을 의미하는가 하는 물음은 우선 왜 이런 제목이 붙었을지에 대한 궁금증을 일으켰다. 이 문제를 전체적으로 이해하기 위해서는 구판을 살펴볼 필요가 있다. 우선 구판의 초판은 1922년 베버의 배우자인 마리안 베버Marianne Weber가 편집했다. 이후 1951년 출간된 2판부터는 요하네스 빈켈만Johannes Win-kelmann이 편집자가 되면서 체제나 내용이 변화한다. 빈켈만은 예컨대 1967년 '머리말'에서 구판 제목의 유래를 언급한다. '문화과학 및 사회과학의 논리와 방법론'에 관한 베버의 논문 모음집의 증보판을 출간하는데, 마리안 베버가 '과학론Wissenschaftslehre'이라는 제목을 요한 고틀리프 피히테Johann Gottlieb Fichte[5]로부터 차용했다는 것이다.[6] 이처럼 번역서의 제목은 얼핏 신판의 제목을 따르는 것 같지만, 신판에는 없는 '문화과학'이라는 용어를 첨가해 빈켈만이 원래 의도한 제목으로 돌아간 것이다.

---

5

1794년에 출간된 피히테의 《전체 과학이론 토대Grundlage der gesammten Wissenschaftslehre》를 말한다.

6

Johannes Winkelmann, "Vorwort," Max Weber, *Gesammelte Aufsätze zur Wissenschaftslehre*, Johannes Winkelmann(Hrsg.) (Mohr[Paul Siebeck], 1988[1922]). ix.

제목에 나오는 '문화과학'은 독자들에게 생소한 용어일 수 있다. 이는 영어의 'human sciences', 즉 인문과학에 상응하는 말로, 철학자 하인리히 리케르트Heinrich Rickert가 자연과학Naturwissenschaft에 대항해 만들어낸 용어이다. 이 용어는 베버 당대에는 정치, 역사, 철학 그리고 예술의 영역을 포괄하는 광범위한 학문의 의미로 이해되었다. 베버는 문화과학을 '사회과학' 내지는 사회과학의 다른 표현인 '현실과학Wirklichkeitswissenschaft'과 같은 의미로, 궁극적으로는 '사회학'으로 이해했다. 이러한 측면은 예컨대 사회학자 프리드리히 텐브루크Friedrich Tenbruck가 베버를 사회학자이기에 앞서 인문학자이자 문화학자로 간주하는 방식[7]에 잘 나타나 있다.

'논리와 방법론' 또한 낯선 표현이다. 김덕영은 논리를 "개념에 대한 이론"으로, 방법론을 "해명에 대한 이론"으로 규정한다.(606쪽) 이에 따르면, 번역서는 문화과학 내지는 사회과학의 개념을 베버가 어떻게 규정하고 풀어내는지를 밝히는 책이라 할 수 있다. 다른 한편 김덕영은 '논리'가 "넓은 의미의 방법론"이라는 점을 강조한다.(607쪽) 그렇다면 베버의 방법론이 목적으로 하는 것은 무엇인가? 김덕영과 같이 독일 유학파 2세대에 속하는 차성환과 전성우의 생각을 빌려 표현하자면, 방법론은 추상적인 의미에서는 "근대의 의미 세계"[8]를 연구하는 데, 그리고 구체적인 의미에서는 "서구와 비서구 문명의 사회구조와 역사적 발전 경로를 분석"[9]하는 데 필수불가결한 요소가 된다고 할 수 있다.

번역된 베버의 글 5편의 핵심 내용 소개

일반적으로 특정의 글이나 작품의 번역은 해제가 뒤따른다. 이 경우 번

---

7

Friedrich Tenbruck, "Emile Durkheim oder die Geburt der Gesellschaft aus dem Geist der Soziologie," *Zeitschrift für Soziologie* 10(1981): 333-350; Lichtblau Klaus, *Die Eigenart der kultur- und sozialwissenschaftlichen Begriffsbildung* (VS Verlag für Sozialwissenschaften, 2011)도 참조할 것.

8

차성환, 《막스 베버와 근대의 의미 세계》(학문과 사상사, 1997), 23-31 참조.

9

전성우, 《막스 베버 역사사회학 연구: 서양의 도시시민계층 발전사를 중심으로》(사회비평사, 1996), 5-6 참조.

역자에게 가장 중요한 의무에 속하는 것이 번역 글의 핵심적인 내용이나 저자의 주장을 독자에게 최대한 상세하게 설명하는 것이다. 그러나 김덕영은 해제에서 단지 번역된 베버의 글 5편에 대한 '형성사'에 대해서만 설명하고 있을 뿐, 이러한 의무를 등한시하고 있다. 이는 분명 해제가 가지고 있는 옥에 티라 볼 수 있다. 서평자가 이 의무를 대신해 이하 번역된 글 5편의 핵심 내용을 요약하고자 한다.

우선 〈로셔와 크니스 그리고 역사학파 경제학의 논리적 문제들〉은 베버가 1903년, 1905년 그리고 1906년에 세 번에 걸쳐 발표한 논문의 합본이다. 4년 동안 작성된 150쪽에 이르는 방대한 분량과, 게다가 난해하고 복잡한 내용과 주장을 담고 있는 이 일련의 논문에서 베버는, 당대 독일에서 사회과학(넓은 의미) 내지는 경제학(좁은 의미)의 주류를 형성했던 '역사주의' 경제학의 창시자로 간주되는 빌헬름 로셔Wilhelm Roscher와 카를 크니스Karl Knies의 논리적, 방법론적 문제를 비판한다. 비판의 핵심은 로셔가 이해하는 '국민Volk' 개념과 이를 토대로 한 국민경제학이 경험적 구성과는 거리가 먼, (비합리적인) 형이상학적 사변과 생물학적 유추의 반영물이며, 크니스가 이해하는 인간의 경제적 '행위' 개념과 이를 토대로 한 국민경제학이 인과적 논리를 따르지 않고, 예컨대 인간 본성에 대한 문제의식에서 출발하는 심리학적인 표현물이라는 데 있다.

제2부 〈사회과학적 및 사회정책적 인식의 "객관성"〉(1904)은 베버의 방법론 연구들 중에서 가장 중요하고, 또 연구자들이 가장 많이 인용하는 글이다. 이 글은 '사회과학'(혹은 '현실과학')이 엄밀한 자연과학적 인과율 내지는 법칙을 따르는 학문이 결코 아니며, '사회철학'과 완전히 결별한 학문도 아니라는 점을 분명히 한다. 또한 이 글은 사회과학적 '객관성'에서 중요한 역할을 하는 것이 연구자의 주관적 '관점'과 '추체험'이며, 이를 통해 연구자가 무한한 전체 현실(문화) 가운데서 유한한 단면을, 그리고 현실의 총체성이 아닌 개별성을 연구할 때 확보된다는 점을 강조한다. 이 글에는 베버의 사회과학 방법론의 중핵을 구성하는, 마르크스주의 연구 방법론과 대척을 이루는 연구의 수단으로서 '이념형Idealtypus' 개념에 대한 논의가 등장한다.

제3부이자 1906년에 발표된 〈문화과학적 논리 영역에서의 비판적 연구〉는 베버 당대의 역사학자 에두아르트 마이어Eduard Meyer의

1902년 글 〈역사학의 이론과 방법에 관하여: 역사철학적 연구Zur Theorie und Methodik der Geschichte. Geschichtsphilosophische Untersuchungen〉의 핵심 주장과 비판적으로 대면하는 서평이다. 베버는 이 글에서 위대한 인물들이 역사에서 중요한 역할을 한다는 점에서 마이어의 역사 연구 방법에는 동의하지만, 이러한 인물들의 권력과 숭고함이 결정적이라는 마이어의 생각은 비판한다. 베버에 따르면 결정적인 것은 그들 행위의 인과적 의미이며, 이러한 논의의 맥락에서 역사적 인과 분석이 역사학의 방법이 되어야 한다는 논리를 전개한다.

제4부 〈루돌프 슈탐러의 유물론적 역사관 "극복"〉(1907)과 미완의 글인 제5부 〈루돌프 슈탐러의 유물론적 역사관 "극복"에 대한 논문 추기追記〉(연도 미상)는 신칸트주의 마르부르크Marburg 학파에 속하는 독일의 법학자 루돌프 슈탐러Rudolf Stammler의 〈유물주의적 역사관에 따른 경제와 법: 사회철학적 연구Wirtschaft und Recht nach der materialistischen Geschichtsaffassung. Eine sozialphilosophische Untersuchung〉 제2판(1906)의 주장을 신랄하게 반박하는 서평이다. 베버에 따르면 슈탐러는 유물주의적 역사관의 문제를 칸트 철학의 맥락에서 형식적 법의 원리를 통해 극복하고자 했지만, 이러한 시도는 칸트 철학을 곡해하는 것일 뿐만 아니라, 유물주의적 역사관은 경험적 사실에 입각해서 검증되어야 할 가설이라는 점을 망각함으로써 유물주의적 역사관 자체도 잘못 이해하고 있다는 것이다. 또한 경제와 법에 대한 슈탐러의 이해 방식은, 경험적으로 합리적 해명이 가능한 행위자의 주관적 의도를 고려하지 않고, 단지 행위에 있어 형식적인 규범의 합법성만을 문제 삼는 커다란 한계가 있다는 것이다.

### 독일어 원본 및 기존 번역서들과의 비교

국내에는 김덕영의 번역서 이전에도 유사 번역서가 꽤 있었다. 현재의 번역서가 이전의 번역서와 어떤 측면에서 차별성을 보이는지, 그리고 양자 간에는 어떤 유사점이 있는지를 살펴보는 작업은 현재의 번역서의 의의와 가치를 평가하는 데 중요한 문제가 된다. 그러나 이 문제를 다루기 전에 선행되어야만 하는 것이 독일어 원본에 대한 비교이다. 여기에는 2가지 종류가 있다. 편의상 이를 구판과 신판으로 부르겠다.

우선 구판은 1920년부터 간행되기 시작하여 전체 7권으로 이루어진 전집의 일부로, 1922년에 발간된 5권《과학론 논문 모음집*Gesammelte Aufsätze zur Wissenschaftslehre*》이다. 신판은 역사적 고증을 거쳐 1984년부터 발간되어 베버 서거 100주년이 되는 2020년에 전체 47권으로 완간된 '막스 베버 총서Max Weber-Gesamtausgabe, MWG' 가운데 2018년에 발간된 분책 I의 7권MWG I/7《사회과학의 논리와 방법론에 관하여: 1900-1907년 저술*Zur Logik und Methodik der Sozialwissenschaften. Schriften 1900-1907*》이다.

독자의 이해를 돕기 위해 구판과 신판 그리고 김덕영의 번역본을 비교해 보면 표 1과 같다.[10]

---

[10]

독일어 원본의 논문 제목은 편의상 김덕영의 번역본의 것을 쓰며, 굵은 글자로 표시한 것이 번역된 글이다.

| 구판 | 신판 | 번역본 |
|---|---|---|
| 《과학론 논문 모음집》(1922) | 《사회과학의 논리와 방법론에 관하여: 1900-1907년 저술》(2018) | 《문화과학 및 사회과학의 논리와 방법론》(2021) |

| 주요 목차/ 내용 | | |
|---|---|---|
| - 편집자 서문<br>- **로셔와 크니스 그리고 역사학파 경제학의 논리적 문제들(1903-1906)**[11]<br>- **사회과학적 및 사회정책적 인식의 "객관성"(1904)**[12]<br>- **문화과학적 논리 영역에서의 비판적 연구(1905)**[13]<br>- **루돌프 슈탐러의 유물론적 역사관 "극복"(1907)**[14]<br>- 한계이론과 "심리물리적인 근본법칙"(1908)[15]<br>- "활력적" 문화이론들(1909)[16]<br>- 이해사회학의 몇몇 범주들에 관하여(1913)[17]<br>- 사회학 및 경제학의 "가치 자유"의 의미(1917-1918)[18]<br>- 사회학의 방법적 토대(1920)[19]<br>- 직업으로서의 학문(1919)[20]<br>- **루돌프 슈탐러의 유물론적 역사관 "극복"에 대한 논문 추기**[21] | - 서문<br>- 서론<br>- 마리안 베버에 대한 편집자의 주석: 피히테의 사회주의와 마르크스 교의의 관계[22]<br>- **로셔와 크니스 그리고 역사학파 경제학의 논리적 문제들 [첫째 논문]**[23]<br>- "사회입법과 통계 아카이브" 편집권 인수에 관한 텍스트 초안[24]<br>- "사회입법과 통계 그리고 사회과학 및 사회정책 아카이브" 홍보 텍스트[25]<br>- "사회과학과 사회정책 아카이브" 머릿말<br>- **사회과학적 및 사회정책적 인식의 "객관성"**[26]<br>- 앞서 거론된 구스타프 콘의 논문, '국민경제학의 과학적 성격'에 관한 편집 논평[27]<br>- **로셔와 크니스 그리고 역사학파 경제학의 논리적 문제들 [둘째 및 셋째 논문]**[28]<br>- **문화과학적 논리 영역에서의 비판적 연구**[29]<br>- **루돌프 슈탐러의 유물론적 역사관 "극복"**[30]<br>- **루돌프 슈탐러의 유물론적 역사관 "극복"에 대한 논문 추기**[31]<br>- 부록 | - 제1부 \| **로셔와 크니스 그리고 역사학파 경제학의 논리적 문제들**<br>- 제2부 \| **사회과학적 및 사회정책적 인식의 "객관성"**<br>- 제3부 \| **문화과학적 논리 영역에서의 비판적 연구**<br>- 제4부 \| **루돌프 슈탐러의 유물론적 역사관 "극복"**<br>- 제5부 \| **루돌프 슈탐러의 유물론적 역사관 "극복"에 대한 논문 추기**<br>- 해제 \| 문화과학과 사회과학의 논리적, 방법론적 정초를 위하여<br>- 옮긴이의 말<br>- 인명목록 |

표 1. 베버 원본의 구판, 신판, 번역본 비교

이상에서 보듯 김덕영이 번역한 다섯 편의 논문은 구판, 신판 모두에 수록되어 있다. 구판과 신판의 차이는 곧 뒤에서 언급되겠지만, 신판에는 '사회과학의 논리 내지는 방법론'과 엄밀한 의미에서 관련이 없는, 혹은 다른 영역에 속한다고 간주되는 글이 빠졌다는 데 있다. 또한 구판에는 없었던 새로운 글이 신판에 다수 실렸다는 것도 커다란 차이다. 번역서에 실린 5편의 논문과 관련해서도 신판과 구판은 차이를 보인다. 즉 로셔와 크니스 관련 논문이 신판에서는 구판에서와는 달리 2개로 나뉘어 있다. 그러나 이러한 구분은 내용상에 변화가 없는 형식적인 것이므로 큰 문제가 되지 않으며, 따라서 번역상에도 별다른 차이를 만들지 않는다.

다시 앞의 논의로 돌아가, 여기서 드는 의문은 옮긴이가 구판의 일부인 5편의 논문을 '완역'했음에도 신판을 '대본'으로 삼은 이유가 무엇이냐는 점이다. 옮긴이는 자신이 신판을 "번역의 일차적인 준거"로 삼은 이유를 다음과 같이 설명한다. 구판에서는 서로 다른 주제를 다룬 베버의 글들이 "어정쩡한 동거를 하고 있는 모습"을 보이기 때문에 "고민에 고민을 거듭"하다가 신판의 기준에 맞추어 번역했다는 것이다.(723f.) 계속해서 옮긴이는 그 이유에 대해 신판의 해제나 주석이 우리에게 반드시 필요한 것이 아닐 수 있고, 더구나 독일인이 아닌 한국인을 대상으로 한다는 "지적 상황"을 고려하여, 신판은 단지 "참고의 대상이지 결코 번역의 대상"이 될 수 없다는 점을 강조한다. 요컨대 독일인이 아니라 현재 한국인에게 필요한 번역을 통해서, 궁극적으로는 독일적이 아닌 한국적 '문화 자본'이 축적될 필요가 있다는 것이다.(724쪽)

나는 옮긴이의 이러한 문제의식에 특별히 반대하고 싶은 생각은 없다. 그럼에도 개인적으로는 많은 아쉬움이 남는다. 특히 이러한 아쉬움은, 현재의 번역본이 현재 국내에서 접할 수 있는 기존의 번역본들과는 다른 어떤 새로운 가치를 가지고 있는가라는 점을 고려한다면 더욱 커진다고 할 수 있다. 이제 이 문제를 다루기 위해 표 2[32]를 통해 김덕영의 번역서를 기존의 관련 번역서들과 비교해 보자.

이상의 자료를 분석해 볼 때 김덕영의 번역서 이전에 한국에 출간

---

32
굵은 글자로 표시한 글은 김덕영이 번역한 것과 같은 글이다.

| 옮긴이<br>(출판사, 출판 연도) | 번역서 제목 | 주요 목차/내용 |
|---|---|---|
| 양회수<br>(을유문화사,<br>1975) | 《사회과학논총》 | - 해제<br>- **사회 과학 방법론[사회 과학적 및 사회 정책적<br>인식의 객관성(1904)]**<br>- 사회학의 기초개념<br>- 프로테스탄티즘의 윤리와 자본주의의 정신<br>- 지배의 사회학<br>- 도시 유형학 |
| 양회수<br>(을유문화사,<br>1987) | 《사회과학방법론 (외)》 | - 해설<br>- **사회과학방법론**<br>- 사회학의 기초개념 |
| 임영일 외<br>(까치, 1991) | 《막스 베버 선집》 | - **사회과학적 및 사회정책적 인식의 "객관성"**<br>- 국가, 민족, 제국주의<br>- 계급, 신분, 정당<br>- 지배와 정당성<br>- 직업으로서의 정치<br>- 독일의 자본주의와 농촌사회<br>- 농업노동제도<br>- 엘베강 동부지방의 농업노동자 상태의 발전경향들<br>- 인도: 브라만과 카스트<br>- 중국의 문인계층<br>- 세계종교의 경제윤리 |
| 전성우<br>(사회비평사,<br>1997) | 《막스 베버의 사회과학<br>방법론 1》 | - 역자 서문<br>- **사회과학적 그리고 사회정책적 인식의 '객관성'**<br>- 사회학 및 경제학에서 가치중립의 의미<br>- 직업으로서의 학문 |
| 양회수<br>(을유문화사,<br>1998) | 《사회과학논총》 | - 해제<br>- **사회 과학적 그리고 사회 정책적 인식의<br>"객관성" (1904)**<br>- 사회학의 기초 개념<br>- (종교 사회학 논문집) 서언<br>- 프로테스탄티즘의 윤리와 자본주의의 정신<br>- 지배의 사회학<br>- 도시 유형학 |
| 염동훈<br>(일신사, 2003) | 《문화과학과<br>사회과학의 방법론 1》 | - 역자의 일러두기와 인사<br>- 역자 서문: "로셔와 크니스"에 나타난 막스 베버의<br>방법론적 전략<br>- **로셔와 크니스: 그리고 역사학파 국민경제학의<br>논리적 문제**<br>- **사회과학 및 사회정책적 인식의 "객관성"**<br>- **문화과학적 논리영역에 대한 비판적 연구** |
| 전성우<br>(나남출판, 2011) | 《막스 베버<br>사회과학방법론 선집》 | - 《막스 베버 전집》 간행작업 소개<br>- 역자서문<br>- **사회과학적 그리고 사회정책적 인식의 "객관성"**<br>- 사회학 및 경제학에서 가치중립의 의미<br>- 사회학 기초개념 |

표 2. 기존의 관련 번역서 비교

되어 있던 기존 번역서들의 체제상 특징은 4가지로 요약될 수 있다.

첫째, 베버의 방법론과 관련해 가장 중요한 글로 평가받는 〈사회과학적 및 사회 정책적 인식의 객관성〉이 한국에 최초로 등장한 것은 양회수의 역서《사회과학논총》(1975)에서다.[33] 이 글은 목차에는 '사회과학방법론'이라는 대제목으로 표기되어 있다. 양회수는 이 글의 번역을 위해 구판(1922)을 기준으로 삼았으며, 일본어 및 영어 번역본 등을 참고했음을 밝힌다. 논문 〈사회과학적 및 사회 정책적 인식의 객관성〉은 이후에 《사회과학방법론(외)》(1987)이라는 문고판 그리고 증보판 《사회과학논총》(1998)에도 다시 등장한다.

둘째, 인영일 등의 번역으로 출간된 《막스 베버 선십》(1991)에는 양회수의 번역본과 마찬가지로 〈사회과학적 및 사회정책적 인식의 "객관성"〉이란 1편의 글이 실려 있으며, 이와 더불어 다양한 베버의 주요 글들이 번역되어 실려있다.

셋째, 전성우의 《막스 베버의 사회과학 방법론 1》(1997) 역시 앞서의 두 번역서와 마찬가지로 〈사회과학적 및 사회정책적 인식의 '객관성'〉을 싣고 있다. 특이한 점은, 전성우의 번역서가 베버의 구판의 초판(1922)에는 들어 있지만 신판(2018)에는 빠져 있는 2편의 주요한 글, 즉 〈사회학 및 경제학에서 가치중립의 의미〉와 〈직업으로서의 학문〉을 싣고 있다는 것이다. 특히 〈사회학 및 경제학에서 가치중립의 의미〉는 이전의 번역서들에서는 시도되지 않았던 최초의 번역이다. 이후 재편집된 전성우의 《막스 베버 사회과학방법론 선집》(2011)에는 〈직업으로서의 학문〉은 빠져 있지만, 〈사회과학적 및 사회정책적 인식의 '객관성'〉과 〈사회학 및 경제학에서 가치중립의 의미〉는 그대로 남게 되며, 구판의 초판(1922)에는 들어 있지 않지만 구판의 제 3판(1968)에는 들어 있는 〈사회학 기초개념〉이 실린다.

넷째, 염동훈의 《문화과학과 사회과학의 방법론 1》(2003)은 베버

---

[33]
흥미로운 점은 〈프로테스탄티즘의 윤리와 자본주의의 정신Die protestantische Ethik und der Geist des Kapitalismus〉(1904/5)과 같은 전혀 이질적인 글도 실려 있다는 것이다. 추측건대 이는 번역의 주된 목적이 베버의 사회과학 방법론과 관련하여 구판 전체를 소개하는 것이 아니라 그의 대표적인 주요 글을 알리는 데 있었기 때문이라고 생각된다.

번역사에 있어 하나의 전기가 된다. 왜냐하면 염동훈은 구판의 제5판 (1982)을 기준으로 전반부 3편을 번역하고 있는데, 〈로셔와 크니스: 그리고 역사학과 국민경제학의 논리적 문제〉와 〈문화과학적 논리영역에 대한 비판적 연구〉는 이전에 번역된 적이 없는 새로운 것이기 때문이다.

이제 베버의 방법론과 관련해 김덕영의 번역서를 기존의 번역서들과 비교해서 정리하자면, 우선 이 책은 이전에 번역된 적이 없는 2편의 글 〈루돌프 슈탐러의 유물론적 역사관 "극복"〉과 〈루돌프 슈탐러의 유물론적 역사관 "극복"에 대한 논문 추기〉를 포함하고 있다. 형식적으로 보자면 염동훈의 2003년 번역서에다 새롭게 2편의 글을 추가한 것이다.[34]

나는 대학 강의에서 정치사상 및 넓은 의미의 사회과학의 사상과 관련하여 베버의 원전 번역본을 교재로 사용한 적이 있었는데, 관련 글의 옮긴이가 각기 다르고 번역도 분절적으로 이루어져 있어서 일관되고 총체적인 번역서가 있었으면 하는 아쉬움이 많았다. 김덕영의 번역서는 이러한 문제를 해결해 주며, 한계가 있지만 새로운 2편의 글을 번역함으로써 신판(2018)의 체제에 근접한다는 장점이 있다.

그러나 과거의 것을 기준으로 현재의 것을 참고하여 이루어진 절충적 번역에 관해서, 특히 신판의 완역이 아니라는 점에서는 많은 아쉬움이 남는다. 물론 독일의 것을 곧이곧대로 소개하는 것이 중요한 것이 아니라, 한국적 맥락을 고려하여 한국적 상황에 맞는 번역이 이루어져야 하며 이를 통해서 '문화자본'이 축적되어야 한다는 저자의 기본적인 문제의식은 존경받을 만하다. 특히 비전문가인 일반 독자들이 이렇게 축적된 '문화자본'을 수월하게 이용한다면, 분명 김덕영의 번역서는 나름의 가치를 가질 수 있다. 김덕영의 번역 전략이 처음부터 비전문가 일반 독자들을 대상으로 했던 것이라면 문제가 없다. 그러나 베버를 전문적으로 연구하는 학자들(특히 독일어 자료를 다루는 데 한계를 지닌, 예컨대 영어권 자료 해독만이 가능한 연구자들)에게 정말 필요한 것은

---

34
소위 말하는 베버의 '가치자유'에 관한 글이 이 번역본에 빠져 있는 것이 아쉬운 독자는 막스 베버, 《가치자유와 가치판단》(막스 베버 선집 2), 김덕영 옮김(길, 2021)을 참조하기 바란다.

어정쩡한 번역보다는 기존에 접할 수 없었던 새로운 내용이 대폭 담긴 신판(2018)의 충실한 완역일 수 있다는 점을 옮긴이는 놓치고 있는 듯하다.

옮긴이가 말하는 베버 관련 '문화자본'이 처음부터 생겨난 것이 아니라 과거로부터 현재에 이르기까지 그리고 미래로 이어지면서 축적되는 것이라면, 옮긴이는 이전의 '문화자본'으로서 기존의 번역서들을 참조할 수도 있었을 것이다. 옮긴이도 정확히 이해하고 있지만 번역은 단지 외국어를 기계적으로 한국어로 옮기는 작업만은 아니며, 옮긴이 나름의 문제의식과 번역의 목적 그리고 번역과 관련된 한국의 지적 상황에 관한 고려 등이 반영되는 총체적 과정이다. 그런데 옮긴이가 영어 번역본, 프랑스어 번역본만을 참조한 것(722쪽)은 저자가 의도하는 '문화자본'에 내재된 자기모순은 아닌가 한다. 옮긴이가 기존의 한국어 번역본에서 참조할 것이 아무것도 없었다고 한다면, 이에 관해서는 할 말이 없다.

'문화자본'의 맥락에서 번역 용어와 관련하여 하나 지적할 것이 있다. 김덕영은 'Volkswirtschaft'라는 독일어를 "어디까지나 잠정적이긴 하지만" '국민경제'가 아닌 '민족경제'로 옮긴다.(728쪽) 그런데 문제는, 이 '민족民族'이라는 단어는 원래 일본 학자 가토 히로유키加藤弘之가 1872년 초에 스위스 법학자 요한 카스퍼 블룬칠리Johann Casper Bluntschli의 《근대국가론Lehre vom modernen Staat》(1869)을 번역하면서 독일어 'Nation'을 옮긴 표현으로, 이후 중국 학자 량치차오梁啓超가 이를 중국에 수입한 것이 다시 한국에 수입되어 오늘날 통용되고 있다는 점이다.[35] 한마디로 '민족'이라는 용어는, 'Nation'(영어 'nation')이 담고 있는 원래의 개념적 내용을 잘 반영하지 못하는 불충분한 번역이다. 그래서 오늘날에는 '민족' 대신에 '네이션'이 영어 발음대로 사용되는 바, 그 사용에는 상당한 주의가 필요하다.

---

35
최치원, 〈민족의 형상화 그리고 지식의 재구조화·합리화·권력화 문제〉, 《정치사상연구》 16권 1호(2010): 117-119.

원래 베버의 글에는 난문이 많다. 이것은 그의 머리 속에는 무수히 많은 생각들과 논리들이 전개되지만, 문자화된 글이 이를 따라갈 수 없기 때문에 나타날 수밖에 없는 당연한 현상이다. 즉 사유는 정해진 모습을 갖지 않고 머릿속에서 끊임없이 현상하지만, 이 모든 것을 문자화된 글을 통해 구체적인 모습으로 만들려다 보니 논리나 체계가 무시되면서 글이 길어지고 복잡하게 꼬이게 되는 것이다. 나도 인용을 위해 베버의 원문을 읽다 보면 머리가 아프고 스트레스가 이만저만이 아니다. 김덕영이 베버의 방법론은 "매우 다면적이고 복합적인 관계와 과정 속에서 형성되고 발전"되었기에(706쪽) "다양하게 해석되거나 수용되고 지속적으로 논쟁을 불러일으키며 무수한 비판을 받거나 심지어 오해"를 받고 있을 뿐만 아니라, "복잡하고 난해"하며 "전문적인 방법론적 저작들에서 기대할 수 있는 체계적이고 통일적인 접근"도 어렵게 한다(603-604쪽)라고 생각하는 것도 이러한 문제를 일면 반영하고 있다. 아무튼 "진을 빼는 작업"(727쪽)을 통해 이러한 어려움을 극복하고 지금과 같은 번역서를 세상에 선물한 옮긴이 김덕영에 감사와 존경을 표한다.

이제 이 번역서의 가치에 관해 몇 마디 적으면서 글을 마치고자 한다. 이 책을 처음 접하고 서평 작성을 시작한 이래 끊임없이 제기한 물음이 있었다. 바로 옮긴이 김덕영의 번역을 꿰뚫는 '붉은 실roter Faden'[36]은 무엇일까라는 것이다. 이 글의 완성에 다가가면서 그 대답을 찾았다. 바로 '문화' 혹은 '쿨투어Kultur'가 아닌가 한다. 이 개념은 영어 'culture'에 상응하지만, 이것으로는 그 의미 내용을 다 담아내지 못해 영미권에서도 그대로 독일어 원어가 사용되는 경우가 종종 있다.

중요한 것은 옮긴이 김덕영이 "베버주의자"(726쪽)로서 베버의 이 유명한 문장을 제사로 이 책의 번역을 시작한다는 점이다. "모든 문화과학의 선험적 전제조건은, 우리가 하나의 특정한 또는 모든 "문화"를 가치 있다고 판단한다는 사실이 아니라, 우리가 세계에 대하여 의식적으로 입장을 정립하고 세계에 의미를 부여할 수 있는 능력과 의지를 지

---

36
독일어 '붉은 실'은 근본적인 주제 내지는 사상을 의미하는 비유적인 표현이다.

닌 문화인간이라는 사실이다." 이 말에서 김덕영의 번역서를 관통하는 근본 주제가 도출된다. 즉 김덕영은 자신의 번역서를 통해 한국 독자가 (베버가 그랬듯) "문화인간"[37]이 되어 자신의 사유에 자극을 받고 세계에 대해 '입장'을 표명하며 '의미'를 부여할 수 있는 능력과 의지를 키우기를 기대한 것 같다. 여기서는 독일 지식인 베버와 한국 지식인 김덕영 간의 구분, 그리고 저자와 옮긴이 및 독자 간의 구분은 사라지고, 문화를 구성하는 중요한 요소들 가운데 하나인 사유만이 실존적인 의미에서 존재할 것이다.

베버에게 사유는 자유를 의미한다. 베버가 자신의 글 속에서 보편적 인간의 사유를 자극하고자 했던, 그래서 어쩌면 고트홀트 레싱Gotthold Lessing이 말했던 '인식의 효모' 역할을 충실하게 해낸다면, 김덕영의 번역서 역시 그러한 역할을 하고 있다고 말할 수 있다. 이 점에서 베버의 글은 칸트가 수백 년 전 철학의 출발점으로 삼았던 여러 의문들 중 첫 번째의 것, 즉 '세계시민적 취지Sensu Cosmopolitico'에서 '나는 무엇을 알 수 있을까'라는 물음에 대한 나름의 답변으로 이해될 수 있을 것이다. 김덕영이 방법론으로 대변되는 베버의 사상을, "거대한 지적 보고이자 채석장"(604쪽)으로 규정지은 것은 우연이 아닐 것이다. 인간이라면 누구나 그것에 다가갈 수 있기 때문이다.

이제 마지막 한마디를 첨언하면서 글을 끝내겠다. 오늘날 베버는 20세기의 위대한 사회과학자 가운데 한 명으로 간주된다. 그러나 당대에 그는 훌륭한 독일인 학자 중 한 사람에 속했으며, 쟁쟁한 다른 학자들에 비해 그렇게 많은 주목을 받지 못했던, 어쩌면 평범한 인물이었다. 당대의 베버가 오늘날과 같은 세계적 명성과는 거리가 아주 먼 인물이었다는 점을 알고 있는 것이 중요하다. 이는 베버를 지적으로 우상화하거나 신격화해서는 안 된다는 의미이다. +

---

37
이 단어에는 '인간'에 방점이 찍히긴 했지만, 전체 구절의 의미 내용상 전문 학자나 연구자와 같은 특정 부류를 대상으로 하기에 '문화지식인'으로 번역해서 인용하곤 했다는 점을 밝힌다.

참고 문헌

양회수.《사회과학논총》. 을유문화사, 1975.

_____.《사회과학방법론(외)》. 을유문화사, 1987.

_____.《사회과학논총》. 을유문화사, 1998.

염동훈.《문화과학과 사회과학의 방법론 1》. 일신사, 2003.

임영일 외.《막스 베버 선집》. 까치, 1991.

전성우.《막스 베버 역사사회학 연구: 서양의 도시시민계층 발전사를 중심으로》. 사회비평사, 1996.

_____.《막스 베버의 사회과학 방법론 1》. 사회비평사, 1997.

_____.《막스 베버 사회과학방법론 선집》. 나남, 2011.

차성환.《막스 베버와 근대의 의미 세계》. 학문과 사상사, 1997.

최치원. 〈막스 베버의 정치사상에 나타나는 전통과 혁신〉.《한독사회과학논총》29권 4호 (2019): 177-224.

_____. 〈민족의 형상화 그리고 지식의 재구조화·합리화·권력화 문제〉.《정치사상연구》16권 1호(2010): 117-145.

Freytag, Nils, Uta Gerhardt, Barbara Hahn, Gangolf Hübinger, Joachim Radkau. "FORUM: Joachim Radkau: Max Weber. Die Leidenschaft des Denkens." *Historische Sozialforschung* 33 no.2 (2008): 331-350.

Klaus, Lichtblau. *Die Eigenart der kultur- und sozialwissenschaftlichen Begriffsbildung*. VS Verlag für Sozialwissenschaften, 2011.

Tenbruck, Friedrich. "Emile Durkheim oder die Geburt der Gesellschaft aus dem Geist der Soziologie." *Zeitschrift für Soziologie* 10 (1981): 333-350.

Winkelmann, Johannes. "Vorwort." Max Weber. *Gesammelte Aufsätze zur Wissenschaftslehre*. Johannes Winkelmann(Hrsg.). Mohr(Paul Siebeck), 1988(1922).

최치원

고려대학교 평화와민주주의연구소 교수. 독일 브레멘 대학교에서 박사 학위를 받았으며, 정치사회철학이 주전공이다. 논문으로는 〈막스 베버의 정치사상에 나타나는 전통과 혁신〉 등 막스 베버와 관련된 수십 편의 글이 있으며, 그 밖에 헤겔, 가다머, 하버마스, 아렌트 등에 관한 다수의 글이 있다.

예시

배세진

# 정세 속에서 인류학 하기: 데이비드 그레이버의 비판 이론에 관하여

## 들어가며

2021년 한국에 갑작스레 상륙한 《불쉿 잡: 왜 무의미한 일자리가 계속 유지되는가?》[1]는 미국에서 2018년 출간된 책으로, 2020년 안타깝게 타계한 미국의 인류학자 데이비드 그레이버David Graeber가 생전에 출간한 마지막 저서이다.[2] 한국 지식장에서는 그레이버의 책이 몇 권 번역되었을 뿐 그의 사상이 제대로 다루어진 적은 없었는데, 이 마지막 저서는 이전 저작들과의 어떠한 상호 작용도 없이 툭 던져져 덩그러니 놓이게 된 것이다.[3] 때문에 한국의 독자들이 《불쉿 잡》의 가치를 그 지적 맥락 속에서 풍부하게 이해하는 것은 쉽지 않을 것이라 생각한다.

하지만 그레이버의 사상을 접한 적 없던 독자들은 분명 이 책을 읽고서 적잖이 놀랐을 것이다. 남들과는 다른 관점을 통해서만 가능한 탁월한 관찰력으로 '쓸모없는 직업' 혹은 '쓸모없는 일 그 자체'라는 흥미로운 아이디어를 이끌어내고, 질적 방법론에 기초한 적절한 인터뷰로 아이디어를 검증하며, 탄탄한 사회과학적(특히 경제학적) 지식으로 인터뷰를 풍부하게 그리고 정확하게 해석하고, 유려한 글쓰기, 혹은 '입담'으로 이 모든 것을 재미있고도 굉장히 체계적으로 서술하고 있으니 말이다. 《아나키스트 인류학의 조각들》을 비롯한 저작이 부분적으로나마 번역된 덕에, 한

---

1
데이비드 그레이버, 《불쉿 잡: 왜 무의미한 일자리가 계속 유지되는가?》, 김병화 옮김 (민음사, 2021); David Graeber, *Bullshit Jobs: A Theory* (Simon & Schuster, 2018).

2
비교고고학자 데이비드 웬그로우David Wengrow와 10년에 걸쳐 함께 집필한 *The Dawn of Everything: A New History of Humanity* (Farrar, Straus and Giroux, 2021)가 이후에 발표되기는 했지만, 타계 직전에 원고를 완성했기에 그레이버 본인은 책이 출간되는 것을 보지 못했으며 이 책에는 웬그로우 홀로 쓴 서문과 감사의 말이 실려 있다. 이 책은 아쉽게도 아직 국역되지 않았지만, 유발 하라리나 제러드 다이아몬드 등의 저작에서처럼 걷잡을 수 없을 만큼 광범위하게 통용되는 인류 혹은 인간 그 자체에 대한 오해를 격파한다는 야심 찬 목표를 지녔으며, 그레이버의 인류학적 정신을 정확히 구현하고 있다고 볼 수 있다.

3
그레이버를 세계적 연구자로 자리매김시킨 《부채, 첫 5,000년의 역사: 인류학자가 고쳐 쓴 경제의 역사》(부글북스, 2021) 또한 국역되었음에도 한국에서 그 어떠한 영향도 미치지 못했다는 점이 이를 매우 상징적으로 보여준다. 그러나 이 글은 그레이버의 '경제(인류)학 비판'을 구현하는 이 탁월한 저서를 취급하지 않는데, 왜냐하면 이 글의 목표는 그레이버의 '정치(철)학' 혹은 '정치(철)학 비판'을 해명하는 것이기 때문이다. 비록 경제인류학 일반에서 그렇듯 이 둘을 이분법적으로 구분하는 것이 불가능하다 해도 말이다. 이 탁월한 저서가 우리의 기존 인식에서 돌파해 나간 지점들, 그럼에도 이 저서가 가지고 있는 문제점은 별도의 글을 통해 다루어볼 생각이다.

국에서도 그레이버가 '아나키스트 인류학자'라는 정도는, 특히 2010년의 월가 점거 운동Occupy Wall Street을 이끈 '행동하는 지식인'이라는 정도는 인지되고 있지만, 이런 부분적이고 불완전한 수용만으로는 도대체 그가 누구이고 어떤 사상을 품고 있길래 이렇듯 어디에서 어떻게 '갑자기 툭 튀어나온' 것인지 이해하기는 어렵다. 따라서 이 글은 '비판 이론가'로서의 그레이버의 사상적 여정, 또는 모험의 중핵들을 짚어봄으로써 독자들이 《불쉿 잡》의 가치를 이해할 수 있게 돕고, 결국 그레이버의 이전 저작들로 거슬러 올라가도록 유혹하고자 한다.

그레이버는 내가 연구하는 프랑스의 마르크스주의 정치철학자 에티엔 발리바르Étienne Balibar와 같은 이에 비하면 연구자로서의 전문성이 부족해 보이는 것이 사실이다. 발리바르와 같이 한 문장을 써도 꾹꾹 눌러쓰는 저자에 비하면 그레이버는 경쾌하지만 너무 가볍게 쓰는 것처럼 보이며, 유심히 살펴보면 그가 다른 사상가, 특히 현대 프랑스 철학자들을 오독해 자의적으로 활용한다는 점을 확인할 수 있다. 그래서 이 글은 다른 사상가에 대한 엄밀한 독해를 중시하는 나에게조차 왜 그레이버의 사상이 그토록 매력적인지를 스스로 해명하려는 시도이기도 하다. 이 매력은 비판 이론 연구자로서 내가 다루어야 할 비판 이론가 중 한 명으로 그레이버를 마음속에 등재시켰다.

《불쉿 잡》에서 《아나키스트 인류학의 조각들》로

그레이버의 사상 전체를 요약하는 텍스트는 최후의 저작 《불쉿 잡》이나 《모든 것의 여명The Dawn of Everything》이 아니라, 흥미롭게도 초기 저작인 《아나키스트 인류학의 조각들》이다.[4] 그레이버는 1989년부터 1991년까지 마다가스카르에서 현장 연구를 수행한 뒤 1996년 박사 학위를 취득하고, 이 현장 연구에 기반해 자신의 사유를 발전시킨다.[5] 이 사유의 개요를

---

4
데이비드 그레이버, 《아나키스트 인류학의 조각들》, 나현영 옮김(포도밭출판사, 2016). 박사 학위 논문을 제외한다면 아마도 2001년 펄그레이브Palgrave에서 출간된 《가치이론에 대한 인류학적 접근》을 최초 저작으로 볼 수 있을 것 같다. 다행히도 이 저서는 국역되어 있다. 데이비드 그레이버, 《가치이론에 대한 인류학적 접근: 교환과 가치, 사회의 재구성》, 서정은 옮김(그린비, 2009).

5
이를 출간한 것이 바로 Lost People: Magic and the Legacy of Slavery in Madagascar (Indiana University Press, 2007)인데 아쉽게도 아직 국역되지 않았다. 하지만 다행히도 이

그는 2004년 《아나키스트 인류학의 조각들》에서 사실상 처음으로 세상에 공개하는데, 마치 지적 모험을 위한 출사표와 같은 이 짧은 책에는 이후에 생산할 저작의 거의 모든 주제들, 가령 《관료제 유토피아: 정부, 기업, 대학, 일상에 만연한 제도와 규제에 관하여》에서 분석하고 비판한 관료제의 폭력이나 《불쉿 잡》에서 분석하고 비판한 쓸모없는 직업 현상 등에 대한 아이디어가 이미 언급되어 있다.[6] 즉, 이 초기작은 그레이버 사상 전체의 씨앗을 품고 있는 텍스트인 동시에, 사망으로 인해 그 사상이 표면적으로는 마무리된 지금 시점에서 보기에 그레이버의 사상 전체를 요약하는 텍스트이다. 때문에 우리는 그레이버 사상의 핵심을 《아나키스트 인류학의 조각들》에서 손쉽게 읽어낼 수 있으며, 이러한 이유로 이 소책자의 중요성은 아무리 강조해도 지나치지 않다.[7] 이 책의 핵심만을, 그러니까 결국 그레이버 사상의 핵심만을 간략히 살펴보도록 하자.

이 짧지만 번뜩이는 영감으로 가득한 책에서 그레이버가 핵심적으로 주장하는 바는, 국가 거부의 이념(사상 또는 좁게 보아 정치철학)과 운동으로서의 아나키즘, 그리고 국가 없는 사회를 자신의 연구 대상으로 취하는 학문 혹은 과학으로서의 인류학 사이의 마주침이 필연적이라는 점이다. 인류학은 인간에 대한 기존의 통념들을, 역설적으로 이 '인간'에 대한 연구를 통해 조목조목 반박한다. 특히 서구 근대가 규정하는 의미에서의 국가를 형성하지 않은 사회에 대한 연구를 수단으로 하여, 국가를 형성한 사회들, 더 나아가 서구적 의미의 근대 그 자체를 다른 관점에서 바라볼 수 있게 해준다. 그렇기 때문에 국가 거부의 이념과 운동으로서의 아나키즘에 대한 학문적, 즉 과학적 근거는 여러 통념 중에서도 특히 국가라는 통념을 탈자연화하는 인류학에서 찾을 수 있다는 것이 그레이버의 주장

---

텍스트의 핵심은 논선집 데이비드 그레이버, 《가능성들: 위계·반란·욕망에 관한 에세이》, 조원광·황희선·최순영 옮김(그린비, 2016)의 2부 '일시적 자율지대: 마다가스카르 농촌에서 권위의 딜레마'에서 확인할 수 있다.

6
데이비드 그레이버, 《관료제 유토피아: 정부, 기업, 대학, 일상에 만연한 제도와 규제에 관하여》, 김영배 옮김(메디치미디어, 2016) 참조. 나의 관점에서 이 저서는 그레이버 사상에서 매우 핵심적인 이론적 위상을 차지하는데, 그 이유는 아래에서 간략하게 언급하겠다.

7
이러한 중요성으로 인해 나는 이미 《아나키스트 인류학의 조각들》만을 배타적으로 다루는 서평을 쓴 바 있다. 배세진, 〈아나키즘과 인류학의 정치적 마주침을 위하여〉, 《주간 에라스무스 Critical Book Review》, 2022년 1월 1호(2022).

이다. 그는 아나키즘과 인류학 사이의 이러한 공통분모를 근거로 자신을 '아나키스트 인류학자'로 정체화하면서 자신의 사상을 '아나키스트 인류학'으로 규정한다.

그레이버는 이 책에서 이러한 아나키스트 인류학에 기반해 그의 '우주론'이라 부를 수 있을 바를 전개하는데, 그 핵심은 바로 "상상적 대항권력의 이론"이다. 이 상상적 대항권력의 이론은 한 사회 내 대항권력이 "국가"와 "시장"이 존재하지 않는 곳(인류학의 일반적 연구 대상인)에서까지 발견된다고 주장한다. 더불어 대항권력이 (여하한 정치철학의 주장과는 달리) 기존 권력에 대항하는 "대중적 제도"로 구체화된다고 보지 않으며, 오히려 이러한 기존 권력을 체현하는 인물들(혹은 제도들)이 등장할 가능성 자체를 차단해 버리는 '제도 아닌 제도'로 구체화된다고 주장한다. 다시 말해, 그레이버의 표현을 직접 가져오자면 사회 내 대항권력의 대항 대상은 "사회 내부의 가능성", "잠재적 측면", "변증법적 가능성" 그 자체인 것이다.[8] 사회에 대한 이런 관점에서는 모든 사회가 어느 정도 "자신과의 전쟁"을 하고 있으며, "공동의 합의를 이루고 유지하는 것을 몹시 강조하는 평등주의 사회"에서조차 "일종의 반동 형성으로 괴물과 마녀, 온갖 무서운 것들이 살고 있는 어둠의 세계"를 촉발한다. 그래서 그레이버의 눈에는 "가장 평화로운 사회야말로 그 상상으로 구축된 우주 안에서는 항시적 전쟁이라는 끈질긴 유령이 가장 많이 출몰하는 사회"이다. 이 사회의 이면에 존재하는 "보이지 않는 세계"는 "전쟁터"이며, 이 가장 평화로운 사회의 "합의를 구하려는 끝없는 노력"은 아나키즘이 민주주의의 핵심으로 간주하는 것이기도 하지만 이와 동시에 "계속되는 내부 폭력을 감추"고자 하는 노력과도 다르지 않다. 그런데 바로 이러한 노력의 "과정" 그 자체가, 그리고 그 결과 나타나는 "뒤엉킨 도덕적 모순"이 "사회적 창의성", 즉 그레이버가 여러 글에서 꾸준히 강조하는 '사회적 창조성'의 가장 주요한 원천이며,[9] "최종 정치 현실"로 드러나는 것은 이 "상충하는 원리와 모순된 충동 자체"가 아니라 이 원리와 충동을 "중재하는 조정 과

---

8
데이비드 그레이버, 《아나키스트 인류학의 조각들》, 69-70.

9
특히 《가능성들》의 4장 '사회적 창조성으로서의 물신주의: 물신은 구성 과정 중에 있는 신이다'와 《가치이론에 대한 인류학적 접근》의 5장 '왐펌과 사회적 창조성'이라는 흥미로운 두 글을 참조.

정"이라고 그는 주장한다.[10]

그레이버에 따르면, 여러 인류학적 민속지들을 통해 알 수 있듯 여기에서 극명하게 대립되는 것은 "격동하는 우주론적 차원"과 "조정과 합의에 도달하는 것이 가장 중요한 사회적 차원"이다. 그런데 그 어떠한 사회도 완벽한 조정과 합의를 통해 완전한 평등을 달성하지는 못하며 대신 어떤 "핵심적 지배 형식"을 가지게 되는데, 이 핵심적 지배 형식으로부터 "보이지 않는 폭력과 공포"가 생겨난다.[11] 그레이버는 이 보이지 않는 폭력을 바로 "유령 폭력"이라고 부르는데, 그에게 이 유령 폭력은 "평등주의 사회를 유지하려는 기획에 내재한 긴장 자체로부터 생겨"나는 것, 즉 "인간 조건의 본질"에서 기인하는 것이다.[12]

그런데 그레이버에게 모든 사회의 이면에 이러한 유령 폭력이 도사리고 있다는 점이 중요한 이유는, "혁명을 일으키는 이데올로기 작용의 대부분"이 "다양한 마력의 도덕적 함의를 재정의하는 과정"에서 "주술사와 마녀의 영역", 즉 "유령이 출몰하는 어둠의 세계"에서 일어나기 때문이다. 이는 유령의 영역이 "언제나 도덕적 상상력의 버팀대이자 혁명적 변화가 잠재된 창조의 저장고가 된다"는 사실, 그러니까 "바로 이 보이지 않는 공간, 특히 권력의 눈에 띄지 않는 공간이야말로 혁명의 순간 불쑥 튀어나오는 반란의 잠재력과 놀라운 사회적 창조성의 원천"이라는 사실을 보여준다.[13] 결국 그레이버에게는 '유령 폭력으로서의 상상적 대항권력'에 관한 인류학의 해명이, 대중의 상상력을 자신의 원동력으로 취하는 아나키즘의 이념과 운동의 과학적 근거인 것이다. 이렇듯 사회를 이원적으로, 즉 이면의 우주론적 차원과 표면의 사회적 차원으로 바라보는 그레이버의 인류학적 관점에서 아나키즘의 이념과 운동의 '가능성들'이 도출된다.

이전 저작인 《가치이론에 대한 인류학적 접근》을 포함해 《아나키스

---

10
데이비드 그레이버, 《아나키스트 인류학의 조각들》, 71-72.

11
데이비드 그레이버, 《아나키스트 인류학의 조각들》, 77-78.

12
데이비드 그레이버, 《아나키스트 인류학의 조각들》, 78-79.

13
데이비드 그레이버, 《아나키스트 인류학의 조각들》, 83.

트 인류학의 조각들》 이후 그레이버가 생산하는 저작 모두는 이러한 우주론을 그 바탕에 깔고 있다. 그래서 우리는 이러한 우주론이 그레이버 정치철학의, 또 그가 자신의 삶을 통해 보여주었던 실천의 중핵 혹은 과학적 근거를 구성한다고 충분히 말할 수 있다.

## 정치철학을 해체하는 정치철학

그레이버의 모든 저작에 깔려 있는 이러한 인식론에 대한 복잡한 논의는 이 정도에서 그치겠지만, 독자들은 뒤에 이어지는 모든 논의의 이론적 배경이 바로 이 인식론이라는 점을 잊어선 안 된다. 이제 나는 (지극히 이론적인 이유에서) 그레이버와의 지적 만남에 대한 개인적인 이야기를 이어지는 논의의 출발점으로 삼도록 하겠다. 현대 프랑스 철학이라는 프리즘을 거친 현대 프랑스 마르크스주의를 중심으로, 좌파 정치철학의 재구성을 위해 서양의 비판 이론을 연구해 온 나는 그레이버를 진지한 연구 대상으로, 즉 한 명의 비판 이론가로 간주하지 않고 있었다. 하지만 《불쉿 잡》 출간 당시 이를 소개해 달라는 청탁을 받아 처음으로 그레이버를 진지하게 읽으면서, 내가 노동에 대한 마르크스주의의 관점을 너무 자연화하고 있었다는 점을 깨달을 수 있었다.[14]

《불쉿 잡》에서 그레이버는 마르크스주의 경제학과 정치철학이 전혀 인식하지 못하고 있었던 지점, 즉 금융화와 전혀 대립적이지 않으며 오히려 상보적인 관료제하에서 쓸모없는 일들이 양산되고 있다는 사실을 '불쉿 잡' 종사자들과의 인터뷰에 기반해 제시한다. 잉여 가치를 생산하는 생산적 노동과 잉여 가치를 생산하지는 않지만 이윤율을 증가시키는 비생산적 노동 사이의 경직된 구분, 돌봄 노동의 특성 자체에 대한 몰이해, 돌봄 노동이 아니더라도 모든 노동에는 어느 정도 돌봄의 차원이 깃들어 있다는 사실에 대한 무지(즉 '어떤' 노동인가에 대한 탐구의 부재), 시장에서 거래되지 않는 '집안의 노동자'(마리아로사 달라 코스타Mariarosa Dalla Costa)인 여성의 노동에 대한 비개념화 등등…… 주류 경제학과 마찬가지로 마르크스주의 경제학 또한 이러한 측면들을 제대로 취급하지 못하고 있으며 그것이 금융화에 대한 더욱 심원한 분석을 가로막고 있다는 점을

---

14
배세진, "노동은 스스로를 구원할 수 있을까?", 《독서신문》, 2021년 9월 7일, https://www.readersnews.com/news/articleView.html?idxno=104013.

이 책을 읽고 나는 깨달을 수 있었다. 달리 말해, 내가 깨달은 바는 그레이버가 단순히 관료제와의 관계 속에서 금융 영역의 노동자들에 대한 민속지를 생산하고 있으며 이 책이 주류 경제학 혹은 (마르크스주의 경제학을 포함한) 비주류 경제학의 금융화 분석과 상호 보완적인 금융 인류학 저서라는 것이 아니었다. 오히려 그는 금융 영역의 노동자들에 대한 민속지를 통해, 더 나아가 쓸모없는 일과 관료제의 관계에 대한 사회과학적 분석을 통해 금융화 그 자체에 대한 새로운 개념화를 이루고, 이로써 금융화는 우리의 통념이나 오해와는 달리 관료제와 긴밀히 결합되어 있다는 이론적 테제를 제출한다는 것이다.

　　노동 개념에 대한 그레이버식의 새로운 접근이 지닌 가능성을 인정하게 되면서, 나는 그가 이런 관점에 입각해 제시하는 아나키즘적 대안 또한 진지하게 고려할 만한 것으로 인정하게 되었다. 그레이버가 지적하듯, 역사적 사회주의(혹은 역사적 마르크스주의)는 노동조합의 결성을 통해 더 나은 노동 조건을 쟁취하는 것을 포함해 노동자의 권리를 향상시키는 것을 목표로 삼았다. 반면 역사적 아나키즘은 노동자의 권리 향상이 아니라 노동 시간 단축이라는 수단을 경유하여 노동 자체를 거부했으며, 이는 현대 좌파 정치철학에서 안토니오 네그리Antonio Negri를 중심으로 한 일군의 이론가들에 의해 지금까지도 이어지고 있다. 나는 마르크스주의의 관점에서 (그리고 그레이버가 신랄하게 조롱하듯, 좌우 세력 모두 공유하는 '노동은 신성하다'라는 통념을 버리지 못하고) 이런 관점과 대안이 이론적으로 잘못된 것이며, 그렇기에 이러한 관점과 대안에 심원하게 연결되어 있는 기본소득론(《불쉿 잡》에서 그레이버는 상당한 유보를 표하면서도 큰 틀에서는 기본소득론을 지지한다고 말한다) 또한 거부했다. 물론 나는 여전히 이러한 관점과 대안, 특히 기본소득론이 이론적으로뿐만 아니라 실천적으로도 오류라는 생각을 바꾸지는 않았지만, 최소한 《불쉿 잡》의 설득력 덕분에 이를 진지하게 취급하고 마르크스주의의 그것과 체계적으로 맞세워 보는 작업이 필요하다는 점은 인정하게 되었다.[15] 《불쉿

---

15
　　참고로, 《우리만 모르는 민주주의》의 마지막 장 '주문 풀기'에서 제시되는 그레이버의 네 가지 정치적 제안은 모두 마르크스주의에 대립된다. 이 네 가지 제안은 '생산주의에서 벗어나기', '노동 개념 바꾸기', '관료제'(에 다르게 접근하기), '공산주의 재선언'(공산주의 개념 바꾸기)이다. 데이비드 그레이버, 《우리만 모르는 민주주의: 1%의 민주주의 VS 99%의 민주주의》, 정호영 옮김(이책, 2015).

잡》에서 주장하듯 정말로 관료제화와 금융화로 인해 쓸모없는 일들이 양산되고 있다면, 노동에 대한 주류 경제학과 비주류 경제학의 시각을 한 번쯤은 재점검해 보는 작업이 쓸모없지는 않을 것이다.[16]

앞서 지적했듯 그레이버는 아나키스트 인류학을 제창한다. 아나키즘은 마르크스주의를 포함한 좌파 급진 정치철학 전체와도 불화하는 이단 중의 이단인데, 왜냐하면 아나키즘은 이미 언급했듯 국가 없는 사회를 지향하기 때문이다. 물론 마르크스주의 또한 발리바르가 비판하듯 일종의 '이론적 아나키즘'이라는 유령에 시달리고 있다. 마르크스주의는 국가 외부의 당이 주도하는 혁명으로 부르주아 국가 장치를 파괴하는 것을 목표로 한다. 하지만 마르크스주의가 그 이론적 아나키즘에도 불구하고 진정으로 국가 없는 사회를 지향할까? 아나키즘이 국가 없는 사회를 말할 때 이 국가란 결국 누군가가 누군가를 위에서 아래로 통치하는 형식을 말하는 것인데(앞서 언급한 지배의 형식 즉 위계는 이 통치의 형식과는 미묘하게 다르다.),[17] 마르크스주의는 국가라는 이름으로 부르지는 않을지라도 자신이 꿈꾸는 사회를 어떤 통치 형식도 존재하지 않는 사회로 상상하지는 않는다. 하지만 아나키즘은 '너'와 '나' 사이에 국가가 매개하는 어떤 통치 형식도 존재하지 않는 사회의 도래가 가능하다고 유토피아적으로 사고하며, 그레이버는 그 과학적 가능성을 국가 없는 사회에 대한 인류학의 연구들에서 발견한다. 앞서 언급했듯 지배의 형식이 전혀 존재하지 않는 완전한 평등주의 사회가 존재하지 않는다는 점은 인류학적으로도 인정되지만, 최소한 국가 혹은 정부의 통치가 없는 사회는 가능하다는 것이다.

이런 맥락에서 나는 그레이버의 아나키스트 인류학, 즉 이념이자 운동으로서의 아나키즘과 이를 뒷받침하는 과학으로서의 인류학 사이의 마주침을 그의 독특한 정치철학으로 규정하고자 하는데, 왜냐하면 그의 아나키스트 인류학은 정치철학 그 자체를 해체하는, 그러니까 데리다적 의

---

16
    마르크스주의 연구자 김공회의 다음 글은 내가 여전히 기본 소득론을 포함한 이러한 아나키즘적 대안에 비판적인 이유를 정확히 설명해 주고 있다. 김공회, 〈기본소득, 이상 또는 공상〉, 《한편 3호 환상》(민음사, 2020). 김공회가 지적하듯, 마르크스주의의 입장에서는 사회적 관계의 변형이라는 사고에 입각하지 않은 대안에 의문을 가지지 않을 수 없다.

17
    《가능성들》 1장 '예절, 공경, 그리고 사적 소유: 혹은 위계의 일반이론을 위한 요소' 참조.

미에서 '탈구축'하는 정치철학, 정치철학으로 정립되지 않는 정치철학이기 때문이다. 그 어떠한 통치의 형식도 지향하지 않는, 국가를 거부하는 정치철학이라는 것이 정치철학으로서 정립 가능한 것일까? 오히려 이는 기존 정치철학을 해체하는 정치철학, 정치철학 아닌 정치철학, 정치철학 없는 정치철학, 정치철학의 외상적 중핵이라 말할 수 있다. 나는 마르크스주의의 이론적 아나키즘에 대한 발리바르의 비판을 공유하며, 이러한 이론적 아나키즘 비판이 그 어떠한 통치의 형식도 지향하지 않는 그레이버의 정치철학에 대한 비판 또한 될 수 있다고 생각한다. 그레이버는 미셸 푸코의 통치성 연구를 오독하며 부당하게 비판하고 내치지만, 푸코는 통치의 과정 없이 주체의 생산은 불가능하며, 주체화는 통치성을 통해 이루어진다는 것을 보여준다.

하지만 그럼에도 그레이버의 이러한 독특한, 아니 유별나다고까지 말할 수 있는 정치철학이 매력적인 이유는 그의 정치철학이 아나키즘과 인류학에 자신의 토대를 둠으로써 좌파 급진 정치철학까지도 포함하는 기존 정치철학의 개념들 하나하나, 가령 주권, 사회계약, 국가, 통치, 왕권, 서구적 의미의 근대성 그 자체까지를 다시 사고하도록 우리에게 강제하기 때문이다. 특히 나와 같은 비판적 정치철학자에게 그레이버의 글을 읽는 것은 행복하면서도 고통스러운 일이다. 앞서 언급했듯 나는 주류 경제학과 주류 정치학을 포함한 주류 인문사회과학을 비판하는 좌파 급진 정치철학을 잘 발전시키고 있다고 생각했는데, 그레이버는 그조차도 어떠한 자연화된, 당연시된, 의문에 붙여지지 않은, 기존 과학의 인간과 사회와 정치에 대한 통념들에 기반해 있다는 점을 폭로하기 때문이다. 더욱이 피에르 부르디외Pierre Bourdieu의 비판 사회학[18]과 마찬가지로 그레이버 또한 연구자들의 '스콜라적 관점'과 '자계급 중심주의'를 신랄하게 폭로하고 비판함으로써 좌파 급진 정치철학이 정말 그렇게 좌파적이고 급진적인지 자문해 보도록 만들기 때문이다. 그의 주장대로 아나키즘은 이념과 운동이, 이론과 실천이 분리되어 있지 않다는 점을 특징으로 한다. 그의 주장대로 인류학은 과학자(인류학자)와 과학의 대상(인간 혹은 사회)이

---

18
그레이버는 여러 곳에서 자신의 아나키스트 인류학이 부르디외의 비판 사회학과 친화적이라고 주장하는데, 비판 사회학의 출발점이 바로 그레이버가 준거하는 인류학, 특히 클로드 레비스트로스Claude Lévi-Strauss의 인류학에 대한 비판이라는 점에서 이는 상당히 근거가 있는 주장이다.

분리 불가능하다는 점을 특징으로 한다. 반면 이론과 실천의 통일, 지식인과 대중의 유기적 결합을 말하는 마르크스주의조차 이 두 항 사이의 기원적 분리를 전제하면서 기존 정치철학의 통념들을 반복한다.

## 모스라는 매개자

그레이버의 아나키스트 인류학이 주류 인문사회과학과 불화하는 현대 프랑스 철학의 관점에서도 받아들이기 힘들 만큼 급진적이고 비과학적이라고 생각하면서도 그 과학적 혹은 정치철학적 가치에 대해 다시 한번 숙고해 볼 필요가 있다고 생각하게 된 계기는 코로나19의 대유행이라는 생태학적 파국 때문이다. 현대성 너머, 즉 탈현대성을 사유한다고 주장하지만 실패한 일시적 유행에 불과했던 포스트모더니즘을 제외한다면, 현대성의 경계 내에서 형성된 사유들만으로는 지금의 심원한 위기에 맞설 수 없는 것이 사실이다.[19] 그레이버가 월가 점거 운동을 통해 맞서 싸웠던 2007-2009년의 세계적 금융 위기와, 그레이버가 살아있었다면 슬라보예 지젝처럼 비판적 지식인들의 개입을 촉구했을 2020년 이후 생태 위기의 결합 속에서, 나는 현대성의 경계 내에서 형성된 사유들을 넘어서는 새로운 사유의 필요성을 강하게 느꼈다. 이에 현대 영미권 주류 정치철학의 한계를 넘어서기 위해 그 대항마로서 현대 프랑스 철학을 연구하기로 선택했고, 이를 통해 마르크스주의를 세련된 사상적 흐름으로 변모시키고자 시도했다. 그러나 경제 위기와 생태 위기의 결합이라는 '정세'는 기존 정치철학을 해체하는 현대 프랑스 철학마저도 해체하는 또 다른 사유를 절실히 요청했다.

이러한 상황 속에서, 나는 현대 프랑스 철학계의 신진 연구자 기욤 시베르탱블랑Guillaume Sibertin-Blanc의 행보를 따라 인류학의 작업들을 통해 현대 프랑스 철학의 한계를 넘어설 수 있지 않을까 추측했다. 발리바르의 표현을 빌리자면, 인간을 연구 대상으로 취하는 인류학은 기존의 '철학적 인간학'을 해체하기 때문이다. 그래서 일단 일본의 철학자이자 종교학

---

19

그렇기 때문에 신유물론과 사변적 실재론, 인류학의 존재론적 전회와 같은 새로운 흐름들이 페미니즘, 마르크스주의, 탈식민주의, 문화 연구와 같은 '갈등적이고 분파적인 과학들'(루이 알튀세르Louis Althusser)에서 주목 받고 있는 것인데, 이 흐름들이 포스트모더니즘과는 달리 이 갈등적이고 분파적인 과학들에 어떤 유의미한 흔적을 남길 수 있을지는 여기에서 논하지 않겠다.

자인 나카자와 신이치中沢新一의 '카이에 소바주Cahier Sauvage' 시리즈에서 실마리를 얻고자 했다. 이 시리즈를 통해 나카자와는 자연과 인류 사이의 대칭성을 회복하는, '인류 최고의 철학'으로서의 신화적 사고에 기반한 이른바 '대칭성 인류학'의 기획을 제출한다.[20]

대표적으로 《곰에서 왕으로》는 '곰'과 함께하는 대칭적 삶을 살고자 했던 국가 없는 인류가, 대칭성을 파괴하는 정치적 위계와 불평등을 초래하는 국가, 즉 '왕'을 세운 것을 '야만의 탄생'으로 규정하면서 자연과 인류 사이의 대칭성 회복을 그 대안으로 제시한다.[21] 하지만 비판 이론의 관점에서 보자면, 국가 없는 사회를 지향하는 것은 그레이버와 마찬가지로 이론적 아나키즘에 빠지는 일이며, 더군다나 신화적 사고에 기반한 대안이라는 것이 어떤 현실성을 가질 수 있을지도 의문이다. 즉, 현실에 대한 나카자와의 인류학적, 신화적 분석 자체도 과학성이 결여된 것이지만, 역시 가장 문제적인 것은 이러한 분석에 기반한 신화적 대안, 즉 '야생의 사고'(레비스트로스)를 회복하자는 주장에 사회과학적 구체성이 결여되어 있다는 점이다.

하지만 같은 시리즈 중 하나인 《사랑과 경제의 로고스》에서 마르셀 모스Marcel Mauss의 증여론의 관점에서 경제를 재사유하는 그의 기획을 접하면서,[22] 이러한 인류학적 기획을 사회과학적 방식으로 되살릴 가능성을 발견했다. 결국 나는 모스라는 매개자를 통해 그레이버의 비판 이론, 즉 그의 사회과학 내의 인류학에 도달하게 되었는데, 왜냐하면 《가치이론에 대한 인류학적 접근》 6장 '다시 모스에게로'에서 확인할 수 있듯 그레이버는 나카자와와는 다른 사회과학적 방식으로 (그리고 《아나키스트 인류학의 조각들》에서 재구성하는 아나키즘 사상의 전통 속에서) 모스를 재전

---

20
나카자와 신이치, 《신화, 인류 최고의 철학》, 김옥희 옮김(동아시아, 2003); 나카자와 신이치, 《대칭성 인류학: 무의식에서 발견하는 대안적 지성》, 김옥희 옮김(동아시아, 2005).

21
나카자와 신이치, 《곰에서 왕으로: 국가, 그리고 야만의 탄생》, 김옥희 옮김(동아시아, 2003). 아쉽게도 여기에서 논할 수는 없지만, 그레이버가 스승 마샬 살린스Marshall Sahlins와 함께 쓴 《왕에 관하여》와 이 저서 사이의 평행성은 상당히 흥미롭다. 《왕에 관하여》는 국역되어 있지 않다. Marshall Sahlins and David Graeber, *On Kings* (Hau Books, 2017) 참조.

22
나카자와 신이치, 《사랑과 경제의 로고스: 물신 숭배의 허구와 대안》, 김옥희 옮김(동아시아, 2004).

유하기 때문이다.

　그런데 더 나아가 그레이버를 비판 이론의 틀 내에서 현대 프랑스 철학과 '이접적으로 종합할'(들뢰즈) 수 있다면, 이 또한 그가 모스의 증여론에 준거하기 때문이다. 현대 프랑스 철학과 현대 프랑스 사회과학을 연결시킬 수 있는 매개자 또한 모스인데, 그런 점에서 그레이버가 모스의 독자라는 점은 여러모로 중요하다. 《가치이론에 대한 인류학적 접근》 6장에서 그레이버는 모스의 증여론에 기반해 가치 개념 그 자체를 재사유한다. 그레이버에 따르면, 모스는 여러 인류학적 민속지들에 대한 독해를 통해 특정 사회 내에는 특정 가치 체제가 존재하며 여기에서 선물, 혹은 증여가 이 가치 체제의 구조를 표상한다고 주장했다. 이런 관점에서 본다면, 마르크스주의의 노동 가치론은 '노동력이 가치를 생산한다'는 테제를 제출하면서 가치와 가격을 연결시키기는 하지만 그럼에도 주류 경제학이 가격 개념을 위해 가치 개념을 기각하는 것과 마찬가지로 가치의 문제를 정면으로 취급하지 않는다고 할 수 있다. 반면 모스의 증여론을 계승하는 (경제) 인류학은 가치를 사회적 가치 체제 내에서 일종의 '사회계약' 혹은 '총체적인 사회적 사실'(마르셀 모스)로서 접근한다.

　이러한 정신 덕분에 그레이버는 오늘날의 우리 사회, 그러니까 자본주의 경제 체계 내에서 가치와 가격 사이의 고리를 끊고 가치 있는 노동이란 무엇인지, 가령 돌봄 노동의 가치란 어떤 것인지 등을 질문할 수 있는 토대를 마련한다. 결국 모스라는 매개자를 통해 그레이버의 아나키스트 인류학을 현대 프랑스 철학 혹은 사회과학과 접속시킬 수 있는 것이다. 현대 프랑스 철학 혹은 사회과학 또한 다양한 방식으로 (하지만 동시에 상당히 암묵적인 방식으로) 모스에 준거하면서 사회적 가치 체제를 새로운 방식으로 톺아본다. 이 또한 그레이버의 아나키스트 인류학을 이해하기 위해서도 필수적인 논점이지만, 자세한 논의는 다음 기회로 미뤄두겠다.

### 정세 속에서 철학 하기, 정세 속에서 인류학 하기

발리바르는 영국의 정치철학자 피터 오스본Peter Osborne과의 인터뷰 〈추측과 정세〉에서[23] 자신이 철학하는 방식을 '정세 속에서 철학하기'로 요

---

23
　이 인터뷰는 정치철학 연구자 김정한이 국역한 바 있으며 웹상에서 접근 가능하다. 에티엔 발리바르·피터 오스본, "추측과 정세: 에티엔 발리바르와의 인터뷰", 웹진 인-무브, 2019년 7월 29일 수정, https://en-movement.net/261.

약한다.[24] 발리바르는 자신의 인식론을 집대성한 논선집《개념의 정념들》 7장 '철학과 현행성: 사건을 넘어서?'에서 이론적 실천의 자율성을 지지 하면서도, 이 이론적 실천을 행하는 이론가(혹은 철학자)에게 명령(혹은 '지령')을 내리는 이는 도대체 누구인가라는 로베르 린아르Robert Linhart의 질문에 답하고자 한다.[25] 발리바르가 이 글에서 제시하는 답변은 바로 '현 행성'(혹은 '시의성')으로 번역할 수 있을 'actualité'인데, 그는 칸트의 소 품 〈계몽이란 무엇인가?〉에 주목하는 푸코를 추수하면서 이를 '오늘날' 혹은 '현대성'의 '태도'와 직접적으로 연결시킨다. 우리는 이 현행성 혹은 오늘날을 바로 '정세'라고 칭할 수 있으며, 발리바르에게는, 나아가 비판 이론가에게는 바로 이 정세 속에서 철학을 하고 이론을 하는 것이 운명이 라고 말할 수 있다.

그레이버가 단지 한 명의 인류학자로 환원되지 않는 비판 이론가인 이유는, 바로 이 현행성 혹은 오늘날, 그러니까 정세 속에서 인류학을 실 천한 독특하고 유별난 '현대적' 인류학자이기 때문이다. 물론 그레이버를 세심히 독해한다면, 그의 관점에서 모든 인류학자는 인간에 대한 숱한 통 념들을 비판한다는 점에서 비판 이론가일 수밖에 없음을 알 수 있다. 사실 어떤 사회과학자가 비판 이론가가 아닐 수 있을까? 1989년에서 1991년 까지 진행한 마다가스카르 현장 연구가 그의 향후 모든 연구의 밑거름이 되었다는 점을 고려한다면, 이 마다가스카르 민속지 역시 일종의 정치적 개입으로 읽을 수 있다. 이후 박사 학위를 받은 뒤 그레이버는 인류학 연 구자인 동시에 아나키스트 운동가로서 2000년 '국제 정의 운동global jus- tice movement'에 참여해 '직접 행동'이라는 아나키즘적 운동 방식으로 '워 싱턴 컨센서스'에서 막 탄생한 신자유주의적 금융 세계화에 맞서 싸웠으 며, 이에 관한 민속지를《직접 행동Direct Action: An Ethnography》이라는 제목 으로 출간했다.[26] 이어 2007년부터 2009년까지 이어진 금융 위기에 맞

---

24
이 표현은 발리바르의《정치체에 대한 권리》에 대한 김정한의 서평에서 가져온 것이다. 김정한, 〈정세 속에서 철학하기: 시민권, 사회변화, 시민다움〉,《코기토》71(2012).

25
에티엔 발리바르,《개념의 정념들: 인식론, 신학, 정치학》, 배세진 옮김(후마니타스, 2023)[근간]. 7장 '철학과 현행성: 사건을 넘어서?' 참조.

26
David Graeber, *Direct Action: An Ethnography* (AK Press, 2009). 아쉽게도 이 민속 지는 국역되어 있지 않다.

서 2010년에 일어난 월가 점거 운동에 참여해 이번에는 완전한 위기에 빠진 신자유주의적 금융 세계화에 또 한번 맞서 싸웠으며, 그 민속지(혹은 이 민속지에 기초해서 쓰인, 민주주의 개념에 대한 이론서)를 《민주주의 프로젝트Democracy Project》라는 제목으로 출간했다.[27] 그레이버는 시작부터 인류학의 연구 대상과 함께, 그 민속지와 함께, 그러니까 결국 정세 속에서 인류학을 실천했다고 할 수 있다.

지금은 낡은 것으로 치부되는 도나 해러웨이Donna Haraway나 샌드라 하딩Sandra Harding의 '페미니즘적 관점론'과의 공명 속에서, 발리바르는 《개념의 정념들》을 통해 정치가 인식 자체에 구성적이라는 테제를 제출한다. 과학이 따로 있고 정치가(혹은 혁명이) 따로 있는 것이 아니라, 과학과 정치는 서로에 대해 구성적이라는 것이 이 테제의 핵심이다. 여기서 이 과학을 특정 과학철학이나 과학사회학의 도움을 통해 자연과학까지 확장할 수 있는 것인지, 아니면 인간과학과 사회과학으로 한정해야 하는 것인지(주류 인간과학 혹은 사회과학에서는 이조차도 거부하겠지만) 여기에서 논할 수는 없다. 그러나 페미니즘이나 마르크스주의, 그레이버의 아나키스트 인류학과 같은 비판 이론이 우리에게 보여준 바는, 인간과학과 사회과학에서 이러한 '마키아벨리적인 갈등적 인식론'(발리바르)의 심급을 제거할 수 없다는 점이다. 인간과 사회에 대한 인식에서 정치의 차원, 루이 알튀세르Louis Althusser라면 이데올로기의 차원이라 불렀을 이러한 차원을 제거하려는 주류적 혹은 실증주의적 시도는 아직까지 모두 실패했다.

그레이버는 발리바르가 갈등적 인식론이라 부르는 바를 자신의 사상에서 구현했다. 이것이 가능했던 이유는 물론 그가 끊임없이 현실에 개입함으로써, 그러니까 인류학의 대상과 용기 있게 마주침으로써 정세 속에서 인류학을 실천했기 때문이다. 그레이버를 아나키스트 인류학자이자 비판 이론가로 간주할 수 있다면 이는 전적으로 이와 같은 점 때문이다.

혹자는 그레이버의 문체가 지닌 경쾌함을 가벼움으로 평가할 수도 있겠지만, 그렇다고 해서 그의 학문적 수준이 낮다고 오해해서는 안 된다. 금융화에 대한 《불쉿 잡》의 정교한 논의를 통해 충분히 확인할 수 있듯, 그리고 《가치이론에 대한 인류학적 접근》과 같은 이론서나 《가능성들》과

---

27
데이비드 그레이버, 《우리만 모르는 민주주의》.

같은 논선집에서 느낄 수 있듯, 그레이버의 과학성 혹은 이론화는 매우 높은 수준에 도달해 있다.[28] 단지 그 과학성 혹은 이론화가 항상 정치성과 결합되어 있기 때문에, 주류 과학의 관점에서는 실증성이 떨어져 보이는 것뿐이다.

게다가 '철학적 글쓰기'에 대한 현대 프랑스 철학의 강조를 참조해 이야기하자면,[29] 문제의 경쾌함은 그레이버의 작업이 이러한 갈등적 인식론을 전제하고 있다는 점과 분리될 수 없다. 그가 연구자의 정체성만을 가지고 있었다면, 즉 활동가의 정체성이 없었다면 문제는 말할 것도 없고 그의 작업 자체가 결코 생산될 수 없었을 것이다. 아나키즘이 인류학의 발전을 가로막은 것이 아니라, 그 아나키즘이 없었다면 그레이버적 인류학의 발전 또한 없었을 것이다. 아나키스트 인류학의 과학성 혹은 이론화의 불충분함은 아나키즘과 인류학을 분리하고 인식에서 정치성을 제거한다고 해서 메울 수 있는 것이 아니다. 그보다는 아나키즘에 대한 비판, 그리고 인류학에 대한 비판을 통해 가능하다.[30] 인간과학과 사회과학에서 인식이 항상 정치적 혹은 갈등적이라는 전제는 발리바르의 독자에게, 그레이버의 독자에게, 그러니까 비판 이론의 독자에게 절대로 양보할 수 없는 지점이다.

## 남겨진 질문들

그레이버가 생을 마감함으로써 표면적으로는 그의 사상이 완성되었기에, 그에게 질문을 제기하는 것은 무의미해 보일 수도 있다. 그러나 그의 발자취를 따라 미래에 (아나키스트 인류학이라는 양태로든 아니든) 비판 이론을 발전시키고자 한다면, 다음과 같은 질문을 던지고 텍스트에 근거해 그

---

28
그레이버의 논선집 《가능성들》을 읽어보면 그의 논문이 학술적 글쓰기와 학술 바깥의 글쓰기 사이의 줄타기를 매우 성공적으로 수행하고 있다는 점을 확인할 수 있다.

29
발리바르 또한 '철학과 현행성: 사건을 넘어서?'에서 '오늘날'의 철학자 혹은 이론가의 '수행적 모순'을 '담론적 역설'이라는 양태하에서 해결하는 이 바로 이 철학적 글쓰기임을 강조한다.

30
이를테면 마르크스주의의 관점에서 아나키즘을 재검토한다거나, 그레이버가 부당하게 평가절하하는 레비스트로스 및 그를 계승하는 프랑스 철학계의 신진 연구자 파트리스 마니글리에Patrice Maniglier의 관점에서 그레이버적 인류학을 재검토하는 작업이 가능할 것이다.

의 답변을 추측해 보는 작업은 유의미할 것이라 믿는다. 그레이버는 세상을 떠났지만 그의 비판 이론 혹은 이념의 모험은 현재의 악몽 같은 경제적, 정치적, 사회적, 생태적 위기가 끝나지 않는 한 절대 종결되지 않을 것이기 때문이다. 발리바르가 이론가에게 명령을 내리는 것은 바로 '오늘날'이라고 답한 것이 '오늘날' 우리에게 너무나 시의적인 것과 마찬가지로 말이다. 우리가 제기할 이 질문들에 그레이버가 어떤 답변들을 제시할지 이 자리에서 추측해 보지는 않겠지만, 이 글로 인해 그레이버의 독자들이 더 생겨나기를 희망하며, 나 또한 미래의 독자들과 함께 그가 남긴 텍스트를 지속적으로 참조하며 이러한 작업을 수행해 나갈 것을 약속한다.

첫 번째 질문은 그레이버의 저서 《관료제 유토피아》의 핵심 테제를 받아들일 경우(더 넓게는 그레이버의 아나키스트 인류학의 관점에서) 우리가 어떻게 저항을 사고할 수 있는가에 대한 것이다. '구조적 폭력'[31]으로서의 관료제가 좌파 정치철학의 오해와 달리 신자유주의적 금융세계화에 대립되는 것이 아니라 공생하는 것이라는 그레이버의 테제는 결코 부정할 수 없다. 심지어 그의 이러한 탁견 덕택에 우리는 주류 및 비주류 경제학보다도 금융화의 본질을 더 정확히 인식할 수 있다. 《관료제 유토피아》와 그 연장선상에서 집필된 《불쉿 잡》이 《아나키스트 인류학의 조각들》이나 《가치이론에 대한 인류학적 접근》과 같은 초기의 이론적 저서들만큼이나 중요한 이유가 바로 이것이다. 그러나 그레이버가 아나키즘의 정신을 따라 그 어떠한 통치 형식도 거부하는 방식으로 관료제를 지양하자고 말할 때, 그러한 저항 방식이 가능한지, 가능하다고 해도 얼마나 유효한지 의문이 들지 않을 수 없다.

그레이버의 관료제 개념을 알튀세르식으로 표현하자면 '억압적 국가장치'라고 할 수 있을 것이다. 알튀세르에게 변혁은 이데올로기적 국가장치와 이 억압적 국가장치를 함께 파괴하는 것이다. 발리바르는 알튀세르의 이런 극단적 테제를 정정하며 국가장치의 파괴보다는 개조를 이야기하는데, 중요한 점은 파괴든 개조든 알튀세르와 발리바르의 정치철학에는 제도의 '변형'이라는 사고가 존재한다는 것이다. 그러나 그레이버의 정치철학에서는 아나키즘이 제도의 변형이라는 사고를 체계적으로 방해한다. 19세기의 자본주의와 자유주의가 20세기를 거쳐 21세기의 자본주

---

31
그레이버의 이 개념은 발리바르의 '구조적 폭력' 개념과는 전혀 다른 것임에 유의하자.

의와 자유주의로 진화하면서 금융화와 관료제가 심화되었지만, 이는 단순한 심화가 아니라 자본주의와 자유주의의 진화와 함께하는 체계적 제도의 진화이기도 하다. 이 진화하는 관료제를 어떻게 할 것인가? 나아가 금융화를 어떻게 할 것인가? 자본주의와 자유주의는 관료제를 체현하는 제도 없이는 기능하지 않는데, 이들 제도를 파괴하거나 개조하는 방식으로 변형하는 것이 아니라 단순히 거부하는 것이 가능하기는 한지, 얼마나 유의미한지 의문이다.

　　기본소득론에 대한 물음표 또한 이러한 맥락에서 떠오르는 것인데, 마르크스주의의 기본 정신인 사회적 관계의 변형(제도의 변형을 포함하는)이 아니라 부정적 거부에 기초한 대안이 얼마나 설득력 있을지 모르겠다. 그것이 현실에 대한 정확한 진단에 기초한 것이라 해도, 오히려 이러한 정확한 진단에 기초해 아나키즘과는 다른 대안을 논하는 것이 더 필요하지 않을까 생각된다. 알튀세르와 발리바르의 정치철학, 권력에 대한 푸코적 사유 등이 그레이버의 생각과는 달리 저항을 사고하기 위해 더 유용하지 않을까?

　　두 번째 질문은 아나키스트 인류학이 겨냥하는 목표 중 하나인 지식인들의 '상징 폭력'(부르디외)에 대한 지양이 얼마나 성공적인지에 대한 것이다. 그레이버는 삶 속의 실천들, 즉 2000년의 국제 정의 운동과 2010년의 월가 점거 운동을 통해 이론과 실천의 통일, 이념과 운동의 결합, 인류학 연구자 정체성과 아나키스트 활동가 정체성의 접속을 시도했다. 하지만 그의 경우가 지식인들의 상징 폭력에 대한 지양 혹은 감축의 범례가 될 수 있을까? 〈지식인들의 폭력〉에서 발리바르는 사회 운동의 '유기적 지식인들'(안토니오 그람시Antonio Gramsci)이 지식을 전유함으로써 결국 권력을 전유하게 되고, 자신들이 대변하고자 했던 대중에게 권력을 행사하는 아포리아에 빠지게 된다고 주장한다.[32] 물론 발리바르는 이러한 권력 행사 혹은 상징 폭력을 상대적으로 통제할 수 있게 해준 전제가 '대중 스스로가 지닌 지식의 의지'였음을 날카롭게 지적한다. 정세에 대한 발리바르의 논의를 참조하자면, 이렇듯 지식인들에게 '지령'을 내리는 자가 바로 대중이라는 점이 역사적 해방 운동 내에서 이 지식인들의 상징

---

32
　　에티엔 발리바르, '부록 1. 지식인들의 폭력: 반역과 지성', 《개념의 정념들: 인식론, 신학, 정치학》.

폭력을 지양하는 방식이었던 셈이다. 하지만 발리바르는 '대중 스스로의 지식인-되기'로 요약할 수 있을 이러한 전제가 매스 커뮤니케이션 시대에도('오늘날'에 적용한다면 소셜 미디어의 시대에도) 여전히 유효한지에 대해 질문한다. 발리바르의 이러한 의문을 그레이버 또한 진지하게 취급해야 하는 것 아닐까?

　성공적인 것으로 평가하든 아니든, 그레이버는 행동하는 '지식인의 표상'(에드워드 사이드Edward Said)을 생산했다. 하지만 이 사실이 아나키스트 인류학이 지식인의 상징 폭력을 지양 혹은 감축할 수 있음을 과학적으로 근거 짓는 것은 결코 아니다. 발리바르가 《마르크스의 철학》 5장 '과학과 혁명'에서 지적하듯, 마르크스의 사상을 형성한 것, 나아가 비판 이론 자체를 가능케 한 것은 과학과 혁명을 이분법적으로 사고하지 않는다는 전제였다.[33] 하지만 이것이 부르디외가 제기한 지식인들의 상징 폭력이라는 문제에 대한 해답이 되었던 것은 아니었고, 지식인들의 상징 폭력이라는 아포리아는 오늘날에도 소셜 미디어(특히 좌우 모두에서 담론 형성을 주도하는 매체인 유튜브)의 발달에 의해 더욱 심화되고 있다. 그레이버가 이에 대한 대답을 제시할 수 있을까? 아나키즘도 인류학도 현재로서는 그럴 수 없을 것으로 보인다. 발리바르가 지적하듯, 인류학은 원시 사회든 인류학자 자신이 속한 현대 사회든 연구 대상에 대한 '참여'와 '거리둠' 사이의 아포리아를 여전히 해결하지 못하고 있기 때문이다.[34] 게다가 아나키즘은 이를 진지하게 취급해야 할 '이론적' 문제로 생각조차 하지 않고, 운동에 대한 주의주의를 통해 이 이론적 문제를 제거할 수 있다고 착각한다. 연구자와 활동가 사이의 역사적 분업(노동 분할)을 수용한 뒤 이 둘 사이의 분업에 대한 감각을 통해 지식인들의 상징 폭력을 정확히 인식하고 대중과 지식인 사이의 인간학적인 '지적 차이'(발리바르)를 감축하고자 노력하는 것 이외에 다른 어떤 방식이 있을 수 있을지 잘 모르겠다. 그레이버에게는 이 문제를 실천 속에서 정면으로 다룰 용기가 있었지만, 그가 이를 이론 속에서 과학적인 방식으로 다루었는지는 회의적이다.

---

33
　에티엔 발리바르, 《마르크스의 철학: 마르크스와 함께, 마르크스에 반해》, 배세진 옮김 (오월의봄, 2018).

34
　에티엔 발리바르, 《개념의 정념들: 인식론, 신학, 정치학》 8장 '구조주의: 사회과학의 방법인가 전복인가?' 참조.

세 번째 질문은 역시 그레이버 사상의 중핵인 국가 거부에 관한 것이다. 그레이버는 명시적으로 이매뉴얼 월러스틴Immanuel Wallerstein의 유럽 중심주의(혹은 서구 중심주의) 비판을 원용하기는 하지만 국가-간-체계에 대한 관점이 전혀 없으며, 그렇기 때문에 19세기와 20세기 자유주의의 제도들과 그것들의 21세기적 변모라는 질문을 제대로 취급하지 못한다. 그레이버가 국가 없는 사회에 대한 신이치적인 신화적 (혹은 몽상적) 관점으로까지 미끄러지지는 않는다 해도, 《가능성들》 2부인 '일시적 자율 지대: 마다가스카르 농촌에서 권위의 딜레마'에서 제시한 국가 없는 사회에 대한 제안은 설득력이 떨어진다. 굳이 이론적 아나키즘에 대한, '국가 외부의 사회 운동' 혹은 '국가 외부의 정치'(알튀세르)에 대한 발리바르의 비판까지 가지 않더라도, 국가 없는 혹은 정부(즉 통치)가 기능하기를 멈춘 '사이-공간'을 국가 바깥에 설정하는 것이 필연적일까? 오히려 그레이버가 사회의 이면에 놓인 우주론적 차원을 강조했듯, 국가 혹은 정부의 이면을 사이-공간으로, 가능성의 공간으로, 상상력의 공간으로 보면 안 되는 것일까? 그 어떠한 통치 형식도 없는 관계를 상상하기보다는 '자기 통치와 타자들의 통치'(푸코) 사이의 일종의 놀이 속에서 가능해지는 '자율 통치'(자크 비데Jacques Bidet)를 논해야 하는 것 아닐까?

그레이버는 포스트구조주의를 포스트모더니즘과 혼동할 만큼 현대 프랑스 철학을 허술하게 독해했으며, 이런 몰이해는 국가 문제에 대한 단순한 취급으로 이어졌다. 발리바르가 정확히 지적하듯, 푸코, 들뢰즈, 데리다 등이 전개한 포스트구조주의의 핵심은 '구성하는 주체'의 관점에서 '구성되는 주체'의 관점으로의 '전도'라는 구조주의의 핵심에 대한 '규정적 부정'이다. 즉, 포스트구조주의는 "주체성의 한계들—이 주체성의 한계들은 '정상성normalité'의 해소를, 그리고 [주체의] 구성 과정에 내재하는 폭력에 대한 해명을 함축한다—을 능동성과 수동성을 생성하는 순수한 '차이들'로 제시"하는, 구조주의에 대한 하나의 '정정 운동'인 것이다.[35] (포스트)구조주의는 주체를 구성하는 구조로서의 국가라는 관계, 더 나아가 이 국가라는 구조가 구성하는 주체성의 한계까지도 (단순한 지양 대상이 아니라) 사유의 대상으로 취한다. 또한 이데올로기적 '국가'장치와 억

---

35
에티엔 발리바르, '부록 2. 구조주의: 주체의 파면?', 《개념의 정념들: 인식론, 신학, 정치학》.

압적 '국가'장치에 의해 생산되는 주체에 관해 사유하는 알튀세르를 따라, 혹은 알튀세르에 반해 국가와의 관계 속에서 이 주체를 사유한다. 국가는 (포스트)구조주의가 사유하는 구조의 핵심이며,[36] 이러한 사유는 구조주의와 포스트구조주의가 인간과학을 넘어 사회과학의 영역으로까지 나아가도록 만드는 교두보이다.[37]

그런데 그레이버는 오히려 국가에 대한 단순한 거부에 머무름으로써 (포스트)구조주의의 이론적 성과를 무화시키고 자율적 주체(혹은 자유의 주체)에 대한 전-구조주의적 환상으로 후퇴하는 것 아닐까? 국가는 아나키즘과 (마르크스주의를 포함한) 좌파 정치 사이의, 인간과학과 사회과학 사이의[38] 갈등의 쟁점을 구성한다. 이를 마다가스카르 민속지만으로, 그리고 아나키즘 전통의 테제들만으로 간단히 쳐냄으로써 그레이버는 인간과학과 사회과학, 그리고 해방의 정치의 쟁점 하나를 없애버리는 것 아닐까?

국가라는 쟁점을 중심으로 취하는 이 세 번째 질문은 다음의 마지막 질문과 긴밀히 연결되어 있다. 그레이버의 아나키스트 인류학적 투쟁 방식인 '직접 행동'의 이론적 근거는 '직접 민주주의'에 대한 개념화이다. 《우리만 모르는 민주주의》 3장 '민주주의의 숨겨진 역사'와 《가능성들》 11장 '하나의 서구는 없었다—혹은 민주주의는 사이 공간에서 발생한다'에서 신랄하게 비판하듯, 그레이버는 다수결 민주주의로 귀착되는, 민주주의에 대한 서구적 개념화를 하나의 허상 또는 오해로 간주하면서 직접 민주주의 개념을 민주주의에 대한 진정한 개념으로 제시하고, 이러한 개념화에 기반해 아나키즘적 직접 행동을 진정한 민주주의의 투쟁 방식으로 제출한다. 하지만 그레이버가 민주주의에 대한 서구적 개념화를 너무나 가볍게 쳐낼 수 있었던 이유는, 그가 국가라는 쟁점을 사고하지 않고 건너뛰었기 때문이다. 국가, 더 넓게는 통치의 아포리아를 전혀

---

36
기욤 시베르텡블랑은 바로 이러한 맥락에서 들뢰즈와 과타리의 국가 개념에 대한 저서를 집필한 것이다. Guillaume Sibertin-Blanc, *Politique et État chez Deleuze et Guattari* (PUF, 2013).

37
이런 점에서, 모스가 정말 현대 프랑스 철학과 현대 프랑스 사회과학 사이의 매개자라면 모스 사상에서 국가란 과연 무엇인지 질문해 볼 필요 또한 있을 것이다.

38
발리바르에 따르면 이 사이에 놓여있는 것이 바로 구조주의와 포스트구조주의이다.

사고하지 않음으로써, 그레이버는 다수결 민주주의를 손쉽게 악마화하고 'representation', 즉 '대표', '표상', '재현', '대의' 혹은 '대의 작용'을 직접 행동으로 간단히 대체한다.

그렇지만 현대 프랑스 철학의 기본 정신이 질문하듯, 대의 작용을 거치지 않은, 그러니까 왜곡되고 손상되고 소외되지 않은 직접 행동(즉 '무매개적인' 행동)과 이에 기반한 직접 민주주의, 인민이 스스로를 대표하는 (혹은 스스로를 대표할 필요조차 없는) 직접 민주주의란 진정 가능한 것일까? 무매개적인 직접 민주주의가 민주주의의 '진정한' 본질이며 투표를 경유하는 간접 민주주의는 인민을 '대의'함으로써 작동하기에 '타락한' 것이라는 그레이버의 민주주의관은, 본래적 원본과 타락한 시뮬라크르 사이의 손쉬운 대당에 대한 현대 프랑스 철학 일반의 문제 제기를 유효한 것으로 간주한다면, 너무 '나이브'한 것이 아닐까? 그리고 이러한 나이브함은 결국 그의 국가관으로부터 초래되는 것 아닐까? 국가 개념을 해명하고자 노력한 기존 정치철학의 시도와 진지하게 씨름하지 않고 민주주의에 대한 새로운 개념을 형성할 수 있을까?

## 나가며

그레이버를 독해하면서, 인류학은 사회과학의 외상적 중핵이라는 점을, 아나키즘은 좌파 정치의 외상적 중핵이라는 점을, 그래서 아나키스트 인류학은 비판 이론의 외상적 중핵이라는 점을 깨닫게 되었다. 내가 기존에 가지고 있던 '지식의 불확실성'(월러스틴)을 깨닫게 해주었다는 점에서 그의 작업은 동의 여부를 떠나 심원하게 탐구해 볼 가치가 충분하다. 독자들 또한 《불쉿 잡》이라는 아리아드네의 실을 따라 그레이버 사상에 빠져보기를 바란다. 그의 사상이 투쟁하는 독자들의 삶으로 체현됨으로써, 이 비판 이론의 정세적 개입 또한 오늘부터 다시 시작되리라. +

참고 문헌

김공회. 〈기본소득, 이상 또는 공상〉. 《한편 3호 환상》. 민음사, 2020.

김정한. 〈정세 속에서 철학하기: 시민권, 사회변화, 시민다움〉. 《코기토》 71(2012).

배세진. 〈아나키즘과 인류학의 정치적 마주침을 위하여〉. 《주간 에라스무스 Critical Book Review》 1월 1호(2022).

_____. "노동은 스스로를 구원할 수 있을까?". 《독서신문》. 2021년 9월 7일. https://www.readersnews.com/news/articleView.html?idxno=104013.

나카자와 신이치. 《신화, 인류 최고의 철학》. 김옥희 옮김. 동아시아, 2003.

_____. 《대칭성 인류학: 무의식에서 발견하는 대안적 지성》. 김옥희 옮김. 동아시아, 2005.

_____. 《곰에서 왕으로: 국가, 그리고 야만의 탄생》. 김옥희 옮김. 동아시아, 2003.

_____. 《사랑과 경제의 로고스: 물신 숭배의 허구와 대안》. 김옥희 옮김. 동아시아, 2004..

발리바르, 에티엔. 《개념의 정념들: 인식론, 신학, 정치학》. 배세진 옮김. 후마니타스, 2023[근간].

_____. 《마르크스의 철학: 마르크스와 함께, 마르크스에 반해》. 배세진 옮김. 오월의봄, 2018.

발리바르, 에티엔, 피터 오스본. "추측과 정세: 에티엔 발리바르와의 인터뷰". 웹진 인-무브. 2019년 7월 29일 수정. https://en-movement.net/261.

그레이버, 데이비드. 《불쉿 잡: 왜 무의미한 일자리가 계속 유지되는가?》. 김병화 옮김. 민음사, 2021.

_____. 《가능성들: 위계·반란·욕망에 관한 에세이》. 조원광·황희선·최순영 옮김. 그린비, 2016.

_____. 《아나키스트 인류학의 조각들》. 나현영 옮김. 포도밭출판사, 2016.

_____. 《가치이론에 대한 인류학적 접근: 교환과 가치, 사회의 재구성》. 서정은 옮김. 그린비, 2009.

_____. 《우리만 모르는 민주주의: 1%의 민주주의 VS 99%의 민주주의》. 정호영 옮김. 이책, 2015.

_____. 《관료제 유토피아: 정부, 기업, 대학, 일상에 만연한 제도와 규제에 관하여》. 김영배 옮김. 메디치미디어, 2016.

_____. Direct Action: An Ethnography. AK Press, 2009.

_____. Lost People: Magic and the Legacy of Slavery in Madagascar. Indiana University Press, 2007.

Graeber, David, and David Wengrow. The Dawn of Everything: A New History of Humanity. Farrar, Straus and Giroux, 2021.

Sahlins, Marshall, and David Graeber. On Kings. Hau Books, 2017.

Sibertin-Blanc, Guillaume. Politique et État chez Deleuze et Guattari. PUF, 2013.

배세진

연세대학교 신문방송학과를 졸업하고 같은 대학 커뮤니케이션 대학원에서 논문 〈마르크스주의 이데올로기론의 재구성: 알튀세르와 발리바르의 논의를 중심으로〉로 석사 학위를 취득했다. 이후 프랑스 파리 대학교 사회과학대학의 '사회학 및 정치철학' 학과에서 푸코와 마르크스에 관한 논문으로 석사 학위를 취득했고, 같은 대학원 같은 과 정치철학 전공에서 이 논문을 발전시킨 논문 〈푸코-마르크스주의와 화폐: 노동-가치, 물신숭배, 권력관계 그리고 주체화〉로 박사 학위를 취득했다. 미셸 푸코, 루이 알튀세르, 에티엔 발리바르, 자크 비데 등의 현대 프랑스 철학을 사회과학 내 문화 연구의 틀에서 연구·번역하고 있다. 에티엔 발리바르의《마르크스의 철학》과《역사유물론 연구》, 루이 알튀세르의《무엇을 할 것인가?》와《검은 소》, 제라르 뒤메닐·에마뉘엘 르노·미카엘 뢰비의《마르크스주의 100단어》와《마르크스를 읽자》(공역), 자크 비데의《마르크스의 생명정치학》과《마르크스와 함께 푸코를》, 피에르 부르디외·로제 샤르티에의《사회학자와 역사학자》(공역) 등을 옮겼다.

시대와 분과를 가로지르는 지식의 교차로
서평 무크지 '교차'

**1호**
**《지식의 사회, 사회의 지식》** 2021년 10월
고전과 현대의 문제작을 오가며
지식 공동체의 작동과 변모를 조망하다

**2호**
**《물질의 삶》** 2022년 4월
인간 중심주의 너머 비인간 행위자들의 세계
살아 움직이는 물질의 행위성에 주목하다

**3호**
**《평전의 세계》(가제)** 2022년 10월 출간 예정
어떤 사람이, 누구의 삶을, 어떻게 쓰는가
무수한 삶의 조각을 기술하는 법

**정기구독**
1년 36,000원 (2권)
2년 72,000원 (4권)
10% 할인

'교차'는 연 2회 발행되며, 6호를 끝으로 마칩니다.
자세한 사항은 QR코드를 통해 확인해주세요.

문의
contact@itta.co.kr
02-6494-2001